千古大儒 王阳明

周明河 著

中国友谊出版公司

图书在版编目（CIP）数据

千古大儒——王阳明 / 周明河著. — 北京 :中国友谊出版公司，2017.11

ISBN 978-7-5057-4212-3

Ⅰ. ①千… Ⅱ. ①周… Ⅲ. ①王守仁（1472-1528）—传记 Ⅳ. ①B248.2

中国版本图书馆CIP数据核字(2017)第248705号

书名	**千古大儒——王阳明**
作者	周明河
出版	中国友谊出版公司
发行	中国友谊出版公司
经销	新华书店
印刷	三河市冀华印务有限公司
规格	787×1092毫米　16开
	21.25印张　290千字
版次	2017年12月第1版
印次	2017年12月第1次印刷
书号	ISBN 978-7-5057-4212-3
定价	42.80元
地址	北京市朝阳区西坝河南里17号楼
邮编	100028
电话	（010）64668676

如发现图书质量问题，可联系调换。质量投诉电话：010-82069336

目录

第一章 一个梦想做圣贤的世家子弟

他不禁若有所思地自言自语道："科举、做官，未必是第一等事吧。世上第一等事，或许是学为圣贤。"

那先生听了也不觉得奇怪，一个无知少年读书读傻了，自会把圣贤的话当真，然而世间行得通那些大道理吗？若行得通，岂还有那些贪官污吏的藏身之地？

果不其然，小阳明虽然晓得"学为圣贤"的大道理，但他毕竟还是一个孩子，爱玩爱闹依然是其天性。很快他又迷上了下象棋，于是一天到晚地找人对弈。

一场父子间的交锋

大明成化十九年（1483）的北京城，一个晴朗的春日午后。

一群刚刚散了学的孩童不去乘风放纸鸢玩，却十几个一群聚在一起，像模像样地在操练战阵一般。他们手里都拿着一根长短差不多的细细的木棍，或挥舞或直立，玩得非常投入。

在这群孩子当中，有一位十一二岁的小家伙是他们的“指挥”。

这个小家伙戴着一顶不知从哪里找来的破头盔，还裹着一件由大人的旧衣服改成的“披风”，打着绑腿，腰里别着一把木剑，好似一身戎装打扮。

这个小家伙玩得更是有板有眼，只见他的身边还整齐地放着很多自制的小军旗：他手上的大军旗一挥，“手下”的那帮小孩便聚合成战斗队形，一派精神抖擞、蓄势待发的劲头儿；小军旗一挥，小孩们又四散为操练队形；再一鸣钟，就到了中间休息的时刻。

每当“指挥”手上的大小令旗上下、左右挥舞时，小孩们便配合着演练出各种阵形来，虽然没有那么逼真，倒也煞有介事。

有些路过的大人看了都忍俊不禁,可是这帮小孩却一副不苟言笑的样子，没有一个不尽力配合“指挥”的调遣。

这不仅是因为他们喜欢跟自己的“指挥”在一起玩，也因为他们的“指挥”会经常拿各种果品、点心给他们吃，表现出色的还有特殊奖励呢。

“小三子，你今天没吃饭啊？”当“指挥”看到今天的队伍里有个小孩有气无力、拖拖拉拉时，便厉声说道，“要不你下次别来了，我们兵在精，而不在多。”

“回大人，小的今天有些跑茅子，都拉了好几回了！”那叫小三子的小孩连忙辩解道。

这时不少小孩都没忍住，笑了起来，但那“指挥”却郑重其事地说道：“哦，跑茅子？这样啊，好汉也挨不过三泡稀，你且歇着去吧！”

看来这位“指挥”治军还没那么严明，倒是很有人情味。而他话音刚落，这帮小孩竟都笑得前仰后合了。

“指挥”见状，于是凛然正色，愈加一本正经起来，开始给“广大将士”训话：“前者，我们的训练已初见成效，今番闻仇虏以大兵犯我边境，此英雄用武之时！正所谓‘养兵千日，用兵一时’……大敌当前，全军将士还要戒骄戒躁，辛勤操练，务必一鼓作气打败敌人！壮志饥餐胡虏肉，笑谈渴饮匈奴血……”

尽管他一副滔滔不绝的样子，可惜他的话里还夹带着很重的浙江味儿，这帮北方的小孩粗听起来只觉似天书一般。

最后，那帮小孩也不管听到的是什么，只一味齐声高呼道：“保家卫国，报效朝廷！”

这位“指挥”大人姓王名守仁，字伯安，正是我们本书的传主“王阳明”。他是一年前才同祖父从浙江余姚老家来到京城的，因为他的父亲此时正在京城做官。

这群小孩之所以衷心拥护“指挥”的统率，不仅是因为能常常从他那里得到一点甜头，也是因为小阳明功课特别好，又特别仗义，总是乐于帮助他们应付先生的考试。另外，他还有些身手，有花样，玩起来也是别出心裁，总让大家乐此不疲，所以有些小孩竟对他佩服得五体投地，以至于言听计从。

演练战阵是活泼好动的小阳明最近才发明的新花样，有时候他们玩得还不尽兴，心痒难耐之际，便趁着先生们都不在的空当儿，不待在塾里好好背书，都偷跑出来撒野。

这样子闹了几回，管事师傅念在阳明的父亲龙山公王华的面子上，便没有对阳明严加训斥。而且阳明这个孩子实在不大好管，他常常能把先生们捉弄得哭笑不得。

当时的先生闲极无聊，多爱当堂昼寝。有一回，一位先生在昼寝后扬言道："我乃梦周公也。"次日，阳明也当堂昼寝，结果被先生叫醒了。

先生一脸怒气地说道："你竟敢如此！"

阳明于是回道："我也去见周公了。"

"你也去见周公了？那周公怎么说？"

"我问周公昨日可曾见过先生，周公说，昨日未曾见尊师到访！"

话说又有一回，阳明临摹了一幅《村童闹学图》来捉弄一位正在熟睡的先生。待先生醒来要发作时，只见画的背面题写着："是必先有先生偷懒，然后才有学生大闹学堂，勿谓言之不预也！"

这先生见阳明说得有理，只得压住火气，以后再犯困时便远远地离了学堂，生怕学生们在自己身上搞鬼。

无奈之下，管事师傅只得请王华这位前科的"进士第一"亲自出马了。这位将来要做帝王师表的王状元，管教自己的儿子应该不在话下吧。

这一天，阳明正跟往常一样又溜出学堂，跟伙伴们玩得不亦乐乎。他仍跟以往那样制大小旗居中调度，但见他左旋右旋，略如战阵之势，仿佛轻车熟路一般[1]。

"云儿，你不专心在学里诵读，跑来这里做些什么？"没想到父亲大人突然出现在了他的身后。

"云儿"是阳明的小名。眼见父亲突然杀出，阳明倒也没有慌张，只是以一副小大人儿的口气学着戏文里说道："一刀一枪，博个封妻荫子！"

"混账之言！"听到儿子的志向居然是想做个武夫，王华不免有些生气，"我家世代以读书传家，所谓'天子重英豪，文章教尔曹。万般皆下品，唯

[1] 参见冯梦龙《王阳明先生出身靖乱录》。

有读书高'，书读得好一样可以显贵，这个道理你都不懂？"

王华受祖风影响，是个颇淡泊宁静之人，虽然他如今身为当朝状元郎，但功利之心却少有。只是他今天顺着儿子的话，不能不显得俗气一些。

"读书怎么显贵了？"

"书读得好，自然就可以为官做宰！如父亲我中这状元，多少人羡煞，便是读书之力！"

"父亲中状元，子孙世代还是状元否？"小阳明从小跟常年在外的父亲有点生疏，所以敢于顶撞。

"父亲中状元只止父亲，你如果想中状元，还得自己去勤读苦学。"

"只有一代，虽状元也不稀罕。若孩儿他日得封公侯，不仅孩儿可以流芳青史，子孙余荫也可得长久！"阳明针锋相对道。

听到儿子居然这样贱视自己二十载寒窗苦读才换得的这个"状元"头衔，王华的脸上已经有些挂不住了，但他还是忍着没有发作："所谓'一将功成万骨枯'，你怎就知道自己不在这万骨中？便是你有幸做了那将军，那公侯也是好封的？便是成了那公侯，又真有几个得青史流芳的？"

远了不消说，单是这大明开国功臣中，有几个落得了好下场？王华一想到这里，就气不过儿子的意气用事，生怕他小小年纪便误入歧途。

"我大明立国已过百年，三十三科出了三十三位状元，这三十三位状元，又有几个能得青史流芳？"

没想到儿子还敢回嘴，而且更加放肆，王华终于忍不住了。再看儿子那身又是头盔又是披风的不争气的装扮，王状元一下子就来了气，于是上前一把夺过一个孩子手中的木棍，对着儿子就是一顿暴打。

那阳明虽然调皮得很，但最是个讲"理"的人，他并不躲闪，只是梗着脖子由着父亲打。王华见儿子这般冥顽不灵，愈加来气，下手更重了。

"宁为百夫长，胜作一书生！"阳明大喊着，他还嫌把父亲气得不够。

好在那管事师傅恰好赶来，及时劝解开了，不然气头上的王状元肯定要把儿子打个动弹不得。

“哎呀，龙山公，犯不着这样的！小心气坏了身子，童言无忌嘛，守仁还小，慢慢地他自然会明白您的苦心……”那管事师傅道。

“你别看他人小，主意大着呢！他今天既能说出这些混账话，保不齐明日就弃我圣贤之书如草芥！”

“呵呵，龙山公多虑了，且不说这孩子聪明过人，便是尊家这几代读书明理的淳厚家风，所谓‘积善之家，必有余庆’，守仁又能不肖到哪里去？公有所不知，在下开馆授徒已逾三十载，何样学生没见过，便是再不服管教的，只要他心术正，也未必没大出息的……”

“话虽如此说，我也不望他有什么大出息，只要别给我惹事就好，别坏了我祖宗的名声！反倒是家父，总是对这个孩子赞不绝口、百般爱护。我今儿这一回家，倒不好跟他老人家交代了，呵呵……”

说到这里，王华便跟那管事师傅讲起了去年的一段往事。那时正是王华的父亲王伦携阳明来京途中，他们路经镇江时，特意慕名到淮扬对岸的金山寺歇宿。

读书家风育出一个奇儿

大明成化十八年（1482），南直隶镇江府金山寺，一个皓月当空的静夜，长江东流的奔涌之声从北方隐隐传来。

一班留宿在寺的游客闲来无事，又不愿辜负了这大好月色，便围拢在一起开始吟诗赏月。为了助兴，有人甚至还吹奏起了玉箫，但闻其曲调清静幽远、意味绵长，令人无限遐思……

杯酒、歌诗助兴的节目上，轮到一位六旬老人作诗了。这位老人平素风雅得很，诗酒文章自然不在话下，此番他在心里试拟了好一阵，但都不甚满意，正有些犯难。毕竟上了年纪，才力已有所不及。

恰在这时，老人身边十一岁的孙子突然站了出来，他要帮爷爷解围，只听这位秀气的少年从容赋诗道：

金山一点大如拳，打破维扬水底天。
醉倚妙高台上月，玉箫吹彻洞龙眠。

众人初闻之下，惊异不已，于是便又让少年细细吟诵了一遍，方觉其中有动有静、有张有弛，意境高妙，甚是不同凡响。虽则还不是那么工整，但出自一个少年之口，不禁让人称奇！

做爷爷的保持着一份镇定姿态，嘴上虽不言语，但孙子如此富于捷才，心里自然格外高兴。然而众人还有些怀疑，要命题试探少年一番，于是便有人提议，要少年以山、月为题，再作出一首诗来供大家品鉴品鉴。

还没容爷爷客套一番，但见毫不示弱的少年抬头看了看天空中的明月，又环顾了一下四周的群山，低头略一沉思，便缓缓地吟诵道：

山近月远觉月小，便道此山大于月。
若有人眼大如天，还见山小月更阔。

"好诗！好诗！"众人一致赞赏道。

这首诗不但别有韵致，还有一种玄理在其中，极能显示一个人的洞察能力与聪明才智！这一次，众人是真的服气了，都大赞少年是"神童"！

讲到这里，聪明的读者都已不难猜测出这少年究竟是谁，他正是我们本书的传主、十一岁时的王阳明。

阳明本名王守仁，字伯安，于明宪宗成化八年（1472）出生在浙江省绍兴府余姚县的一个书香门第，父王华，母郑氏，初名"云"，五岁时才改作

“守仁”。

针对阳明改名一事，还有个真假难辨的典故在其中。

话说在阳明出生的时候，其祖母岑老夫人梦见有一神人降祥云而至，将一婴儿送与老夫人，于是家里便以“云”字为此孩命名，以纪念仙人的恩赐。这个故事后来被亲朋好友们广为流传并传布乡里，从此阳明诞生时所在的那座楼房便被命名为“瑞云楼”。

可是小阳明到五岁时还不会说话，急坏了家人。有一次，他与一帮孩子在街上玩，路遇一个道人，这道人突然停下来端详了小阳明半天，最后丢下一句：“好个孩儿，可惜道破！”

阳明的爷爷听说了此事，才顿悟到原来是自家道破了天机的缘故，于是为孙子改名为“守仁”，“仁”与“伯”都是那时为长子命名的方式。果然，小阳明很快就可以开口说话了。

王家的先祖据说正是出自“书圣”王羲之一脉，真可谓大雅之风源远流长。

由阳明往上追溯六代，皆为不同凡俗之辈，真是百年树木家有余荫，亦正如湛若水《阳明先生墓志铭》所道：“夫水土之积也厚，其生物必藩，有以也夫。”良好的家庭成长环境，无异于肥沃的土壤，对于参天大树的长成往往是至关重要的。

阳明的六世祖王纲，是个文武全才，并擅长识鉴人物。明太祖洪武初年，受浙东文士集团精神领袖、诚意伯刘伯温的推荐，王纲被征至京师。后来他官拜兵部郎中，又擢为广东参议，到任后恰值苗人作乱，王纲不幸殉国于广东增城。

五世祖王彦达号“秘湖渔隐”，父亲殉国时他才十六岁，他深痛父亲之死朝廷未以厚礼安葬，又见仕途异常险恶，遂绝意于仕进，一生都过着隐居生活，朝廷几次征召，都避而不应。王彦达不以粗衣恶食为意，躬耕奉养老母之余，仍不忘诗书传家，曾经取出先世所遗留的书卷，对儿子们嘱咐道：“今天要你记住，勿废弃我先人事业，为父并不望你们将来做官！”

四世祖王与准伟貌长髯，绍承家学，精究《礼》《易》，并曾著有《易微》数千言。受父亲的教导，王与准也终生未出仕。由于他会打卦，所以知县等官长常找他去算卦，有一次终于弄得他不耐烦了，便当着知县派来的人把卦书烧毁，并言明心志道：“我王与准不能为术士，终日奔走豪门，谈祸福。”后来，朝廷有司再次访求遗贤，与准为了躲避官差的纠缠遂逃入山中，竟不小心弄伤了腿，由此因祸得福，不再被列入征召之列。为了感念那块把自己的腿伤了的石头，与准便自号“遁石翁”。

三世祖王杰是与准的次子，也是一位淡泊名利的饱学之士，且著述甚丰。朝廷号召天下推举异才，王杰被府县强行荐举入京，次年竟不幸病亡。

阳明的祖父王伦，字天叙，生性酷爱“君子之友”——竹，所居轩的四周都种满了竹子，他时常悠然地啸咏其中，人称其为“竹轩先生”。不仅如此，只要看到有人砍伐竹子，王伦总是忍不住上前制止，并心痛地说道：“此乃我直谅多闻之友，我不忍见其遭伐毁也！”

王伦博览群籍，尤好《仪礼》《左氏传》《史记》等书，曾著有《竹轩稿》《江湖杂稿》等书。其人志趣高雅而生性平淡，在家乡以教书为业，时人常把他比作东晋的陶渊明及北宋的林和靖。阳明幼时，常围绕在爷爷身边听其读书，自己默加记诵，加之聪明出众，所以天性显得早熟。爷爷喜爱孙子的聪明伶俐，小阳明又是跟着爷爷长大的，所以祖孙二人感情极深。

阳明的父亲王华是科举制度下的佼佼者，曾在成化十七年高中状元，这份尊荣几乎是后代无法超越的了。然而不承想，作为王华长子的阳明竟成为有明一代首屈一指的旷世大儒、命世人物，恰证了孔子所谓：“后生可畏，焉知来者之不如今也？”

父亲对儿子的影响也是巨大的，王华作为一位才德兼备的儒士，在那个时代也是备受推崇的，他的一言一行自然对儿子起到了言传身教的作用，虽然少年时代的阳明显得有些“另类”。

话说王华年轻时，曾在家乡余姚附近的龙泉山寺院中读书。他的同学中有不少富家子弟，他们心知这寺院的香火是靠着他们父祖的施舍才得以繁盛的，所以在寺中向来横行无忌，根本不把和尚们放在眼中，还常常以恶作剧捉弄他们。不过有一段时间，寺院里因为“闹鬼”，同学们都四散回家了，只有王华还坚持留在寺里读书。

一个风雨之夜，王华照旧苦读，记诵之余，只听到外面又传来“鬼”的怪叫。可是王华仍旧神情自若，安然地读着自己手上的书，对外面的声响充耳不闻。次日，一个和尚专门跑来问王华道：“他们都走了，你一个人留在寺里，晚上不害怕吗？”

“我心里没有什么愧疚之事，有什么可怕的？”王华慨然道。

“昨晚上又闹鬼了，你不知道吗？”

“如果真有鬼，你们都不怕，我又怕什么？只怕是有人装神弄鬼吧！”王华微笑道。

见王华如此聪明，品性又佳，和尚们这才说了实话——原来这“鬼”正是他们一干僧人装扮的，而他们装鬼的目的是吓唬吓唬那帮胡作非为的富家子弟，省得他们整日搅扰佛门清净，又给自己报了一箭之仇。最后，和尚们对王华不禁叹服道：“你这般年纪，就有这样的好修为，将来必定出人头地！”

王家数代志行超卓，又不忘诗书传家，终于结出了王华这颗闪耀的硕果。想当初，那还是在成化初年，时为浙江学政的张时敏，在对余姚的一帮士子进行过仔细考校后，便大胆地断言道：“谢迁与王华两位最优，他们将来都是状元的材料，前途无可限量。”果然被他言中，谢迁后成为成化十一年的状元，日后终为一代名相；王华则得中成化十七年的状元，只是在仕途正如日中天之际，因遭遇刘瑾之祸而未能遂志。

宁良当时是掌管浙江一省民政的布政使，他想为宁家子弟挑选一位启蒙良师，于是便请张学政推荐。于是张学政推荐道：“浙江士子之中，学业优异者固不在少；若只是为子弟的举业择师，可推荐的也不少；若论学品兼优，最堪为人师表者，实在非王华莫属。”宁良便欣然采纳了张学政之言。

王华当时恰好有些科场失意，正在为生计发愁之际，所以欣然受聘。宁良的老家在湖南祁阳，王华受聘后便被安排进了宁家的梅庄别墅。宁良出仕前曾在此处读书，当时别墅中尚有数千卷藏书，这让一心好学的王华大喜过望。

王华白天用心授课，晚上则夜读藏书，手不释卷，乃至在当地三载，竟足迹不入城市。这般勤勉发奋，学问自然愈加精进。当地士子中有个姓陈的听说王华笃学的事迹后，特至梅庄请益。陈氏随手取过几本王华读过的书讨教，王华竟皆能默诵如流，陈氏遂不禁感叹道：“过去听说有专门装学问的一种‘五经笥’，今天我也算亲眼见到了！”

在祁阳士子中，当时非常盛行狎妓酗酒之风，而王华虽孤身在外，亦不为所动。在他结束聘期将回浙江时，当地士子便为他在江边亭楼设宴饯行。饮至夜深，众人皆沉醉而去，独独把王华安排在亭中留宿。待王华进入亭中，刚要宽衣就寝时，恍惚间发现两个美貌的年轻女子坐于帐中。王华此时虽已有几分醉意，但心知不可放纵，想要退出，谁料亭门已经落锁。

两个女子赶紧上前侍寝，王华大呼住手，可对方居然不予理会。情急之下，王华破窗而出，又卸下亭内一块门板掷入江中，然后便义无反顾地跳上门板，竟连夜渡江而去，只留下身后那帮要瞧好戏的人惊异和赞叹的目光[1]……

王华因曾就读于龙泉山，故被人尊称为“龙山先生”，晚年则自号“海日翁”。成化十七年，王华得中状元，被授为翰林院修撰。次年，他便邀了父亲和儿子来京团聚，这样更便于亲自管教和影响儿子了。

阳明小时候性子粗野，多乖拗于俗，且身手矫健异常，又十分胆大，相距丈许的两块巨石他都敢跳跃。但身教重于言传，身为状元的王华在为人处世方面，颇多可圈可点之处：其人气质淳厚，生平无矫言饰行，且仁恕坦直，

[1] 事见《王阳明全集 · 海日先生行状》。

不立边幅，无论人多人少、对大对小，都能始终如一——阳明在这些方面，其实跟父亲很相像！

王华谈笑言仪，由衷而发；广庭之论，入对妻子，也无两副面目；他对待百般事务，总是能应付裕如，熟悉他的人从未见过他面有难色。不过，在教育儿子方面也许是个例外，但有心栽花花不开，无心插柳柳成荫，王华也许做梦也没有想到，自己的儿子竟然能成为与孔孟并肩的人物！

尚武少年做了京城游侠

自从到了京城以后，少年阳明依然顽性不改，经常被老师告状到家里。但他有时候也会渐渐思考一些非常严肃、非常重大的问题。

一天，阳明正打皇城旁边的长安街上经过，不巧却被一位相士拦下。那相士纠缠了阳明半天，最后就请他记住一句话："须拂颈，其时入圣境；须至上丹台，其时结圣胎；须至下丹田，其时圣果圆。"

这大概是相士的故弄玄虚之言，但阳明很想弄明白其中的含意，回家后他就查了书。所谓"圣胎"，乃道士修炼内功之一，如孕育之有胎，故名。阳明猜想，那相士似乎是在暗喻自己将来会成为一代"圣人"吧，这也算一种讨喜的吉祥话。

但阳明还是被这个问题给迷住了，他不禁思索：究竟什么样的人才算圣人呢？圣人又该做些什么呢？阳明虽然小小年纪，但他从小在一个读书明理、厚积贤德的家庭环境中耳濡目染，自然对此有所觉悟。但他还想听听别人的意见，看看大家是什么想法。

一日课间歇息，阳明便询问自己的一位先生道："请教先生，世上的事有千有万，君子之行，不知哪件是第一等事？"

这先生苦读了大半生，自然晓得"立德"是圣贤所看重的第一等事，但那不过是平时嘴上说说罢了，而今还有几人当得真？于是先生笑着，如实回复自己的学生道：

“你们如今既身为学子，世上第一等事自然就是好好读书，将来科举夺魁，博个好功名！不但你们父母，就是我这做先生的，脸上也有几分光彩！”

“那中试以后呢？”阳明有些不依不饶。

“就是好好做官，上对得起皇上和朝廷，下对得起百姓和自己的良心。”

不料阳明对先生的回答丝毫不满意，他不禁若有所思地自言自语道：“科举、做官，未必是第一等事吧。世上第一等事，或许是学为圣贤。”

那先生听了也不觉得奇怪，一个无知少年读书读傻了，自然会把圣贤的话当真，然而世间行得通那些大道理吗？若行得通，岂还有那些贪官污吏的藏身之地？

果不其然，小阳明虽然晓得“学为圣贤”的大道理，但他毕竟还是一个孩子，爱玩爱闹依然是其天性。很快他又迷上了下象棋，于是一天到晚地找人对弈。

做父亲的实在看不下去了，他不能容忍儿子如此玩物丧志，结果一气之下就把儿子心爱的象棋抛进了护城河里。小阳明沮丧之余，只好作诗一首来排遣心中的不快：

象棋终日乐悠悠，苦被严亲一旦丢。
兵卒坠河皆不救，将军溺水一齐休。
马行千里随波去，象入三川逐浪游。
炮响一声天地震，忽然惊起卧龙愁。

经过父亲、祖父的一番苦心教导，再加上阳明年龄渐长，没多久他就变得专心、刻苦多了。

转眼之间，阳明已经十三岁了。有一天，王华眼见儿子正在用功，做父亲的倒有些心疼了，他这小小年纪，累坏了身子倒不好了，于是便决定带着儿子去翰林院走一遭，让他见见世面。

原来翰林院前些日子刚举行了一场庶吉士的考试，王华作为考官参与了这次试卷的评阅。所谓“庶吉士”，本是由二、三甲进士之中以“文学优等及善书”的标准特别挑选出来的，他们往往既年轻，又有前途，所以被放到翰林院中继续深造。庶吉士虽品级极低，但前途无量，时人称之为“储相”，意指这些人中不乏宰相（主要是内阁成员）的苗子。

显然，这是一次非同寻常的考试，甚至可谓是当时全国规格最高的考试，因为应试者中不乏大才、奇才，且皆有功名在身。而王华的用意，就是要让儿子明白“天外有天，人外有人”的道理，少几分傲气，多几分扎实。

不过，王华也不仅仅是让儿子来学习的，他也想通过这些考试的答卷来考一考儿子的评判能力。还好初出茅庐的阳明并没有畏难情绪，怀着几分好奇，居然也当仁不让起来。他固然佩服这些前辈长者的才识议论，但对于其高下优劣，倒也不乏几分评判的能力。

结果阳明一连评判了十余卷，并写下了一些工整的判语拿给父亲看。那王华不看则已，看着看着居然一下子就被镇住了，没想到儿子小小年纪居然如此深得其心，一干判语可谓“高下皆当”[1]！

此时的王华虽已有了四五个儿子，但资质却没一个及得上阳明的，想来绍承家风、光耀门楣，还真有可能要靠伯安这个嫡长子了。

自从王华对阳明刮目相看以后，对他的管教就少得多了，王华显得越发开明。然而就在这个家庭和睦、事事顺心的时候，一道晴天霹雳落在了王家。

由于不太习惯北方的气候，加之思亲情切，王华的原配夫人、阳明的生母郑氏竟然一病不起，于这年末不幸辞世。郑氏虽出身寒微，为人却恭俭孝慈，阳明同母亲的感情很深。突然遭此厄运的打击，令这个才十三岁的少年

[1] 见黄绾《阳明先生行状》。

悲恸不已，几至心胆俱裂、肝腑俱焚！

好在少年阳明生性达观，总算挺过了这一关，尽管他还会时不时在深夜里思念慈母，想到从前父亲要责罚自己时母亲总是护着自己，阳明怎能不暗自垂泪？闲暇的时候，为了排遣内心的悲伤，阳明便开始以读史自娱，沉浸于故国之思中……

历史上那些建功立业的先贤，此时又迷住了阳明，“少年心事当拿云”，“若个书生万户侯”？阳明的身体也在此时进入了生长发育的快速期，青春而富于活力，所以蠢蠢欲动的他，又开始将过剩的精力放到了学习骑射上，以备将来沙场扬名。

具有开明思想的王伦、王华父子，还是比较支持孩子的，此时大明帝国危机四伏、内忧外患，潜藏着一种不可知的气运，纵然来日无法精忠报国，哪怕只是学武强身也是好的。于是他们便不惜本钱，专门聘请了一位武术师傅来教阳明刀枪、骑射的功夫。

由于阳明学习的劲头十足，以致他很快就超越同侪，变得身手不凡起来。不久，出于对古代侠客的神往，阳明又开始对类似诗仙李白《侠客行》中描述的所谓“侠客”羡慕不已：

赵客缦胡缨，吴钩霜雪明。
银鞍照白马，飒沓如流星。
十步杀一人，千里不留行。
事了拂衣去，深藏身与名。
闲过信陵饮，脱剑膝前横。
将炙啖朱亥，持觞劝侯嬴。
三杯吐然诺，五岳倒为轻。
眼花耳热后，意气素霓生。
救赵挥金槌，邯郸先震惊。

千秋二壮士，烜赫大梁城。

纵死侠骨香，不惭世上英。

谁能书阁下，白首太玄经。

受一些侠客传奇的影响，武艺渐精的阳明开始出没于京城的四周，行侠仗义，结交同类，也开始过起了一种半游侠的生活。

除暴安良是侠士的天然职分，既然喜欢打抱不平，那自然就少不得闯祸。在这宦官当道、贤良受窘的年月，阳明等一伙人也常被一帮嚣张的爪牙或公差追得四处躲藏。王华为此颇受了些麻烦，但又不能不对儿子的侠义精神表示赞赏。只是儒者的理想绝不是做侠客，那是墨家的理想之一，因此王华不能不对儿子加以引导。

《孟子》有云："好勇斗狠，以危父母，五不孝也。"阳明有感于此，也不能不有所收敛。然而，活泼好动、聪明机警的他，突然又有所顿悟：一个侠客不过只能拯救几个小民，自己应该学习西楚霸王（项羽）曾经所向往的那种"万人敌"的技艺——这便是兵法！

对兵法的初步学习，为少年阳明打开了一片新奇的天地，他突然发现，在大明帝国之内，事实上并没有几个真正懂兵法、谙韬略的帅才，这既是文武分途的必然结果，也是崇文抑武的世风所致。因此，即便有这种人，也多受压制，很难崭露头角。

豪情万丈之余，阳明于是更加用心，此起彼伏的内患尚且不说，当时大明的北部边防也并不稳固，不知何时中原可能又要生出一场大的变故，家国因此再遭浩劫。因此，阳明十分希望自己能像前朝的兵部尚书于谦那样挽狂澜于既倒、扶大厦之将倾，建立一番不朽的功业，也算真正尽了自己为人子、为人臣的本分！

于谦领导的"北京保卫战"自然令他心驰神往，所以阳明便怀着崇敬和观摩的心情，围着北京城四周实地查看了一下当年的战场。想当初，在明英宗被俘、大明上下群龙无首，而蒙古瓦剌部大军进犯的危急形势下，身为兵部尚书的于谦力排迁都南京的众议，力主在北京城下与敌决一死战，最终奇迹般地支起了大明的新一片天空，其英风壮采、奇勋伟绩怎不令阳明膜拜！

在拜祭过于尚书的祠堂后，阳明更题下了这样一联：

赤手挽银河，公自大名垂宇宙。

青山埋忠骨，我来何处吊英贤。

但阳明明白，仅仅纸上谈兵是不够的，自己还需要实地去探访山川形势、地理险易，将天下蓝图都装入胸中。

就在阳明十五岁这年，他在征得父亲和祖父的同意后，带着一位仆人风风火火地出了北京城。他们先是一路去了山海关，接着又出游居庸、倒马、紫荆三关，阳明还没忘探访当地的一些有识之士，听他们讲述当年明军出关作战的辉煌事迹。此外，阳明又不断地询问关于诸夷种族及部落的详细情况，还留心听取大家对于防边、备边的各种策略。此时的他，已有经略四方之志。

之后，他又不顾家仆的再三劝阻，执意纵马出塞。

居庸关不远处已经是蒙古人经常出没的地方，当阳明大胆向此地深入时，半路上他突然发现一个蒙古少年正骑着马溜达，他顿时来了精神，准备会一会少年。结果当人家看到他飞马过来时，竟吓得仓皇而逃……

不过阳明对此还是很得意，因为这一带的汉人几乎都是谈“虏”色变。话说就在几天前，阳明还曾听到这样一件让他气愤难平的事：前一阵子，有两个蒙古骑士，驱赶着掳掠来的几百名汉族老幼和上千头牛羊，从容地渡过结冰的黄河。附近戍守的数千大明将士站在城头上观看，居然无一人敢于主动出击，生怕中了埋伏。

一个月后，当阳明回到家后，他就对着父亲和祖父感慨道：“不是蒙古人的胆子太大，而是我们汉族人的胆子太小。假如这种事情让我遇到，我一定不会便宜了他们。”

另外还有一件让阳明兴奋不已的事，就是在返京途中，他竟然梦到自己前去拜谒东汉名将马援的祭庙。

马援一生渴望建功立业，曾以“男儿当死于边野，以马革裹尸还葬耳”自勉。他一生南征北战，为东汉王朝立下了赫赫战功，受封为“伏波将军”。他老当益壮，晚年还在为东汉的边境安宁出生入死，最终他真的死在了南征的途中，实现了自己“马革裹尸”的壮志。

马援诚为一代名将，为此阳明后来便为自己的做梦一事赋诗道：

卷甲归来马伏波，早年兵法鬓毛皤。

云埋铜柱雷轰折，六字题文尚不磨。

想当年，自己的六世祖王纲身死增城，五世祖王彦达便缀羊革裹父尸以归。尽管祖先死得那般悲壮义烈，但少年阳明还是甘愿继承这种忠烈的家风。

为国为民，只要死得其所，纵是粉身碎骨，也当在所不惜；纵是如马援身后受谤，但公道自在人心，何惧千百代之下无人缅怀！

在道观忘归的新婚之夜

阳明自从回到京师以后，渐渐怀有一种担当天下的豪情壮志，这也是读书人的本分。

当时，阳明眼见京畿不宁，以石英、王勇为首的乱民四处流窜；又有湖广贼寇扰乱地方已逾二十载，一直未能彻底平灭。抱着为君父分忧、为苍生造福的志愿，阳明欲效法班超投笔从戎、西域建功的事迹，遂决定上书向朝廷请缨。

阳明将这个想法告诉了父亲之后，原以为父亲会一如既往地支持自己，没想到谨慎持重的王状元立即表示反对。他认为儿子年轻识浅且羽翼未丰，为朝廷分忧之心固然难得，但不如先等几年再说。

但阳明固执己见，他将已经拟好的奏章拿给父亲过目，希望自己的赤诚可以打动父亲。王华只好以赵括“纸上谈兵”的故事告诫儿子，兵危战凶、国之大事，不可不慎，这回总算令少年轻狂的阳明有所收敛。

想那汉时，终军还不到二十的年纪，便向当时的武帝自请长缨出使南越，其志节固然可嘉，然而终究是年轻气盛了些，乃至功败垂成、命丧南疆。阳明对此也不能不有所警惕，但正如父亲所说，来日方长，报国的机遇总是有的，年轻人急不得，马援还是大器晚成的典型人物呢！

自从阳明暂时打消了建功立业的念头之后，他那过剩的精力只得由别处排解，而他的想法也愈加古灵精怪。就在前不久，一向重用宦官、搞得国是日非的明宪宗朱见深追随他心爱的万贵妃去了，继位的是后来有“中兴”之美誉的孝宗皇帝朱祐樘，次年改年号为“弘治”。

弘治元年（1488）的时候，阳明已经十七岁了，父亲早就为他选定了一门亲事，亲家是王华的同僚、好友诸养和。那还是几年前，诸养和在吏部负责主考事宜，有一天他到王家做客，当时小阳明就在一旁玩耍。诸养和一见就喜欢上了这个聪明的孩子，然后便对王华说道：“王公，你的这个儿子，就给我当女婿吧！”如此美意，王华自然无不欣然从命。

弘治元年，诸养和时任江西布政司参议，这时他从南昌忽然来信召阳明去成亲。王华考虑到应该早早地让儿子把心安定下来，担起家庭的责任，于是便同意了亲家翁的请求。

阳明虽然到了血气方刚的年纪，但对于男女之事并不是特别向往，然而父命难违，再加上传宗接代毕竟是大事，所以他只得带着彩礼和几个家仆乘舟南下，到南昌去迎娶自己未来的夫人。

阳明等一行人经由大运河，经长江过南京，西溯扬子江而进入鄱阳湖，再由赣江至南昌，一路也算顺畅。南昌确是一处文化圣地，且不说唐初大才子王勃的《滕王阁序》阳明已经烂熟于心，便是那一望无垠的鄱阳湖，也足以令他浮想联翩……

想当年，太祖皇帝（朱元璋）与伪汉天子陈友谅争雄天下，双方便是在鄱阳湖上进行了一场生死对决。陈氏号称六十万之众，且凭借战船高大的优势，与不过二十万众且船小仰攻的朱氏一方，在湖上展开了长达三十七天的激烈交锋（真正战斗的时间实际上只有七八天）。最后，借助天时，朱家军以火攻制敌，终于取得了鄱阳湖大战的辉煌胜利，又在陈友谅突围时将其射杀，从而一举奠定了朱氏称雄天下的牢固根基。

这场规模空前的水战，不但决定了未来的历史走向，也在鄱阳湖底留下了那一段段见证血与火的折戟断刃。一百多年过去了，阳明寻访故地，不知道能否有些意外的发现。

诸府上下对阳明的种种逸事早已有所耳闻，他们确实想见识一下这位状元家的奇男子。而亲家翁（王华）主持翰苑，身为帝师，将来入阁拜相，也是情理之中的事，所以诸府以非同一般的礼遇迎接阳明。

一到诸府，阳明就以自己的聪明好学赢得了诸府上下人等的尊敬，大家都喜欢跟这位没有半点架子的少年公子交谈。不过阳明也没有闲着，在他岳父的官署中，多有上品的“文房四宝”，弄得他顿时有些手痒。

在王家的家谱上，就赫然写着“书圣”王羲之的大名，阳明对这位先祖自是仰慕不已，故而平素他也特别着意于书法的练习。不过他练习书法的方式与众人不同，他是观摩得多、思考得多，实际练习得反而少。

此次，自他来到诸府，众人并未见他整日临池，不多天下来，却已见其书法大进。不过由于常常技痒，阳明还是按捺不住要挥毫泼墨，官署中本来有好几大箱子的纸，结果等到阳明于次年离开时，箱子都已是空空如也！而阳明的书法技艺，更是突飞猛进，愈加令人刮目相看。

眼看婚期就要到了，诸府上下张灯结彩，笙歌悠悠，不多日已宾客盈门，好一派喜气洋洋。

就是在新婚的当天，阳明忽而觉得有些百无聊赖，他不太喜欢这种喧嚣、铺张的热闹，所以忙里偷闲去了当地著名的宫观铁柱宫一游。

铁柱宫又称万寿宫，是为纪念道教“许真君”许逊而建。许逊是晋朝人，生于南昌，“鸡犬升天”一词就源出于他。许真君名气很大，所以自两宋以来，铁柱宫都香火极盛。想当年，明太祖朱元璋为征讨陈友谅到了南昌，接受了南昌留守胡廷瑞等人的投降。在拜谒过孔子庙之后，朱元璋又行经铁柱宫，在此盘桓许久。最后，他才出城开宴，在滕王阁与当地诸儒赋诗为乐[1]。

阳明天生对道士、道教充满好感，这当然要从他的出生讲起，包括那一回相士当街拦住他说什么“结圣胎”的话。

那一天，阳明在观里游逛了半天，天快黑时，香客们已经散尽了，他却还意犹未尽。他一个人又来到了后殿，凭着微弱的光线，他突然看到一个神采迥乎常人的道士独坐在一张榻上，神情非常安详，阳明一下子就对他来了兴致。他唯恐打扰了人家的清修，在那里呆呆地站立了半天，总算等到那道士睁开眼睛跟他搭话。

道士点上灯，他见是一位举止文雅的十七八岁的少年，又见其眉宇之间透着一股英挺的豪气，于是连忙给阳明让座。两个人就这样交谈起来，原来这位师父并不是铁柱宫的，而是由四川游方至此。

一经交谈，阳明便发现老师父学识渊博、谈锋机敏，不由得兴味大增。二人由琐事谈及古今，又由古今谈及养生，因为阳明马上就要过上夫妻生活了，所以他对这个话题特别感兴趣，也有意向高人请教。

这一交谈不要紧，竟然令阳明俗事皆忘，以至于连结婚大事也给抛到了脑后。诸氏合府上下都找不到阳明的踪影，眼看到了第二天早上，阳明自己兴冲冲地从外面跑回来了，待他说明了缘故，大伙悬着的一颗心才放下。

---

[1] 参见《明太祖实录》。

但耽误了良辰吉时毕竟不是一桩美事，阳明未尝不感到内疚。七年后，岳父死在了山东布政使司左参政任上，阳明于是在致岳父大人的祭文中致歉道："我实负公，生有余愧；天长地久，其恨曷既。"

但不管怎么说，这对郎才女貌的新人在当时还是受到了人们的热切祝福。洞房花烛夜过后，也就成了阳明新生活的开始。

格物引来的疾病

阳明携自己的新妇由江西动身前往浙江时，已经到了弘治二年的十二月。这个时候，祖父王伦已经先行赶回了余姚老家。

就是在途经江西上饶的时候，阳明慕名前往拜谒了当地的大儒娄谅先生。在阳明的一生中，这次拜访对他的影响是很大的。

娄先生少有成圣之志，曾经游走四方，遍求名师，结果他非常失望地说道："都是些徒有虚名的举子学罢了，不是身心学。"后来他又辗转听说江西临川的吴与弼是个圣人，遂去拜见，这一次果然没有令他失望。

与之相映成趣的是，这位吴先生对学生也是非常挑剔的。曾经有一个状元徐某想拜吴为师，由于吴与弼瞧不上，结果竟遭拒绝。而吴与弼一见娄谅就喜欢得不得了，当即收他为徒。针对娄谅个性豪迈、不治细事的特点，吴老师特别告诫他："学者须亲细务。"

娄谅自立门户以后，便与自己的弟子们自食其力，过着十分俭朴的生活。他曾经感叹儒家经典笺注太繁，容易使人迷惑乃至误入歧途，所以自己不轻率著述。尽管如此，他一生还是著有《日录》四十卷，《三礼订讹》四十卷，是他留给后人的精神财富。娄先生一生拒不出仕，曾表明心迹道："宦官、释氏不除，而欲天下之治，难矣！便我出仕，又能何为？"

阳明在见到娄谅后，对方便以毕生所学告知面前这位好学多思的后生道：

“圣人不是天生的，‘圣人必可学而至也’！”令新婚不久、踌躇满志的阳明大受鼓舞。

阳明来拜见的当日，娄谅已快七十岁了，而就在第二年，他便辞世了。娄老先生的一个女儿嫁给了宁王朱宸濠，颇有贤声，常劝宁王不要反叛朝廷，可惜宁王不听。宁王叛乱失败后，娄氏女自杀。参与平叛的阳明因感念娄老先生当初对自己的点拨，于是将他的女儿礼葬。

阳明夫妇从江西回到家乡以后，见到了早已对孙子翘首以盼的祖父母，全家欢喜非常。然而就在这之后不久，王伦由于年事已高，加之前些日子路途颠簸，结果一病不起，遂很快驾鹤西去。

阳明与祖父感情极好，这一次家庭变故，对他的精神打击也不小。为了慰藉自己的身心，他自然又记起了之前娄先生的那句“圣人必可学而至也”，于是开始认真钻研起宋儒的格物之学。

朱熹（1130—1200）在当时被认为是一位集大成的儒家先贤，也是思想界长期无可动摇的权威，地位仅在孔、孟之下，被官方尊崇为“朱子”。但是由于当时科举考试的内容非常狭隘，主要以朱熹的《四书章句集注》为主，一般人对于朱熹的学说也很难窥其全豹。为了能透彻地理解朱子学说的大旨，阳明于是竭力搜求朱熹及其“考亭学派”的所有著作进行系统研读。

有一天，阳明读到朱子著作中有“众物必有表里精粗，一草一木，皆涵至理”一句，觉得很有道理，于是想到做格物的功夫。

祖父竹轩先生由于生性爱竹，所以他老人家便在家里种了很多竹子。竹是有灵性的，于是阳明便默对着竹子认真地“格”了起来。一连几天，他都静坐在一张蒲团上，只是对着竹子沉思默想，别人叫他，他也懒得搭理。阳明明白，圣贤之理就在其中，自己一定要将它“格”出来才罢！

可是还没等阳明有所顿悟，他就先病倒了，这忽而又令他产生了自我怀疑。于是阳明又想到，这样枯坐沉思绝不会让圣贤显灵，又无法让真知呈现，而且自己大概也是没有那个天分的，不如就放弃这做“圣贤”的痴梦吧！

然而等到阳明病愈后，他又忽而注意到，朱子早年曾出入佛老，其学问深受佛家华严宗的影响，而自己尚没有这方面的学问积淀，所以此事还急不来。况且圣人之教也不是白白参悟的，关键还是要能行才可以！

这第一步，应该就是要规范自己的言谈举止，不宜再流于自我放纵。

渐渐地，阳明就不再像从前那样爱好兵事了。而在经受了挫折之后，他追求圣贤的心思也暂时有些淡漠了。这个时候，他有了一个新的爱好，这就是辞章。

对于诗文方面的造诣，阳明还是比较自信的，他“自委圣贤有分”，觉得自己好像不是那块材料，于是便四处结交诗友，开始随世就辞章之学，也许这是出于一个人对于文学的天生爱好吧。

由于丧父的缘故，王华此时已回到家乡守制，期限为二十七个月，这样他就有了足够的时间来督促子弟们的学业。王华将自己的从弟王冕、王阶、王宫和妹夫等四人还有阳明，都召集到一处，与他们一起讲析经义，并为将要到来的浙江省乡试做准备。

这样，阳明的精力又不得不暂时转移到圣贤之书上，又不能不对此有所动心。正如朱子所谓“立身以立学为先，立学以读书为本”，于是阳明白天就随着大家一起修习课业，晚上则搜取诸经、子、史读之，每每读至夜半。

那四个跟阳明年纪差不多的长辈眼见侄子文字日进，自愧不如。后来更听闻侄子一心求取圣贤之学，便感叹道：“这小子已游心于举业外矣，我辈这等庸人不及也！”

阳明一向待人平和，但是爱开玩笑，喜戏善谑。他一直铭记着娄先生的教诲，不得不对自己的一言一行痛加反省。忽有一天，阳明竟开始端坐沉默起来，变得不苟言笑，已然判若两人。

叔叔们不知侄子在搞什么名堂，更不敢相信侄子会就此彻底改变自己。对于叔叔们的置疑，阳明正色道：“我过去放逸太甚，如今知道错了，就请叔叔们监督我吧！”

自此以后，阳明基本上做到了“一本正经”，而叔叔们也日渐敛容，不得不变得跟侄子一般严肃了。

这里再补充介绍一下朱熹及理学的问题。在当时，理学尤其是朱子的学说已经成为科举考试的主要内容。

完成于淳熙四年（1177）的《四书章句集注》是朱熹一生的主要学术成果之一，也是他自己非常看重的，经过了反复修改。《四书章句集注》在朱熹的思想之路上，是划分其前、后半生的一块理学巨碑，它意味着朱熹既批判佛学思想，又吸取其思辨精华的排佛体系的建立，更标志着宋代儒学由古典经学向理学转变的思辨化的最终完成。

《四书章句集注》先是经朱熹的门人大肆鼓吹而广为流传，后来又为元朝官方钦定为科举考试的读本，因而取得了正统地位。永乐十二年（1414），明廷又发布“上谕”，提出要编撰《五经大全》《四书大全》和《性理大全》。后经过十个月的努力，三书编撰完成。

《五经大全》经注的主要依据便是朱学，其中有的是朱熹本人的著作，有的是朱熹弟子的著作，还有的则是朱熹所推崇的理学家的著作。《四书大全》则可谓是朱熹《四书章句集注》的翻版和扩大。《性理大全》也不例外，其中所收的“先儒”著作，除两篇外，其余的不是朱熹所作，便是朱熹所注。

三部大全正式确立了朱学的官方权威地位，明朝的学子学的是大全，考的也是大全。

科场失意的风流雅士

弘治五年（1492），是乡试之期。明朝的科举每三年举行一届，其中分为乡试、会试、殿试等。

在每一届，全国录取举人一千至一千五百名，录取进士三百人左右。由于乡试在秋八月举行，故又称“秋闱”。中了乡试成了举人就等于有了“功名”，即有了做官的初步资格。

就在二十一岁的阳明参加乡试的时候，他做了一个奇怪的梦——有两个巨人，各衣绯绿，东西分立，对阳明道：“三人好做事！”说完，就消失不见了。阳明一直清楚地记得这个梦，直到他的晚年还念念不忘。

当时阳明与孙燧、胡世宁三个人都中了这一次科举。二十七年后，宁王举兵反叛，正是胡世宁首揭其阴谋，孙燧则在这场变乱中捐躯，而阳明更是镇压叛乱的首功之人。至此，他才略有所悟：三人一齐平叛，原来那梦验在今日！

阳明的叔叔们则都落了第，不过在次年京师所举行的会试中，阳明也首战失利。当时王华守制已满，他回到了京师，已经由翰林院修撰迁为右春坊右谕德。这是一个从五品的官职，一般无实职，却往往可以兼任皇帝的侍读、侍讲，可谓清贵。

为了向阳明表示慰问，王华的很多同僚便相约来到了王家，其中就包括当时的诗坛领袖、“茶陵派”的开山李东阳，同时他也是一位知名的古文家和书法家。

李东阳从小跟随做官的父亲住在京城，在他四岁的时候，居然就能写大字，作径尺书。当时的景泰帝朱祁钰闻听此事后，便把小李召入宫中亲自面试，结果皇帝对他非常满意，乃至将小李抱置膝上，并赐果钞，可谓恩宠非常。

李东阳也是未来政坛上举足轻重的人物，他时为礼部侍郎。在弘治后期，他有幸成为大学士，与刘健、谢迁形成了密切配合的内阁权力三角。有明贤宰辅，自明朝初期的“三杨”（杨士奇、杨荣、杨溥）外，前有彭时、商辂，后称刘、谢、李，他们都可谓是以儒家正道侍奉君主的贤相了！

孝宗皇帝对三大臣的意见颇多采纳，并常召入宫中议事，常呼先生而不名。“李公谋，刘公断，谢公尤侃侃”，一时传为美谈。

李东阳早已听闻阳明之才名，于是他笑着说道：“伯安，你此科落第，是你才气未舒所致！下科你必当同你父亲一样，中个状元！”

“谢西涯先生吉言，小子敢不努力！”西涯是李东阳的别号。

“伯安，那你就现场做个来科的状元赋吧，扬一扬你的志气！”于是众人跟着起哄道。

此时的阳明，心里确实有些为落第不平，他眼见这班人中既有今科的会试考官，又必有下科的考官，今日正是自己施展才华让诸公刮目相看的时候。他一时来了兴致，于是欣然从命。

但见阳明展纸提笔，逸兴遄飞，一挥而就，不出半个时辰，一篇洋洋数百言的《状元赋》就写好了。待李东阳等人接过来看了一下，乃由衷叹道：“天才！天才！”

阳明才学深厚，写赋他确实拿手，李东阳并非是恭维他。不过，当这群人一出王家，他们就议论开了：“这小子太目中无人了，若他果取上第，那我辈就都不在他眼中了！”

原来是阳明不知谦虚、锋芒直露的表现令他们产生了不快，事后阳明也颇为自己的狂傲而悔疚。想那国初时，大才子解缙不到二十岁就中了进士，有见于他为官器量不足，洪武二十四年（1391），太祖皇帝遂召解缙父亲进京，对他直言道：“大器晚成，今天你把儿子领回家，让他在家修行十年，将来再大用不晚！”

难道这也将成为自己的命运吗？更有，解大才子好臧否人物，无所顾忌，乃至廷臣多害其宠，令他在成祖朱棣面前站不稳脚。后他又参与储位之争，为汉王朱高煦所诬陷，终于招来杀身之祸。

阳明的功名欲本来就不强，这一落第更让他消减了很多。闲暇、无聊之余，他便重操旧业，又开始了对辞章的爱好。

京城是个不能让人安心的地方，于是王华便命儿子回家乡安顿，以待来科再举。而阳明也不喜欢京城里那种文人士绅的习气及浮华氛围，自然乐得从命。

回到余姚不久，在阳明的倡议下，一帮风流雅士在龙泉山寺中结成了一个诗社。诗社不拘年龄，只要有些才华，想参加的都可以进来。这些人过的基本上是一种名士派的生活，他们的主要活动无非是切磋文艺、以文会友，诸如吟诗联句、相互品评、比较书法、对弈下棋等，乃至游山玩水、陶冶性情。

这个诗社的规模不大，多时也不过二三十人，皆是余姚本地人。其中有一位老诗友名叫魏瀚，他曾是阳明祖父竹轩先生的诗友，曾任正二品的布政使，如今已致仕在家。王伦在世时，魏瀚常陪着他老人家在乡间散步。魏瀚的儿子魏朝端与阳明一起中举人，成了关系很近的“同年”，所以两家的来往非常密切。

魏瀚性格开朗，热心助人，也没什么架子，平时以雄才自放，倒与阳明的性情很是投合，如今他又成了阳明的忘年之交。阳明与魏瀚二人常相携登龙山对弈联句，每次阳明若先得佳句，老魏便谢曰：“老夫当退数舍。”

阳明初溺于任侠之习，再溺于骑射之习，三溺于辞章之习。诗社中那种优哉游哉的生活，真是让他乐以忘忧，他后来赋诗《忆龙泉山》回忆道：

我爱龙泉寺，寺僧颇疏野。
尽日坐井栏，有时卧松下。
一夕别山云，三年走车马。
愧杀岩下泉，朝夕自清泻。

此时，与辞章比较起来，似乎早年破虏玉关的壮志也成小事一桩了，他好不庆幸自己能保有这般风雅、惬意的文士生活，而没有轻易投笔从戎。

又作《雪斋闲卧》一首道：

梦回双阙曙光浮，懒卧茅斋且自由。
巷僻料应无客到，景多唯拟作诗酬。
千岩积素供开卷，叠嶂回溪好放舟。
破虏玉关真细事，未将吾笔遂轻投。

三年的时间转眼间就过去了，弘治九年（1496），阳明再次参加会试，结果又落榜了。

“上次有人说你目中无人，肯定是这些当道者忌才，从中作梗！”他的一位朋友为他抱不平道。

“科场失意固为人生常态，来科卷土重来，胜负亦未可知！”阳明虽嘴上这样说，但他心里也明白，自己一向独行特立，为世所难容也在情理之中。

同行的一位举子，也是两科未中，灰心丧气之余，顿觉无颜见江东父老。愁闷之际，本来想找同病相怜的阳明互相发泄一下，可是他见到的却是一副无动于衷的面目。那人不解地问：“伯安兄，我辈皆以下第为忧、为耻，何以你却如此超然物外呢？”

阳明于是笑道：“世人以不得第为耻，我则以不得第动心为耻。”

其实也真没什么，父亲王华也是三十多岁才中状元的，何况当时五十岁的老童生也不乏其人。

在回乡途中，阳明沿着运河来到山东任城，这里地近孔孟之乡，距离“三孔”名胜所在的曲阜已经不足百里。此处也有一大名胜曰“太白楼”，是当年“诗仙”李白客游饮酒之处，它临河而立，颇为气派。阳明此前已多次往返此地，却都无暇登临此楼，此次下第闲来无事，正好顺便登楼览胜以舒展一下心情。

后来，他便留下了洋洋六百余言的《太白楼赋》：

岁丙辰之孟冬兮，泛扁舟余南征。凌济川之惊涛兮，览层构乎任城。曰太白之故居兮，俨高风之犹在。蔡侯导余以从陟兮，将放观乎四海。木萧萧而乱下兮，江浩浩而无穷。鲸敖敖而涌海兮，鹏翼翼而承风。月生辉于采石兮，日留景于岳峰。蔽长烟乎天姥兮，渺匡庐之云松。慨昔人之安在兮，吾将上下求索而不可。蹇余虽非白之俦兮，遇季真之知我。羌后人之视今兮，又乌知其不果？吁嗟太白公奚为其居此兮？余奚为其复来？倚穹霄以流盼兮，固千载之一哀！

……

卒曰：峄山青兮河流泻，风飕飕兮澹平野。凭高楼兮不见，舟楫纷兮楼之下。舟之人兮俨服，亦有庶几夫之踪者！

此赋并没有太多的哀音，可见落第确实并未给阳明的内心造成太大的阴影。不过，他对狂傲不羁、任侠放纵、一事无成的李太白其实也没多大的兴趣，他倒更中意于不乏真才实学却命途坎坷的苏东坡。

八年后的一天，阳明路经徐州，苏东坡当年曾在此地修建过一座“黄楼”。此时黄楼虽早已灰飞烟灭，但阳明还是情不自禁地写下了一篇想象力丰富的《黄楼夜涛赋》——

朱君朝章将复黄楼，为予言其故。夜泊彭城[1]之下，子瞻呼予曰：“吾将与子听黄楼之夜涛乎？”觉则梦也。感子瞻之事，作《黄楼夜涛赋》。

子瞻与客宴于黄楼之上。已而客散日夕，暝色横楼，明月未出。乃隐几而坐，嗒焉以息。忽有大声起于穹窿，徐而察之，乃在西山之麓。倏焉改听，又似夹河之曲，或隐或隆，若断若逢，若揖让而乐进，歙掀舞以相雄。触孤愤于崖石，驾逸气于长风。尔乃乍阖复辟，既横且纵，

[1] 彭城是徐州的旧称，这里曾是西楚霸王项羽的都城。

纵纵沨沨，汹汹瀜瀜，若风雨骤至，林壑崩奔，振长平之屋瓦，舞泰山之乔松。咽悲吟于下浦，激高响于遥空。恍不知其所止，而忽已过于吕梁之东矣。

子瞻曰："噫嘻异哉！是何声之壮且悲也？其乌江之兵，散而东下，感帐中之悲歌，慷慨激烈，吞声饮泣，怒战未已，愤气决臆，倒戈曳戟，纷纷籍籍，狂奔疾走，呼号相及，而复会于彭城之侧者乎？其赤帝之子，威加海内，思归故乡，千乘万骑，雾奔云从，车辙轰霆，旌旗蔽空，击万夫之鼓，撞千石之钟，唱《大风》之歌，按节翱翔而将返于沛宫者乎？"于是慨然长噫，欠伸起立，使童子启户冯栏而望之。则烟光已散，河影垂虹，帆樯泊于洲渚，夜气起于郊垌，而明月固已出于芒砀之峰矣。

子瞻曰："噫嘻！予固疑其为涛声也。夫风水之遭于澒洞之滨而为是也，兹非南郭子綦之所谓天籁者乎？而其谁倡之乎？其谁和之乎？其谁听之乎？当其滔天浴日，湮谷崩山，横奔四溃，茫然东翻，以与吾城之争于尺寸间也。吾方计穷力屈，气索神惫，懔孤城之岌岌，觊须臾之未坏，山颓于目懵，霆击于耳聩，而岂复知所谓天籁者乎？及其水退城完，河流就道，脱鱼腹而出涂泥，乃与二三子徘徊兹楼之上而听之也。然后见其汪洋涵浴，潏潏汩汩，澎湃掀簸，震荡泽渤，吁者为竽，喷者为篪，作止疾徐，钟磬柷敔，奏文以始，乱武以居，呶者嗃者，嚣者嗥者，翕而同者，绎而从者，而啁啁者，而嘐嘐者，盖吾俯而听之，则若奏箫咸于洞庭，仰而闻焉，又若张钧天于广野，是盖有无之相激，其殆造物者将以写千古之不平，而用以荡吾胸中之壹郁者乎？而吾亦胡为而不乐也？"

客曰："子瞻之言过矣。方其奔腾漂荡而以厄子之孤城也，固有莫之为而为者，而岂水之能为之乎？及其安流顺道，风水相激，而为是天籁也，亦有莫之为而为者，而岂水之能为之乎？夫水亦何心之有哉？而子乃欲据其所有者以为欢，而追其既往者以为戚，是岂达人之大观，将不得为上士之妙识矣。”

子瞻喂然而笑曰：“客之言是也。”乃作歌曰：“涛之兴兮，吾闻其声兮。涛之息兮，吾泯其迹兮。吾将乘一气以游于鸿濛兮，夫孰知其所极兮。”

弘治甲子七月，书于百步洪之养浩轩。

此赋模仿《赤壁赋》之笔法、旨趣，气象绝俗，只此一赋，便足以使阳明傲视于当时文坛！

然而作诗虽好，但久了也让阳明内心备感空虚，男儿立世，总不能仅以诗文了此一生吧。

沉溺佛老欲入山修行

对于做圣贤的念头，一向心气颇高的阳明总是不愿彻底放下，只是苦于找不到门径，以致无所进益。

想找众位诗友们一起讨论，可知音难觅；又四处求师问友，结果同样非常失望，只得尽尝独学无友、孤陋寡闻的苦寂滋味了。当然，这普天之下享有盛誉的名师也不是没有，但千里寻师，阳明觉得自己暂时还没到那一步。目前还是自己先探求一番经典中的微旨要紧，否则便是寻到了名师，人家也未必肯收自己做弟子。

有一天，阳明偶然读到朱子的《上（宋）光宗皇帝疏》，其中有这么一段话：“居敬持志，为读书之本；循序致精，为读书之法。”

阳明似有所悟，顿感心头一亮！这个奏疏自己以前也是读过的，却无动于衷。

为此，朱熹在其著作中还有针对这一问题的专门解释：“程（颐）先生云，‘涵养须用敬，进学则在致知’。此最精要。方无事时，敬以自持，凡心不可放入无何有之乡，须是收敛在此。及应事时，敬于应事；读书时，敬于读书。便自然该贯动静，心无不在。今学者说书多是捻合来说，却不详密活熟。此病不是说书上病，乃是心上病。盖心不专静纯一，故思虑不精。须养得虚明专静，使道理从里面流出方好。”

如今，阳明回想十年前娄谅先生所言，大约正是这个道理——先时，自己探讨虽博却没有居敬持志、循序渐进，乃觉为圣无门，可如今门径却不期然，竟让自己给找到了！

欢欣鼓舞之余，阳明于是暂时抛下了辞章诗赋，拒绝了诗友们的热情相邀，又兴味浓厚地钻研起朱子的格物致知之学了。

但是没过多久，阳明忽而又感到迷惑了：虽然自己一直确实在循序渐进地认真读书，但那事物的“理”与自己的“心”却总是相互龃龉，按“理”该这样做，可“心”偏又要那样想。弄到头，物理归物理，我心归我心，总还是判若两途啊。

比如对待一位自己不喜欢的人，按“理”说应该秉持忠恕之道，乃至以德报怨[1]；可是按照自己的“心”，还是不如对这个人避而远之为好，乃至对他薄施惩戒。对待自己亲近的人或朋友，按“心”总是想开些无伤大雅的玩笑，平素其实并不容易控制住自己爱戏谑的个性。但按“理”，又要正心，又要诚意。

阳明越是心急于调和这天理与人心，反而越是感到毫无头绪，愈觉圣贤自有天命，不是人人都做得了的。

由于心中郁结了太多的愁闷和烦躁，结果阳明竟为此大病了一场。

想法可以随时改变，但所谓“江山易改，禀性难移”，个性却是不那么容易改变的。在阳明看来，要做就应该做最好的，做一世“人极”，文章艺

---

[1] 语出《礼记》，子曰：“以德报怨，则宽身之仁也。以怨报德，则刑戮之民也。”

能究竟是小道，既成不了儒家的圣贤，那么索性就一生做个不问世事的得道高人，也是退而求其次的目标。

弘治十一年（1498），阳明又结识了一个名叫尹继先的道士。尹继先是陕西临洮府人，弘治年间他一度到南方游历，仙踪所到之处引起众人注目。他自言自己生于南宋初年，虽然已三百余岁，可依然鹤发童颜、神采焕发，还到处替人排忧解难，俨然是个神仙一样的人物。

阳明本来是不大相信这种道听途说的逸闻的，但是无独有偶，元末明初的著名道士张三丰，似乎的确是活了两百余岁。传说张三丰身姿魁伟，大耳圆目，须髯如戟，无论寒暑，只一衲一蓑。他一餐能食升斗，或数日一食，或数月不食，且事能前知。其行踪不定，还曾死而复活……

类似的记载颇多，不由阳明不起一些向往之心、猎奇之意。因此，有一回，当阳明听说尹继先到了南京后，便慕名专程前往拜谒。尹继先一见之下，就喜欢上了聪明过人的阳明，结果带着他同吃同住了上百天。出于器重之意，尹继先又特意向阳明传授了一些养生之术。

阳明照着尹道长所授秘法进行修炼，不多日，果然觉得耳聪目明，比之先前被宋儒的学说弄得那般头晕目眩，真如天上地下一般，冲动之下，阳明顿生出世之心！

“道长，我曾经误入歧途，到今日才晓得道之所在，请您收我为徒吧！”尹继先看着虔诚的阳明，只是含笑不语。阳明以为他在考验自己，于是又跟着道长生活了十余日，并将自己的仆人打发回了老家。

不过，那种清苦的修行生活，确实让阳明这个世家子弟有些吃不消，很快他就有些精神不振，身体也跟着出现了一些不适。这时候，尹继先终于开口说话了：“伯安哪，你虽聪明绝顶，但身为贵介公子，天生筋骨脆弱，是没法学我这等皮糙肉厚之徒的……”

“道长，我这才不过刚刚开始嘛，慢慢习惯也许就好了。”阳明还不死心。

“呵呵，我之所以能够入道，全因这吃苦耐劳，风餐露宿、日晒雨淋，皆能视作无物，一般人是受不了的。若要强求，反送了性命岂不可惜？你好自为之吧……”

“道长放心，我王守仁既然打定主意要跟随您入山学道，就是已将生死置于度外！况且，我家兄弟也非我一人，纵须尽孝，也不打紧的，求道长成全！”

“呵呵，我虽粗野山人，浅陋无识，但也知你来日必定前途无量！我纵不与世事，又怎么忍心毁了你这达官显宦、兼济天下的好苗子……”尹继先道。

“守仁愚下之辈，愧何以当！”

“你求圣心切，故而急火攻心！你今日又转而求道，终是一时的迷乱……不过，你虽然没有长生的缘分，却能够以勋业显于当世，也并非平白到这世上走一遭……”

尹继先一番苦口婆心的劝说，总算暂时打消了阳明入山求道的念头。

阳明事后回想尹道长的话，既怅然，又振奋，尽管没能遂愿，可到底又多了一层对道士的敬重与向往之心。自此以后，阳明对于佛老之书读得更勤了，而他也终于了悟何以朱子早年曾沉浸佛典了——那是对现实中的自己的一种失望！

不过，后来阳明又有新的洞见：朱子早年曾师事胡原仲等武夷三先生，三先生皆是好佛老的，故而又将这浓重的佛老之气传染给了朱子，以至于令他出入佛老十余载。

原来，自五代北宋以降，古典经学衰微，便为佛老之兴盛创造了条件。其后高僧辈出，佛老之教遂愈加精致化，因此愈加对于士大夫们产生了不可抗拒的吸引力[1]。后来，中原沉沦于异族统治之下，身为南宋士大夫的武夷三先生等新一代理学家，既不肯寂寞自弃，又想超世解脱，精神出入于佛老在所难免。

更有，绍兴十八年（1148），身为举子的朱子参加礼部组织的会试，在

---

[1] 现代著名学者陈寅恪就非常重视佛学对于中土思想的巨大影响。

答题过程中，朱子援佛入儒，结果他的试卷竟赢得了那些佞佛好老的考官的青睐而得高中。此事又成为朱子师事僧人道谦的直接契机，乃至他初入仕途时居然带着一身的禅气。

后来朱子虽迷途知返回归儒家正统，但在修治身心方面，却着实于佛老处获益良多，终于成为一代集大成的理学宗师。

第二章 王阳明的问道之路

通过此番修仙学道，阳明对于自己的悟性又有了信心，那么，学至圣贤的梦想就不会落空，只要自己再多用点心思、多花点心力！圣人不出，则苍生如之奈何？他为此感叹道："大道即人心，万古未尝改。长生在求仁，金丹非外待。缪矣三十年，于今吾始悔！"

督造陵墓时获赠一把宝剑

弘治十二年（1499），阳明第三次参加会试，终于顺利过关，还考了个第二名。

据说本来阳明的名次是第一（被称为“会元”），但考官徐穆力争，阳明只得屈居第二，尽管如此，阳明的名声也渐渐得以传开。不过也正是这科，因为“程敏政科场案”而闹得沸沸扬扬。

此次会试，由已升任大学士的李东阳与翰林学士程敏政主考。在此期间，户科给事中华昶捕风捉影，竟上疏指责程氏事前将考题出卖给了江阴举人徐经（徐霞客的先祖）和苏州举人唐寅（唐伯虎），由此掀起一场轩然大波。结果是双方各被打了五十大板：程敏政被勒令致仕还家，华昶则被降调南京太仆寺任主簿。最倒霉的是徐、唐二人，他们在赎免徒刑后，又黜充吏役，最后终生被禁科考。

新科进士在三月十五日还要参加“殿试”，目的是排定进士的名次，以及表示所有进士皆是由皇帝所钦赐，皆为天子门生。殿试的地点在紫禁城奉天殿（今故宫太和殿）前的场地上，它名义上是由皇帝亲自命题并进行录取，后来实际上都交由皇帝的秘书班子、辅政机构——内阁代办。

阳明最终得中殿试第十名，赐二甲第七名进士，这个名次也算很高了，足可称光耀门楣。当时新科进士们大致有四个去向：一是一甲进士，即状元、榜眼、探花，可以直接留在翰林院为史官；二是从二、三甲进士中选出二三十人充任“庶吉士”，三年后根据学业的优劣或人事关系等情况，或留翰林院为史官，或分到科道为言官，或分到六部为主事；三是分到六部“观政”，为“观政进士”，属于实习性质，一年后再授予实职；四是直接被分到地方出任知县、州同知、府推官等。

按照阳明的条件，他理应被分到第二类“储相”中，因为他既年轻又学识出众、抱负非凡，将来足可做国家的柱石。可是他最后不但被分到了第三类，而且被分到六部中排位最次的工部观政。

对此，一位好友站出来不平道：“伯安兄，这回你该相信了吧，有人就是想压你一头！以你的殿试名次和条件，这种分配明显是不公的！”

阳明一笑道：“我没家父那般修为，翰林院那冷板凳我恐怕坐不了，还不如做点实事的好。”

“便是要你观政，也应该到上三部的吏、户、兵三部，弄个工部算怎么回事？难道他们就晓得你对工程之事有兴致？”

“不打紧，我王守仁天生对什么事都好奇，只要处处留心，可以应付得来！”

“呵呵，伯安兄，你也太柔弱了，这不像你的个性嘛！你现在不争，将来后悔就晚了，这一步可是直接关系到你未来的仕途啊……”

别人关心自己是好意，阳明当然不好说什么。但是别人都不理解，其实他对做官并没有多大的兴趣，他可以在适当的时候尽自己的本分，也会在不如意的时候考虑隐退。“夫唯不争，则天下莫能与之争”，阳明现在最服膺的是老子之言。

工部主管都邑建设、治漕总河、铁厂织造、屯田铸钱、植树造林等事务，因为总是可以和朝廷财政拨款打交道，有油水可捞，所以对于那些想发财的人倒是便利。

观政就是见习、实习，但往往也要承担具体的事务，这样一方面可以锻炼办事能力，一方面也是考察，为一年后的正式授职提供依据。而冥冥之中似有天定——阳明入仕后被分配做的第一桩事，竟是督造位于河间府的威宁伯王越的坟墓！

对于一个有志者而言，这可是一次难得的学习和锻炼机会。

王越是大名府浚县人，景泰二年（1451）中进士。令人称奇的是，就在他参加殿试的当日，试卷突然不慎被一阵旋风刮走。多日后才晓得，那试卷竟一直被刮到了汉城，结果被朝鲜国王送还。

王越虽是一介文人，但他身材高大，多力善射，又博涉书史，富有大略。天顺七年（1463），王越受名臣李贤的推荐，出任大同巡抚都御史一职，主持山西一带的边塞防务。他修缮器甲，精简卒伍，加固堡寨，减课劝商，以为经久之计。

成化五年（1469），蒙古毛里孩部入寇河套地区，延绥巡抚王锐请求王越率部增援，结果应援的王越部屡破敌人，毛里孩部被迫退出河套地区。

成化六年，朝廷鉴于边境将权不一，无法协同指挥，乃拜武靖侯赵辅为平虏将军，敕陕西、宁夏、延绥三镇兵皆受节制，身为文臣的王越则受命总督军务。赵辅因病去职后，宁晋伯刘聚代其职。

次年，王越与刘聚败敌于温天岭，王越遂升任左都御史。当年九月，蒙古满都鲁、孛罗忽、癿加思兰部再次大举深入，直抵秦州、安定诸州县。王越针对敌人主力在西而东面防守薄弱的情势，乃率骑兵万人出榆林，逾红儿山，涉白盐滩，两昼夜行进八百里。结果出其不意大破敌军，令其自此远徙北去，不敢复居河套。只此一役，就使得西北边陲安定了数年。

以往，文臣用兵不过是跟在大军后面，出号令、行赏罚而已。自打王越开始便亲自上阵杀敌，还使用间谍为自己刺探情报，因此他才能屡立奇功、沙场扬名。成化十年，廷议设总制府于固原，以王越总制延绥、宁夏、甘肃三边，又论其功加太子少保，增俸一级。

就在这时，有人弹劾王越等人滥杀冒功，为此他颇为不快，以致称疾还朝。由于王越平素以才自喜，不修小节，口碑较差，所以不能见容于士大夫之流。

当时宦官汪直掌西厂用事，急于功名的王越竟主动结交之，后来内阁论罢西厂，王越又站出来说道："汪直行事亦甚公。"以此更受非议。但毕竟由于他功大，后来得晋升为兵部尚书，仍掌院事，加太子太保。

以后，受汪直牵累，王越被夺爵除名。失意之余，他本想自裁，但见到敕文中有从轻之语，这才改了主意。王越既为礼法之士所疾，然平生自负豪杰，骜然自如。其饮食供奉像一个王爷，射猎声乐非常恣意，虽遭受谪徙也不见收敛，所以等到他被流放湖北安陆的时候，竟没有一个人肯站出来为他说句公道话。

弘治皇帝当政后，王越被赦还，其后他又结交中官李广（宦官）。弘治七年（1494），致仕。十年冬，敌寇进犯甘肃，朝廷又不得不起用王越总制甘、凉边务兼巡抚，而他宝刀未老，再次为朝廷献上了捷报。

然而就在此时，李广因触犯王法而死，王越再次被株连，结果年迈的他竟忧恨而死。朝廷不久下诏，赠太傅、谥襄敏[1]。

王越无疑是阳明少年时代的一位偶像，他姿表奇伟，议论飙举，胆智过绝于人，又久历边陲，身经十余战，知敌情伪及将士勇怯，出奇制胜，动有成算，可谓是大明王朝的一道万里长城。

与此同时，王越又不断奖拔士类，笼罩豪俊，其用财若流水，以故人乐为其用。睦族敦旧，振穷恤贫，如恐不及。尽管小节有亏，性故豪纵，但等到他死后，将馁卒惰、冒功糜饷日甚一日，边臣中再没有一个能如王越般杰出的了。

除了开国时的汪广洋、刘基二人外，王越是大明开国以后第二个以军功封伯爵的文臣（前面一个是正统时的王骥，以平麓川为靖远伯）。阳明的少年时代，正是王越建立边功的时代，所以他从小就对王越充满了崇敬和向往之情。

---

[1] 参见《明史·王越传》卷一百七十一·列传第五十九。

“你说奇不奇怪？我年少之时，曾梦到威宁伯将他指挥奇袭威宁海时所用的宝剑及其宝弓赠送于我。今日时隔十数载，我竟得监督修造其陵寝，岂非天大的缘分！”阳明不禁这样对友人说道。

就在阳明备考于京师期间，正值“套虏”频频深入，边境不宁。朝廷既无解决边患的成熟谋划，也无优秀的将才可供差遣，每每陷于被动，以致沿边百姓遭殃。

当时边报甚急，朝廷推举将才，莫不惶遽。而武举之设，仅得骑射搏击之士，却不能收韬略统驭之才。阳明深以为忧，国事的艰难使得他又开始关注起兵事。不过，以他目前的身份，又不好措一辞、出一策，少年时的冲动自然是可笑的。如今焦虑之余，他又苦读兵书、研究阵法，以待来日有英雄用武之地。

通过系统研读，阳明很快就发现，原来先秦兵家本是“诸子百家”之一，它既是军事学，也是一个包罗万象的思想学术流派。及至西汉以后，才渐渐单纯以军事技术为研究对象。

为了能更好地把握兵学精髓，阳明开始认真地批注起《武经七书》来（《孙膑兵法》在当时已经失传）。其实不但作为军事家的曹操批注过《孙子兵法》，连作为文士的杜牧、梅尧臣等人都曾批注过，而且颇享声名——对于阳明这样一个毫无实战经验的人而言，这无疑是一种莫大的鼓励。

除了《孙子兵法》之外，阳明比较看重的就是《司马法》，因为它几乎就是儒家用兵的一种系统性总结。他对《唐李问对》不以为意，论道：“李靖之书，总之祖孙、吴而未尽其妙，然以当孙、吴注脚亦可。”[1]

又批注《尉缭子》道：“通卷论形势而已。”其余如《六韬》《三略》，措辞也只有寥寥数语。对于《吴子》，他倒颇为推崇：“彼孙子兵法较吴岂不深远，而实用则难矣。想孙子特有意著书成名，而吴子第就行事言之，故

[1] 《唐李问对》并非是李靖真正的兵法著作，他真正的兵法早已失传，其片段散见于杜佑的《通典》等书中，后人有辑录。

其效如此。”

阳明认为《孙子兵法》具备战略高度，实用性不及《吴子》。不过话是这样说，他对《孙子兵法》的批注却仍旧是最为精细的，乃至自以为已洞悉了其中奥妙。

如在“始计第一”篇中，他批注道：

谈兵皆曰：“兵，诡道也，全以阴谋取胜。”不知阴非我能谋，人不见，人目不能窥见我谋也，盖有握算于未战者矣。孙子开口便说“校之以计而索其情”，此中校量计画，有多少神明妙用在，所谓“因利制权”，“不可先传”者也。

阳明兴之所至，每当有宾客临门的时候，他通常都要用果核摆列阵法以为游戏，众人不解其意，都对他摇头不已，更甚者还将他以疯癫视之。

此次负责督造威宁伯墓，在阳明看来，其实也不失为一次演练阵法的极佳机会。于是他便将民夫们按人数及身体状况等编成什伍，以合理分配劳役，且起居饮食皆有定时。临了，工程质量也概经验收。而待到工余的时候，他更指挥着民夫们演练那传说中诸葛亮的“八阵图”。

八阵图就是关于练兵、行军、作战、宿营，以及各个兵种（步兵、骑兵、弓弩手）之间因地制宜密切配合的阵法。因其基本阵形纵横各为八行，故称“八阵”。只是由于其因机变化，又生出很多阵法，后世的随意附会才由此而起。

待到工期结束时，任务被出色完成：不仅坟墓修造得雄伟气派，阳明自己也得到了一次难得的排兵布阵的实践锻炼。

“这个王伯安，以他这般行事，可以看出其人颇有远志，将来其才可堪大用啊！”有识者如是道，这话后来不胫而走。

确实，看起来微不足道的小事，一两次志趣的流露，却对于阳明未来的人生命运发生了重大影响。尽管此时的阳明对于此事毫无察觉，但一切似乎已经就此注定！真可谓“莫愁前路无知己，天下谁人不识君”，大明王朝还是不乏几位见微知著的伯乐的。

自明朝中期以后，政治已全面趋于腐败，官场贪污成风。类似这些修造坟墓的大小工程，正是主管官员们中饱私囊的好机会，况且京官榨油水的机会本就不多，不狠捞一笔实在是亏得慌。

阳明虽然不是贪渎之辈，但他此次也大有收获：就在他启程返京的时候，王越的家属前来送行，他们送上了一干财物作为酬谢，然阳明只是不收。后来，王家人便又取出一个布囊，郑重地交到阳明手上——他打开布囊一看，正是威宁伯生前所钟爱的一把佩剑。

大概是王家的人听说阳明爱好武事，所以才将宝剑赠予英雄，以求其能有用武之地。阳明激动之余，盛情难却，便收下了这把“威宁剑”。

十几年过去了，那梦终于应验于今日，这真的只是一种巧合吗？又或者，上天真的要自己手持宝剑去担当大任吗？

在清吏司开了一个好头

从河间已经回来好些日子了，但阳明却仍然沉浸在激动之中。每晚公务之余，他总要将那把威宁剑取出来细细地把玩一遍，这在他已经近乎成了一个习惯。

此时的阳明是多么渴望有一天，自己能像威宁伯那样领军杀敌，立功疆场。也正是受这把剑的激励，阳明有了平生第一次向皇帝上书的经历。

当时有彗星显现，这被视作上天的警示，更有鞑虏猖獗，为患边庭，朝廷为此下诏求言。阳明再也按捺不住了，经过一番深思熟虑，他便挥毫疾书，为朝廷呈上了一份洋洋数千言的奏疏——其实，这份奏疏他早就该上了。

在这份《陈言边务疏》中，阳明首先写道：

迩者窃见皇上以彗星之变，警戒修省，又以虏寇猖獗，命将出师，宵旰忧勤，不遑宁处。此诚圣主遇灾能警，临事而惧之盛心也。当兹多故，主忧臣辱，孰敢爱其死！况有一二之见而忍不以上闻耶？

接着，他便对国家的当政者及边务政策提出了尖锐的批评：

臣愚以为今之大患，在于为大臣者外托慎重老成之名，而内为固禄希宠之计；为左右者内挟交蟠蔽壅之资，而外肆招权纳贿之恶。习以成俗，互相为奸。忧世者，谓之迂狂；进言者，目以浮躁；沮抑正大刚直之气，而养成怯懦因循之风。故其衰耗颓塌，将至于不可支持而不自觉……

在这篇奏疏中，阳明针对旧弊，一一提出了自己的解决办法，其中包括蓄才以备急、舍短以用长、简师以省费、屯田以足食、行法以振威、敷恩以激怒、捐小以全大、严守以乘弊等八项建议。

在这其中，阳明还列举了历朝历代的很多实例，这充分表明了他的见识。比如针对“严守以乘弊”一策，他即列举了战国时赵国名将李牧破匈奴之法：从前李牧备边，每天都以牛酒犒赏将士，将士们都乐意为李将军出力一战，可是李牧却每每拒绝他们的请战要求；等到有一天匈奴再次大举入犯，李牧觉得时机已经成熟，这才动员将士奋勇一战，结果一战而破强胡。

对于这些问题，阳明自然已经思考了很久，自然他也更加希望朝廷能够认真对待自己的上书：

右臣所陈，非有奇特出人之见，固皆兵家之常谈，今之为将者所共见也。但今边关将帅，虽或知之而不能行，类皆视为常谈，漫不加省。

势有所轶，则委于无可奈何；事惮烦难，则为因循苟且。是以玩习弛废，一至于此。陛下不忽其微，乞敕兵部将臣所奏熟议可否，传行提督等官，即为斟酌施行。毋使视为虚文，务欲责以实效，庶于军机必有少补。臣不胜为国惓惓之至！

书到底是上了，可连点回声都没有，如石沉大海一般，可见这朝政的不堪、官场的麻木。

弘治十三年（1500），阳明“观政”期满，实授刑部云南清吏司主事，正六品。明朝各部的司前都冠以“清吏”字样，大概有倡导清廉之意。

明朝自太祖朱元璋废除中书省与丞相制后，六部遂成为国家名义上的最高行政机关。每部设尚书一人、左右侍郎各一人，其下有清吏司，各设郎中、员外郎、主事，分管该部事务。其中，吏、礼、兵、工四部均为四个清吏司。而户部和刑部因事务繁重，便与地方十三布政司（省级）相对应各设十三个清吏司，同时带管南北两直隶事务。

刑部主管全国的司法行政，直接面向广大社会，可谓当时最了解民情的衙门。阳明来到这个衙门之后，才渐渐地看到社会的无边黑暗和民生的万般疾苦，也更加感到时政的腐败难治。

当时，冤滥刑狱遍布全国，滥词、滥拘、滥禁、滥刑、滥拟等现象严重，贫弱小民在此数滥之下，既无法据理抗争，就只有横被诬陷、屈打成招、身陷囹圄、铸成冤狱的份儿！所谓“八字衙门朝南开，有理无钱莫进来”，堂堂法司，不过是金钱与权势的特种交易场，是维护权门豪户既得利益的暴力机关而已。

当时屈打成招现象特别严重，有的官员凡升堂问案，不论轻重，即动用酷刑，有问一事未竟而已毙一二命者；有的则到任还不到一年，而已拷死十数人，其轻视人命若草芥。

由于云南是边民生事的多发地区，自古以来，这里都是让中原的统治者最为头痛的地方；且云南地理偏远，所以云南清吏司不需要按时下到地方，只在京师办公，分管来自云南的案件。

当时的刑部设有提牢厅，有狱吏若干名，专司管理刑部大牢中的囚犯。刑部各司主事每月一轮前往督理牢务，名曰“提牢”。阳明到任不久，便轮到他提牢，于是他便带着手下众人，在狱吏的陪同下逐牢进行查看。

关在刑部大牢中的都是来自全国各地的重囚，每年在狱囚犯数以万计。他们有的已定为死罪，等待秋后问斩；有的虽已定为死罪，但仍可上诉，等待再审；或者能赶上大赦，或者朝廷开恩，会减少死刑名额。

这还是阳明生平第一次来到如此肮脏、龌龊的所在。这一天，刚一踏入牢狱的大门，他便被一股扑面而来的浊臭之气熏得差点呕吐出来。他知道这里通风不好，又阴暗潮湿，很容易损害人的身体健康，于是便对那些狱吏特意叮嘱道：“今后，想法子把这里弄得亮堂堂、干净净的，除了这些恶臭之气，不然酿成传染的疾患，不但在押的犯人遭殃，你们自己也会跟着麻烦！”

那狱吏只是虚应，其实他们也很少到这狱里来，只是到时候就来发放饮食，然后把牢门一关，生死都由囚徒们自己了。

眼看就到了午饭时分，阳明领着众人还在四处查看。这时他突然注意到囚徒们的饭碗，顿时心里一惊！他连忙走上前去，仔细地看了看囚徒们碗中那半稠半稀、灰中带绿的吃食。

经过一番查问，阳明才得知因近日狱中缺粮，犯人们只能暂以米糠、野菜为食，眼见犯人们一个个枯瘦如柴、目光呆滞的情状，阳明断定此地“缺粮”已非一日。看着犯人们那副惨相，心怀恻隐的阳明特别不是滋味，但他还得暂时忍住自己的怜悯之情，继续到别处查看。

然而，且不说这些囚徒着实可怜，其中被冤枉者必定也很多，“夫以共工之罪恶，而舜姑以流之于幽州。则夫拘系于此，而其情之苟有未得者，又何以轻弃之于死地哉？”（《提牢厅壁题名记》）有些人的冤枉还没有诉，为什么轻易就将他们置于这样的死地呢？

阳明带领众人从牢狱中走了出来，这时他还丝毫未感到疲倦，于是又准备往堆放杂物的后院查看。狱吏们想要借故阻止，但阳明毅然前往，众人只得跟随。

还没进后院的门，就听到有一群猪叫的声音，它们好像在抢食！于是阳明快步循着猪的叫声而去，那帮狱吏应付不及，只得令一个偌大的猪圈无遮无拦地展现在主事大人面前！

待阳明细细地查看过猪槽，便回头厉声质问狱吏道："你不是说狱中缺粮吗？这些猪吃的是什么？"

狱吏本已尴尬的神色此刻转为羞红，他只得沉默以对。阳明厉声谴责道："先时，本主事就听说有狱吏擅自将朝廷拨给囚犯的口粮用来喂猪，待猪养大了，则众人共分。本主事还不信，想世间哪有如此贪恶之人……谁想今日，果不其然！"

阳明气愤已极，不等狱吏狡辩，便回到提牢厅大堂，召集众狱吏训话道："朝廷有好生之德，便是十恶不赦之人，也拨给米粮布被，使其不致半途冻馁而死；便是那临上刑场就死的，还给他吃顿好的……囚犯也是人，你们却待其不如猪狗，夺其食以喂猪，率牲畜以食人[1]，徒为朝廷招怨，着实可恶可杀！"

阳明心知，在统治阶层中，道德最败坏的就是这帮贪吏，他们平日不读圣贤之书，却有着鱼肉小民的权柄！他们大多熟悉上情、下情，又多年办理具体事务，老到精明，为官的离不开他们，百姓则对他们又敬又怕，故而他们夹在其中总能左右逢源。而不少为官的，本来廉直，到头来却被这些惯于投机、钻营的贪吏带坏（黄宗羲在《明夷待访录》中还专门提到了这一问题）。

对于这些猪狗不如的东西，今天定要乘机狠狠地教训他们一番，为那些

---

[1] 见《孟子·梁惠王章句上》："（居上位者）庖有肥肉，厩有肥马，（而）民有饥色，野有饿莩，此率兽而食人也。"

受其迫害的小民出口恶气。说罢，阳明便喝令用刑，但只见那帮狱吏却没有太多恐慌之色，也没有要求饶的意思。

阳明留了个心眼儿，打探之下才得知，原来拿囚徒口粮喂猪之事，其实早已相沿成例，连刑部堂上官也是默许的。狱吏们请阳明去堂官大人那里，一问便知原委。

阳明一下子就僵在了那里，此事居然也为上官们所尽知？他不再理睬那帮狱吏，当即赶至一当职的刑部堂官家中询问此事。实际上，对于这些上不得台面的事情，刑部上上下下都是睁一只眼闭一只眼，行得却说不得。其实何止刑部，大明官场无不如此。对于这些违犯国家正式法令的“陋规”，人们早已司空见惯、习以为常，只是在阳明这种初涉世事的正人君子眼中，它还是个不能容忍的“怪物”罢了。

但不管怎么说，凡事最怕认真，谁也不想落得一个“违法”的罪名，即便是贵为宰辅、九卿，也最害怕被政敌或言官抓住把柄。因此，当堂官（此人系郎中衔）见阳明如此郑重其事时，也不便多言，只好让他去自行处理。

次日，阳明又来到提牢厅，即传令狱吏将牢中所饲养的那几十头大肥猪通通宰杀，并分与众囚徒食用。阳明开宗明义道：“我王某人主事一日，就当遵国法一日！通告全狱，以后若再发生这类事情，定当严惩不贷！”除此以外，阳明还着手改善监狱环境，务必防范疾病的产生和传播。

待处理完这“猪吃人”的事情，阳明又向狱吏索取以往提牢主事者的名单，查看有关的详细记录。可是在他调出卷宗查看时，却发现百不存一，缺失严重。没想到众人如此玩忽职守，狱中管理之所以如此混乱，想来多半与此有关。说是提牢，真不知道究竟有几人能下到这牢狱之中亲身探看一番！

感叹、气愤之余，阳明计上心来。于是他命狱吏取来笔砚，提笔即在提牢厅的墙壁上写下了自己的名字和提牢的时间。阳明后来记载此事（《提牢厅壁题名记》）道：

而厅壁旧无题名，搜诸故牒，则存者仅百一耳。大惧泯没，使昔人之善恶无所考征，而后来者益以畏难苟且，莫有所观感，于是乃悉取而书之厅壁。虽其既亡者不可复追，而将来者尚无穷已，则后贤犹将有可别择以为从违。而其间苟有天下之至拙如予者，亦得以取法明善，而免过愆，将不为无小补。然后知予之所以为此者，固亦推己及物之至情，自有不容于已也矣。

此后，又经刑部主管官员认可而形成了一道条例：以后凡当值的提牢主事，皆须亲自在壁上题写自己的姓名和提牢时间，一旦狱中发生意外状况，便可追究相关责任人。

阳明晚年时，早已名扬天下，有一次他偶遇一位刑部老官员。那老官员便跟阳明提及了他当年整饬牢狱之事，二十多年之中，刑部上下一直传诵此事，已经深入人心。为此，刑部大牢在这二十多年之中，再也没有发生类似的“猪吃人”事件。

可见事在人为，而君子凡遇不公不平之事，则不应因处置艰难、众人因循而推诿。

身在仕途不忘神仙之事

大牢杀猪一事发生后，刑部官员们对阳明这位新任云南司主事都有了几分生动的认识：这是一位敢于任事的主儿，有什么繁难事，正好交由他去做。而能做些实事，在阳明自然也是义不容辞。

后来，他在致友人的书信中曾这样写道：“士大夫之仕于京者，其繁剧难为，惟部属为甚……而刑曹十有三司之中，惟云南以职在京畿，广东以事当权贵，其剧且难，尤有甚于诸司者。若是而得以而行其志，无愧其职焉。

则固有志者之所愿为，而多才者之所欲成也。”（《送方寿卿广东佥宪序》）

阳明不惧艰难困苦，那样才让他更有成就感，就像曹操征乌桓时闻敌增而益喜一样。

弘治十四年（1501），阳明又奉命去江北录囚。录囚也是刑部十三司的例行事务，主事们每年都要会同都察院的巡按监察御史到所管的布政司或带管的部门清理案件、平反冤狱。当时，南直隶江北（淮甸）的扬州、庐州、滁州等辖区都由云南司带管，所以这些地方的录囚事宜便由云南司负责。

阳明来江北遇到的第一桩难理的案子，便是陈指挥[1]杀人一案，这还是一桩积压了十几年的旧案。

经过一番调查，阳明得悉：这个陈指挥脾气暴躁、生性残忍好杀，动辄伤人性命，就在他入狱之前，他已经戕害了十八条人命。这些被害人的家属年年告状（类似今天的上访），但因陈指挥一家三代服兵役，且父亲为国捐躯，儿子又因失军机被处死，由此他便博得了不少人的同情。

再加上陈指挥家属不断贿赂有关官员，所以尽管他已被定成死罪，系狱十余载，却一直没有被明正典刑。看完案卷后，阳明当即表示要将这个陈指挥明正典刑："这个陈指挥我一定要将他法办，以彰国法，还民以公道！人命关天，何况还连害一十八条人命，实在罪大恶极，不杀不足以平民愤，不杀不足以正天理！"

一干官吏忙出来劝说，但无济于事。看阳明那么坚持，御史和其他官员只得徒呼奈何，除非他们立即向朝廷汇报，由朝廷出面干预此事。

可是，真相就可能要由此更加大白于天下，到时不但救不了陈指挥，还会连累了一干人等。这帮官员都晓得曲在自己，所以只得由着阳明去发落了。

就在临刑的当日，凶暴的陈指挥竟对着阳明大喊大叫道："你个天杀的，

[1] 明代内外诸卫皆置指挥使，为卫一级最高军事长官，秩正三品。下辖指挥同知二人（副长官，从三品），指挥佥事四人（正四品）等属员。此处的"陈指挥"大概是一位"指挥佥事"。

我陈某人做鬼也不会放过你的！”

在场的官员和百姓见到此情此景，都感到一阵寒战。然而，只见阳明却一副大义凛然状，还专门迎上前去呵斥陈指挥道：“今日不将你明正典刑，那十八人的冤魂才不会放过我！你悖天逆理，其罪当诛，今日正是你的报应！”言罢，即喝令行刑，百姓无不拍手称快。

待到阳明回京复命之时，淮甸各州府无不是一片赞扬之声。

其实王华的表现也颇多可圈可点之处，也算是有其父必有其子。而且不管怎么说，儿子在行事方面的便利，都有父亲有形无形中的荫庇。

话说就在数年前，弘治皇帝的当值讲官突然晕倒，王华受命代之以入。当时内侍李广正备受宠幸，王华讲授《大学衍义》，至唐宦官李辅国与张后表里用事一节，王华讽谏明切（弘治的皇后也姓张），结果受到了弘治皇帝的特别赏识，并命中官赐食以劳。

王华有气度，在讲幄最久，受到了皇帝的特别眷顾。弘治十四年（1501）秋，王华受命在南京主持应天府的乡试。次年，升为翰林院学士；十六年，再升詹事府少詹事兼翰林院学士、礼部右侍郎；十七年，为礼部左侍郎。

如果不是弘治皇帝早死，那么王华极有可能进入内阁，到时父子二人便都有了施展抱负的更大空间。然而待到后来，荒唐的正德继立，由于不依附权宦刘瑾，王华被迁为南京吏部尚书，直至致仕。

就是在办理完这次录囚事宜后，阳明颇为得意，于是便带着随行人员溯江西上，忙里偷闲去了一趟九华山。

九华山位于安徽池州青阳县境内，距长江南岸约百里之遥。它与山西五台山、浙江普陀山、四川峨眉山并称为中国佛教四大名山，是“地狱未空誓不成佛，众生度尽方证菩提”的大愿地藏王菩萨道场。

阳明在这里又写下了一篇洋洋上千言的《九华山赋》：“循长江而南下，指青阳以幽讨。启鸿濛之神秀，发九华之天巧……”

阳明此去九华山，其实并不单纯是为了游山玩水，更是为了寻访江湖异士，特别是为了寻访一位名叫“蔡蓬头”的道士。据说蔡蓬头善谈仙，时人皆津津乐道之。

在先后到无相、化城等寺进行过一番探访之后，阳明终于与这位传说中的高人碰上了面。阳明好说歹说，才将“蔡蓬头”邀请到了自己所在的驿馆。阳明向他请教养生之法，但这个蔡蓬头只是顾左右而言他，只字不谈养生长寿之道。

可是阳明还不死心，态度越发恭谨。最后蔡蓬头便甩下了一句话：“你这礼数虽周到，可见你终不忘官相！”说完，笑着拱了拱手，乃扬长而去……

正在阳明失落之际，他又听闻地藏洞中还有一位异人，此人不食人间烟火，所居几无人间一物。于是阳明便带着仆人翻山越岭，好不容易才找到那地藏洞。

待进得洞去，果然见有一人熟睡于石板之上，一应铺盖等物皆无。好奇的阳明在那里扫视了许久，也不敢惊扰那位异人，只得由着他酣睡。

眼看就到了午后，吃午饭的时辰早已过了，阳明见天色不早，只好不揣冒昧将那人唤醒。阳明伏在他的身旁不断抚摩其足，那人不久就醒转了过来。他有些吃惊地询问阳明是怎么找来的，阳明只好据实答说自己是何等费尽了周折。阳明真心求道，给那异人留下了最初的好感。

阳明一向常听人说，那些世外高人也多有精通三教九流之学的，于是阳明便拿“道学五先生”的周敦颐、程颐、程颢、张载、朱熹之说请教，若是能有所得，也不枉此行。

阳明请教了半天，那人始终对程颐、朱熹不措一辞，对张载则点头称是。及至问及周敦颐和程颢，则见其面有光彩道：“周濂溪、程明道，倒是儒家两个好秀才！”

“濂溪”是周敦颐的号，“明道”则是程颢的号，周是宋明理学（道学）的开山，下启二程。朱熹的学说主要继承了程颐，而陆九渊的心学则又主要继承自程颢。

阳明将那人对周敦颐和程颢的赞扬琢磨了好半天，才似有所悟。不过此时的他还没怎么深究过陆九渊的学说，只记得人家都说娄谅先生的学说“近陆”，所以只是将此言铭记于心。

阳明还想进一步请教，不想那人已经歪倒在石板上，又呼呼大睡起来。眼见天已近傍晚，阳明一行人都已经有些饥饿，于是他便退出洞来，先填饱了肚子再说。

不过他细想那洞中高人整日都未进食，也无半点要进食的样子，却精神无恙，非神仙何能至此？阳明突然记起宋人笔记中所记述的有关陈抟老祖的事迹：老祖最擅长的事情就是睡觉，经常一睡就是几个月乃至数百天，尤其是他即便是在醒着的时候也不怎么吃东西，顶多就是喝几杯酒了事。当时是五代最英明的周世宗秉政，他听说了陈抟老祖的传闻后，为了验证是否可靠，便把老祖招到宫内关了起来。经过仔细观察，发现老祖果然能连月不醒不食。等到老祖醒来后，周世宗连忙向他请教神仙之事，但老祖却笑道：“你是天下君王，应该以苍生为念，学我这点小伎俩，实在是不适宜……”

以前阳明还很怀疑这一记载，今日想来倒觉得定然实有其事。

待他回到京城后，仍旧对想象中的那种神仙生活向往不已，他在九华山中曾见四位老人对弈，遥想昔日“山中方七日，世上已千年”“烂柯人[1]”的典故，便作《题四老围棋图》道：

世外烟霞亦许时，至今风致后人思。

却怀刘项当年事，不及山中一著棋。

阳明凡事都想做得完美，也想见太平之世，所以他一旦碰到不如意的事，

---

[1] 据《列仙全传》记载：晋时衢州人王质，曾入山伐木，至一石室见二位老者弈棋，便置斧旁观。老人与之食，似枣核，吮其汁便解饥渴。后老人对王质说：“你来已久，可归家了。”王质取斧欲回，柄已尽烂。遂还家，已历数百年。亲人无复存世，后王质入山得道。

就难免灰心失望，想逃避这人世。但他又终不能逃避，只得再回头做好自己的事情。

可是，他的心思会时不时地神游一番，也是在所难免的。

阳明洞中如开天眼

阳明入仕为官以后，尽管公务繁忙，还一度有心求道，只是对辞章的雅好依然如故。

京城是个才子汇聚之地，当时以李梦阳、何景明、边贡、徐祯卿、康海、王九思、王廷相等为代表的“前七子”[1]主导了整个文坛，他们的诗文反对明初以杨士奇为首的台阁体派，提出以“文必秦汉，诗必盛唐”为号召的文学复古的主张，认为古文已有成法，今人作文只要“琢字成辞，属辞成篇，以求当于古之作者而已”。

阳明除了常与李梦阳、何景明、边贡、徐祯卿等“文坛四杰”来往外，交往中较有文名的还包括乔宇、汪俊、顾璘等人，后来这些人在学术上也与阳明多有交流。阳明受当时复古文风的影响，也开始学作古诗文，并与诸公以才名争驰骋，在京城文坛中颇为引人注目。

其中李梦阳是阳明较为欣赏的人，当时言诗者必称“何、李”，可见受推崇之重。李梦阳与阳明同岁，自小以文学知名。此外，他还工书法，甚得颜真卿笔法——苏东坡由于仰慕颜氏的人格，故而最推崇其书法。且向来论者以为，王羲之那般的“神品”学不来，颜真卿之类的“绝品”却能学得一二。

---

[1] 明代“后七子”是指嘉靖、隆庆年间的李攀龙、王世贞、谢榛、宗臣、梁有誉、吴国伦和徐中行等人。他们受“前七子”李梦阳、何景明等人的影响，继续提倡文学复古，相互呼应，彼此标榜，声势更为浩大，世称其为“后七子”。

弘治五年（1492）秋，时年二十出头的梦阳由家乡庆阳赶至西安参加乡试。由于路上有事耽搁了，当他抵达西安时考房已经关闭，按规定已不许入内办理登记手续。梦阳一时着急，于是大呼道：“我李梦阳若不参加这次考试，本科解元就无主了！”主持考试的官员听闻了此事，又久闻梦阳大名，于是破格让他参加了登记。结果梦阳果然荣登解元，次年又中进士，早阳明两科。

梦阳入仕后，一心为公，执法不避权贵。弘治十四年（1501），皇后的娘家兄弟因走私被梦阳打击，结果在他们的报复下，梦阳一度被革职并被捕入诏狱。几个月后，在刘、谢、李三阁老的干预下，梦阳才得以出狱。弘治十八年，朝廷下诏广开言路，梦阳上《应诏上书疏》。他在上书中大胆地揭发了某些外戚的罪恶，并对国舅爷张鹤龄进行点名批评，结果在皇后及其母亲的怂恿下，皇帝再次将梦阳打入诏狱。

但是弘治皇帝还没有昏聩到随意迫害忠臣的地步，他只是想给皇后及岳母一个薄面，所以梦阳在被关了十天并被罚俸三月后，又被安然放出。

有一天，梦阳在街上巧遇张国舅，一时间他怒由心生、气不可遏，于是骑马迎上张国舅，挥鞭便打。最后将张国舅打成了兔唇，还打掉了他两颗门牙。张国舅因为刚刚受到皇帝的责骂，没能立即报复。不久，弘治皇帝就去世了，张国舅更没了报复的指望，此事只得不了了之。而李梦阳不畏权贵的声名，在京城乃至全国都传开了。

顾璘，字东桥，南京上元人，阳明后来常与之通信。他少负才名，为“金陵三俊”之一，同阳明一样，他既是一位诗人、学者，也是一位干吏。他曾任湖广巡抚，对后来著名的万历首辅张居正（早年是神童）颇有知遇之恩。

虽然才踏入仕途不久，阳明就已经目睹了官场及社会的黑暗，要疗救这些痼疾，在他看来只有一条路可走，那就是遵从圣贤之言、加强道德教化，此为治道之本。诚如《大学》中所道：“自天子以至于庶人，壹是皆以修身为本，其本乱而末治者否矣。其所厚者薄，而其所薄者厚，未之有也。”只有人的道德修养高了，人的道德自律性才会提高，那么做官的就不再腐败，为民的就不再作恶。

无论为己为公，阳明都不能不继续自己的圣贤之路：每日案牍之余，他都要苦读到深夜。其中包括五经及先秦、两汉的文章，因此他写的文章也变得愈加工整。是年，他也渐悟仙、释二氏之非，由此更加汲汲于追求真正的圣贤之道。

王华见儿子每夜都用功不已，生怕儿子过劳成疾，他便命令家人不许将蜡烛等物放置在书房中。阳明唯恐父亲担心自己，他总是等到父亲就寝以后，才拿出藏好的灯烛点上，仍旧坚持苦读到夜半时分。

由于阳明身心过度劳累，他的身体终于垮了，并因此患上了肺病，时常呕血，且久治不愈。不得已，阳明只得向皇帝告了病假：

臣原籍浙江绍兴府余姚县人，由弘治十二年二甲进士，弘治十三年六月除授前职，弘治十四年八月奉命前往直隶、淮安等府会同各该巡按、御史审决重囚，已行遵奉奏报外，切缘臣自去岁三月，忽患虚弱咳嗽之疾，剂灸交攻，入秋稍愈。遽欲谢去药石，医师不可，以为病根既植，当复萌芽。勉强服饮，颇亦臻效；及奉命南行，渐益平复。遂以为无复他虑，竟废医言，捐弃药饵；冲冒风寒，恬无顾忌，内耗外侵，旧患仍作。及事竣北上，行至扬州，转增烦热，迁延三月，尪羸日甚。心虽恋阙，势不能前；追诵医言，则既晚矣。先民有云：“忠言逆耳利于行，良药苦口利于病。”臣之致此，则是不信医者逆耳之言，而畏难苦口之药之过也。今虽悔之，其可能乎！

臣自惟田野竖儒，粗通章句；遭遇圣明，窃录部署。未效答于涓埃，惧遂填于沟壑。蝼蚁之私，期得暂离职任，投养幽闲，苟全余生，庶申初志。伏望圣恩垂悯，乞敕吏部容臣暂归原籍就医调治。病痊之日，仍赴前项衙门办事，以图补报。臣不胜迫切愿望之至！

朝廷并不强人所难，于是很快批准了阳明的请求。

养病须先养心，为了能让自己找到一个理想的养病之所，阳明煞是费了一番功夫。

王家的先辈们祖居山阴，由于王华常思山阴山水佳丽，又为先世故居，所以他便将自己的居所由余姚老家迁到了越城的光相坊，准备来日在这里养老。

就在距越城东南二十里的地方，有一个风景绝佳的僻静之处，那里向阳的山坡上还有一处深邃幽静的石洞，酷似阳明当日在九华山所见的那个地藏洞。经别人的指点，阳明找到了这里，一见之下，他顿时喜出望外，遂决定在此处养病兼修行。

在将石洞做了一番简单整理后，又搬来了一应书籍铺盖，于是阳明连同一位仆人就在这里住下了。不过他已先将自己的一应用度、物品尽量减少，能就地取材和能将就的便绝不预备——可惜，还不能不使“人间造孽钱”。

山中景色自是与市井不同，面对此情此景，置身其间的阳明心情大为舒畅。晴天的时候，阳光便将整个石洞照得一片通明，照得人的心也一片澄澈。尤其是当夕阳的金辉散入洞中时，更是恍若仙境，于是阳明便将此洞命名为“阳明洞”。

想当年，苏轼被下放黄州时，他曾躬耕于当地一处名叫“东坡”的地方，苏轼因此自号“东坡居士”。阳明既得了这个洞，所以便自号为“阳明”——这就是“王阳明”的真正出处！

由于此前没少跟方外高人打交道，阳明自己也搜集了不少有关养生、修行方面的著作，此时他便趁着养病的大好良机，究极仙经秘旨。这时候，他开始尝试“导引术”，试图通过自身有规律的呼吸和躯体运动来达到恢复健康的目的。想当年病秧子一样的张良“学辟谷，道（导）引轻身”，几乎不饮不食，从此中获益不少，他正是阳明的榜样。

其间，阳明又通过静坐作为“长生久视之道”，一段时间后，他也便真的似福至心灵一般。

有一天，阳明又在静坐，他突然睁开眼睛唤来自己的仆人，然后对他说道："今天王思裕等人要来访我，你可到半道迎接他们！"

"少爷，这几日并不见有人来访，您是怎么知道的？"

"呵呵，我已通神，你休多问，快去吧。"

于是那仆人便不再多问，前往迎候客人。等他到了中途的五云门的时候，刚好看见阳明的朋友王思裕等四人。仆人上前作揖道："几位先生，我们少爷特命小的来此恭候！"

"啊？伯安兄怎知我等四人今日要前往？"思裕颇为诧异地问道。

"小的也不知，少爷每日在洞中静坐修行，病已好了大半。今日他跟小的说起自己已通神，所以才有了这未卜先知的功夫吧……"

四人到得阳明洞，想看看阳明究竟有何神通，只听阳明道："近日我静坐悟道，大概是诚心感动了上天，便降下了这一道灵光，指引我去迎接诸位！"

其实阳明自己也说不出个所以然来，但他认定了这就是自己一意修行的结果。自有了这段奇特的经历以后，阳明得意之余，自以为已经得道，于是身心越发超脱。

次年，久居洞中的阳明却又忽而备感无聊起来，遂感叹道："此簸弄精神，非道也！"他又想到自己离世远去，不能尽人伦、全孝道，乃悟道："此念生于孩提，此念可去，是断灭种性矣！"

阳明尝道："予有西湖梦，西湖亦梦予。"他随后特往杭州的西湖边散心，这里是最繁华、热闹的所在，有"人间天堂"之美誉。面对绝佳的风光和如织的人群，阳明忽而又感到了久违的美好和亲切，高兴之余，他便多喝了几杯。

酒醒之余，他便作诗（《西湖醉中漫书》）以遣怀：

湖光潋滟晴偏好，此语相传信不诬。

景中况有佳宾主，世上更无真画图。

溪风欲雨吟堤树，春水新添没渚蒲。

南北双峰引高兴，醉携青竹不须扶。

此时，初入阳明洞时的那颗出世之心已经渐渐淡去，当阳明流连于南屏山、虎跑泉，信步于苏堤、白堤时，他的入世之心重又激荡起来，乃复思用世。

通过此番修仙学道，阳明对于自己的悟性又有了信心，那么，学至圣贤的梦想就不会落空，只要自己再多用点心思、多花点心力！圣人不出，则苍生如之奈何？他为此感叹道："大道即人心，万古未尝改。长生在求仁，金丹非外待。缪矣三十年，于今吾始悔！"

一天，阳明出游灵隐寺，闻听一位僧人已坐关三载，其间不语不视，众人皆奉若神明。不想阳明对这等自欺欺人之举已经厌恶至极，此时的他忽然念起自己已过八旬的祖母，以及为自己健康担忧的父亲。情切之余，他突然冲入禅房，对着那闭目垂首的和尚大喝一声道："你这和尚！终日口巴巴说些什么？终日眼睁睁又看些什么？"

那和尚顿时大惊，于是睁开眼抬起头看了看阳明。阳明见这一招奏了效，心下更多了几分把握，于是便问道："你在此地出家，家中可还有亲人？"

那和尚不敢再看阳明的眼睛，只得低头答道："有老母尚在！"

"你可曾想念老母？"

"一别十数载，焉能不想？"

"人非草木，孰能无情？便是那蜉蝣、蝼蚁，在佛祖眼中也是一命。既是一命，便皆有情！佛说'四大皆空'，但人世间，又哪里真能皆空……爱亲乃人之本性，本性若去，那此人又与死尸何异？"阳明厉声质问道。

想那禅宗六祖惠能以一偈"菩提本无树，明镜亦非台。本来无一物，何处惹尘埃"，博得后世多少无知者的赞叹之声！然而其虚无寂灭，又流毒何远也？

当时，阳明一番感慨，已令那和尚神色黯然。他进而说道："你在这里不语不视，倒也落得清净自在。但你那老母每日想儿念儿，可也清净自在吗？”

话音刚落，只见那和尚已是泣不成声，阳明见状，便退了出来。

次日他再游灵隐寺，访昨日那僧人不遇，便询问寺中住持。

“他昨晚忽言思母心切，必要速归，众人不好拦他，便由他深夜下山！他家乡离此地不过数十里，想这会子，怕是已与家人团聚了吧！”住持道。

阳明心想：他既还了家，那我也该回家乡看看了！然后，还要尽我一份做臣子的职分啊。其实，一直无嗣也是促使阳明回归世俗的一个主因，“不孝有三，无后为大”，断绝祖宗的祭祀是个不能饶恕的罪过。尽管他已经结婚十数载，可是却始终没能生育一男半女，致使他同夫人诸氏的感情也不甚和谐。

按照当时的传统，阳明完全可以纳妾以解决子嗣的问题，如果他不承认不育是自身问题的话。然而，他却非常看重自己与诸氏的夫妻情分，只好在几年后将自己的侄子正宪收为继子——这样，也就等于在向世人表明不育的责任在己。

直到诸氏去世后，阳明续弦张氏，才在自己死前两年老来得子，也可谓“失之东隅，收之桑榆”。

幸遇知音湛若水

弘治十七年（1504），在阔别了两年之后，阳明又回到了京师继续任职。

由于他的学名已经初步传开，时任巡按山东监察御史的陆偁便聘请了阳明前往山东主持乡试。这样，阳明便来到了作为山东省会的“泉城”济南，担任了乡试主考官。

阳明亲自命题，他有感于时世和自身的经历，便拟出一些尽是体现经世致用的题目，诸如“策问议国朝礼乐之制”“老、佛害道，（是否）由于圣学不明”“纲纪不振，（是否）由于名器太滥，用人太急，求效太速”“及分封、清戎、御夷、息讼，（是否）皆有成法”等等。

这些题目刚一出来的时候，便有人赞叹阳明的经世之学，很多考生也对此给予了不少肯定。可见，大明的有识之士并不是没有，只是苦于缺乏表现和施展的机遇。

此次乡试阳明还算满意，他也确实发现并录取了一些人才。后来那些山东籍为海内所称重者，多是阳明昔日所取之士。为了对这次乡试有一个完整的交代，阳明还作了一篇《山东乡试录序》，以备述其事：

> 山东，古齐、鲁、宋、卫之地，而吾夫子之乡也。尝读夫子《家语》，其门人高弟，大抵皆出于齐、鲁、宋、卫之叶，固愿一至其地，以观其山川之灵秀奇特，将必有如古人者生其间，而吾无从得之也。
>
> 今年为弘治甲子，天下当复大比。山东巡按监察御史陆偁辈以礼与币来请守仁为考试官……
>
> 虽然，亦窃有大惧焉。夫委重于考校，将以求才也。求才而心有不尽，是不忠也；心之尽矣，而真才之弗得，是弗明也。不忠之责，吾知尽吾心尔矣；不明之罪，吾终且奈何哉！
>
> 盖昔者夫子之时，及门之士尝三千矣，身通六艺者七十余人；其尤卓然而显者，德行言语则有颜、闵、予、赐之徒，政事文学则有由、求、游、夏之属。今所取士，其始拔自提学副使陈某者盖三千有奇，而得千有四百，既而试之，得七十有五人焉。呜呼！是三千有奇者，皆其夫子乡人之后进而获游于门墙者乎？是七十有五人者，其皆身通六艺者乎？
>
> 夫今之山东，犹古之山东也，虽今之不逮于古，顾亦宁无一二人如昔贤者？而今之所取苟不与焉，岂非司考校者不明之罪欤？虽然，某于诸士亦愿有言者……

阳明在这篇序中也指出了当时的乡试考官制度，以及自己取士的大概经过。他自我省察，言出肺腑，且对山东士子勉励有加。

其中，他一面盛赞山东古代人文之光辉、昌大：想当初在春秋之时，鲁国正是当时天下的文化学术中心，人杰辈出。及至战国乃至西汉，历五百年，齐地都是当仁不让的人文胜地，令天下学子趋之若鹜。

但阳明另一面也微责了当时山东人文之衰落、凋敝，这些历史背景也许是阳明非常熟悉的：自金国入主北方以后，北方人文渐趋落后于南方，乃至到了洪武年间，由此还闹出了一桩震动天下的“南北榜事件”——洪武三十年（1397）会试，北方举子竟无一人中榜！朱元璋下令重考，结果北方考生还是没有一个及格的。

知耻而后勇，阳明只能希望山东广大士子将来会争一口气，别丢了圣人门第的脸面！不过对于阳明而言，这次主考也给了他很大的自信，为他不久之后讲学授徒提供了必要的精神准备。后来阳明与人相邀去登泰山，兴奋之余，他也作了几首诗，其中一句道：“我才不救时，匡扶志空大。置我有无间，缓急非所赖。”

泰山系古来帝王封禅之地，具有无比崇高的地位，阳明感叹其高道：“欧生诚楚人，但识庐山高。庐山之高犹可计寻丈，若夫泰山，仰视恍惚，吾不知其尚在青天之下乎……吁嗟乎！泰山之高，其高不可极。半壁回首，此身不觉已在东斗傍。”（《泰山高次王内翰司献韵》）

九月，阳明回到了京师，被改任为兵部武选清吏司主事。

兵部主事虽然与刑部主事品级相同，但地位却不可相提并论。有明一代，吏、户、兵为上三部，其中作为下三部之一的刑部有十三司，而兵部则只有四司。

武选司掌管天下卫所军官及土官的选授、升调、袭替、功赏之事，凡出自“中旨”[1]任命的武官，该司便有权复奏请旨而后行。它有些类似六部之首的吏部的人事职能，所以它在兵部四司中地位最高，为四司之首。

阳明之所以升迁为兵部主事，全在于当道者近来对他的赏识。当时天下已有动荡之象，委实需要一些得力的人才来裨救时势。而阳明这种后辈，目前还是作为人才储备来培养和锻炼的。阳明既当其职，便开始日夜留意各地军情，以备知悉虚实。这不但锻炼了他的才干，更主要的是令他对兵事有了更直观、更切实的认识，为他以后统军作战提供了难得的学习契机。

王琼就是后来破格提拔阳明为南赣巡抚的前辈，此人颇有心计，善于发现隐情及核对事实。他在户部为郎中时，悉录故牍条例，尽得其敛散盈缩之状，乃至于对国家的财政收支、物质储备等问题都了如指掌。后来他升任户部尚书，更加熟悉了国家的经济大政。边帅每有向他请求增加钱粮划拨的，王琼都能够屈指计算某仓、某场肆粮草几何，诸郡岁输、边卒岁采秋青几何，然后肯定地说道：“已经足够了，再多索求就是非分了！”为此，大家无不惊叹王琼之才。

显然，一个人要想真正做出一番事业来，其实并不是那么容易的，各种准备和磨砺是不可或缺的，一步一个脚印，人才能走得踏实。

在当时，讲学之风刚刚在各地兴起，大明此前还是以学校教育为主。

如今，很多儒者已不再满足于传统的授业解惑，开始以讲学的形式唤醒人们对于圣贤之学的追求和向往。比如陈献章讲学于广东新会、吴与弼讲学于江西崇仁、罗伦讲学于江西永丰、章懋讲学于浙江慈溪，虽然他们还不至于名动天下，但已经具有不小的影响，从学者很多。阳明当初前往江西广信拜谒娄谅时，娄谅也正在当地讲学。

不过在天子脚下、人才济济的京师，尚没有见到热闹的讲学场面，这与当道者对于思想、舆论的严厉控制有关。阳明有感于学者溺于辞章记诵，不

[1] 皇帝自宫廷发出亲笔命令或以诏令不正常通过有关机构审核批准，直接交付执行，称为中旨。

复知有身心之学，长此以往，必将本末倒置。于是他在京师首倡讲学之风，开始授徒讲学，宗旨便是使人先立必为圣人之志！

弘治十八年（1505），开始有门人到阳明坛下听讲。闻者渐觉兴起，很多人开始对阳明执弟子礼，而阳明由此备感讲学之责任重大，至是专志授徒讲学。

不过，当时师友之道久废，众人皆以为阳明立异好名，责难之声也因此不乏于耳。但阳明依然坚持，全然不以为意：想当年，孔、孟、程、朱，哪个不是以讲学来传播圣贤之道的？

在当时，虽不鼓励讲学，但也并不过分压制，只是排斥那些违背权威的言论。知音世所稀，阳明在此之前并没有一个真正的思想上的知音，他也深为其苦。但就在这时，他人生中真正的知音终于出现了，这个人就是湛若水。

湛若水，字元明，号甘泉，广东增城人。虽然他长阳明六岁，但直到弘治十八年才得中进士，当时在翰林院充任庶吉士。他是“白沙先生”陈献章的高足，而陈氏是吴与弼的弟子。正统十三年（1448）陈氏二十七岁，举会试不第，乃就学于吴先生半载有余，归家后他读书日夜不辍，筑阳春台，静坐其中，数年无户外迹。后来他游历太学，曾写了一首题为《和杨龟山此日不再得》的诗，此诗大得当时的国子监祭酒邢让的赞赏。他逢人便说：“这个陈献章是真儒复出，便是杨时（杨龟山）这样的大儒，也未必及得上！”

当时号称“翰林四谏”的成化二年（1466）状元罗伦、会试第一章懋及新科进士黄仲昭、庄昶等人，也对陈氏推崇有加，陈氏由此声名大噪！不过，陈献章讲学的地点主要还是在他的家乡，即广东一带。

先前，大明虽有方孝孺、曹端、薛瑄、吴与弼等人以学术知名，但他们的观念并无创新，不过是沿袭程朱旧说，直到陈献章别出新见，始入精微。陈氏主张学贵知疑、独立思考，提倡较为自由开放的学风，逐渐形成了自己的“江门学派”。后来，他得以从祀孔庙，这还是广东唯一获此殊荣的儒士。成化十九年陈氏授翰林检讨，后乞终养归，他专意授徒讲学，对于仕途日渐淡漠，而湛若水深受其影响。

若水在二十七岁时本已中举，两年后去求见陈氏，为表决心，竟将赴考的“路引”毅然焚掉。若水有志绝学，后来有所创见，白沙先生乃盛赞其学术道：“来书（所言）甚好，日用间随处体认天理，著此一鞭，何患不到古人佳处也！”

陈氏之学，以静为主，为陆九渊心学一脉。若水提出了“随处体认天理”的宗旨，“随处”既解决了陈白沙主“静”忽“动”的弊病，又解决了陆九渊主“心”忽“事”的弊病。用若水的话说：“则动静心事，皆尽之矣。”他认为天理“即吾心本体之自然者也”，“体认天理”就是在应对事物，心应感而发为中正意识，从而体认到自己内心中正的本体——天理。

弘治十二年（1499），陈氏便将“江门钓台”做衣钵传与若水执掌。先师死后，若水为之服丧三年（孔子死后，许多受教于孔子的弟子都来送葬，皆服丧三年，而子贡结庐于墓旁守丧六年才离开）。但后来因母命难违及友人说劝，若水才在四十岁的年纪一举得中进士。他此前曾入南京国子监读书，深得祭酒章懋的看重。

阳明显然认为，社会问题层出不穷，治不胜治，主要还在于人心不古，在于没有真正的好学问教育人们，致使人们想学好却无从学起。此时，他对于占思想统治地位的程朱理学已有所怀疑：当时士大夫们沉溺于安逸享乐之习，日盛于前代，难道程朱之学不需要负一定的责任吗？假如它是最佳的学问，那么何以社会仍有种种弊病？可见，真正的好学问还需要进一步深入探求。

湛若水也秉持这种观点，所以他与阳明一见定交，相互唱和，共以昌明圣学为职志，在当时引起了不小的轰动。两人可谓相见恨晚——那还是在若水到北京参加会试时，他听闻有个叫王阳明的人在授徒讲学，所以一俟殿试结束，若水便前往拜访从未谋面的阳明。

阳明多年来一直在寻求志同道合的师友，只是人海无觅，不想今日天上掉下个湛若水，他们第一次交谈，竟然都觉知音难得，遂一言定交！阳明欣喜若狂之余，逢人便如此称道："我自打跟从父亲从宦京师以来，近三十载，还从未见过像若水这般人物！"

若水对于能够结识阳明这样的知交，自然也是大喜过望，他对于阳明的赞誉也是不吝言辞："若水泛观于四方，未见此人。"

不过，尽管有所怀疑，但程朱还是无可替代的先师圣哲，只是不盲从其说罢了。阳明与若水相与定交讲学后，乃一宗程氏"仁者浑然与天地万物同体"之要旨，作为他们讲学论道的主要题目。

纵观阳明的一生，能让他在学问上感到旗鼓相当且受益颇多的朋友，唯若水一人而已。为此，阳明或许会如是感叹："噫，微斯人，吾谁与归？"

有一次，阳明、若水二人又就梁武帝及其佛道治国的问题进行了一番深入交谈。阳明近来对佛道颇有微词，他首先道："梁武乃'三教同源'之说的始作俑者，由此他得以将佛道抬高到了几与儒、道鼎足而立的地位，其流毒不可谓不远矣！"

若水的态度倒没那么激烈："继释家慧远之后，梁武乃真正将佛学植入我中土根脉之人。然佛家偏不认他，究其缘故，不过看他是个晦气的亡国之君！呵呵，这佛家也忒势利！"

阳明道："倒是有些数典忘祖的味道，不过梁武发掘《中庸》，也注疏了大量儒学典籍，并损益礼制，尤特别重视心性义理之学，其功岂在小也？舍此君，恐怕我圣贤之学不知还须费多少时日才得重新光大！"

"此言甚是，但梁武终是入了歧途，着了邪道！旷古未闻我华夏有以佛道治国之君，而梁武竟冒天下之大不韪！然慈悲喜舍、济世度人，乃大乘佛教中菩萨之宏愿，察梁武初衷，倒也是极好的！"

阳明略顿了一会儿，道："自（东晋）衣冠渡江以后，中原沉沦，圣学不明，佛、道之说兴起，梁武嗜学博闻，受其影响也在所难免！不过我想，梁武为政失于宽仁，并非释氏所教，乃他本性使然！此君徒好虚名，终受其累……”

“他好的怕也是‘菩萨皇帝’的虚名吧，若不是梁武这等开创之主证了佛道之非，那后世君王真不知更有多少沉迷于此重蹈覆辙的！梁武开此恶例，足证我圣学为立身、立国之本也！”

“怕是不然，后世虽有‘三武一宗[1]’的灭佛之举，但佞佛之君也不在少！释氏亦未尝无可取之处，三教之合流，终迄于两宋，蔚为大观……”

若水微愠道：“伯安，你硬要和我抬杠吗？我所言自然是释氏之大节不可取也……”

其实阳明还是忍不住要逗一逗这位挚友，孔子也不是惯常一副叫人不可亲近的冷霜面目，便是朱子也未尝不争强好胜。况且太史公中有言“谈言微中，亦可以解纷”，不时地滑稽一下也可以调剂人际关系。

想孔子当年在郑国时与弟子失散了，子贡寻师，郑人告之，说东门外有一个人“累累若丧家之犬”。子贡找到孔子后以实相告，然而夫子听了却并不着恼，还欣然地笑道：“似丧家之犬，然哉！然哉！”

二人知己相得，阳明的先祖就死在若水的家乡增城。为此他常禁不住想：莫不是祖先有灵，才让若水不远万里，来到了自己身边？

[1] 指北魏太武帝、北周武帝、唐武宗、后周世宗。

第三章 龙场：那九死一生中的顿悟

在经历了数月的身心煎熬以后，劫后余生的阳明终于可以重见天日了。他在狱中也结识了三两良友，大家皆为患难之交，所以情谊自然不同往常。临行前，阳明又留诗赠别，勉励大家“努力从前哲”！

就在阳明受廷杖的同时，他的贬谪文书也下来了，他被贬到了贵州龙场驿去做一名小小的驿丞。那里地理险远，且是个烟瘴之乡，俗语说贵州“天无三日晴，地无三里平，人无三分银”，可谓穷山恶水。很明显，刘瑾一伙是要置阳明于死地。

被权宦刘瑾下入锦衣卫狱

弘治十八年（1505）五月，年纪和阳明差不多的孝宗皇帝突然离世，据说是因服用过量的丹药而死的。

尽管弘治号称“中兴”之主，但是在他生前还是存在着外戚作恶、太监揽权等政治积弊，制度性崩溃的症状已非常明显，而且他的猝死更加剧了局势的危急：当时社会外似升平，中实溃败，到弘治末期，应天、浙江、山东、河南、湖广等地都出现严重的灾荒；云南、琼州等地相继发生变乱，荆州、襄阳等处流民集聚，政府剿抚两难；蒙古小王子部入寇大同、进迫河套，火筛诸部则进犯固原；全国户口、军伍、赋税都有耗损，内帑亏空……

之后，弘治的独子朱厚照继承皇位，改年号“正德”。群臣对于这位十五岁的少年寄予了厚望，希望新君“自正其德，然后能正人之德”。然而天性活泼、精力过剩、走狗斗鸡的朱厚照很快就让群臣失望了，所谓“一朝天子一朝臣”，赢得新天子欢心的不是以刘健、谢迁等为首的文官集团，而是以宦官刘瑾等“八虎”为代表的阉党集团。

为了扭转不利形势，文官集团便展开了反对宦官干政的请愿活动，结果以惨重失败告终。除了忍辱负重的李东阳继续留居内阁外，刘健、谢迁以及户部尚书韩文等朝廷重臣皆被迫致仕——这就是明代君主空前专制的一种体现！

当初，刘健、谢迁持议欲诛除刘瑾等人，其上书辞色严厉，唯独李东阳语气较为和缓一些。有鉴于此，刘瑾便决定将东阳继续留居内阁以充门面，东阳几次辞位，然中旨皆不允。后来东阳去为刘、谢送行，伤感之余竟黯然泪下。可是刘健却正色道："还哭个什么？若使当初力争，今日与我辈同去矣。"羞耻的东阳唯有默然以对，他知道，自己也许还能做点什么以表明心迹。

为了与宦官集团对抗，大明上下迅速掀起了一场前所未有的政治风潮，这是老、中、青三代官僚士子与民众一致进行的"政潮"和"学潮"，他们对刘瑾等人展开了激烈声讨。当时小有讲学声名的阳明也被卷入其中，并因此改变了他一生的仕途轨迹，也给了他一次在思想上重生的难得契机……

明朝实行"两京制"，北京、南京各有一套行政班子，只是南京的行政机构几近形同虚设，有名无实而已。不过当遇有紧急情况时，两京的科道官员便可以互为声援，向最高统治者施加舆论压力。为了反对宦官专权，正德元年（1506）十一月，南京的户科给事中戴铣、薄彦徽等人一致上疏，对刘瑾等人进行猛烈抨击，要求皇帝收回令刘健等人致仕的成命。

此时的刘瑾已经赢得了皇帝的宠信，所以大权在握的他便以皇帝的名义命锦衣卫校尉前往南京，将戴铣等人逮捕进京，要进行严厉处置。身为士大夫中的一员，并以倡明圣学自命的阳明，对于此事当然不能坐视不理，他准备上疏营救戴铣等人。

不过阳明深知不能以激烈的态度与之抗争，那样无异于自寻死路！因此，阳明便上了一道言辞委婉、态度和缓的奏疏，希望能够于事有补：

> 臣闻君仁则臣直。大舜之所以圣，以能隐恶而扬善也。
>
> 臣迩者窃见陛下以南京户科给事中戴铣等上言时事，特敕锦衣卫差官校拿解赴京。臣不知所言之当理与否，意其间必有触冒忌讳，上干雷霆之怒者。但铣等职居谏司，以言为责；其言而善，自宜嘉纳施行；如其未善，亦宜包容隐覆，以开忠谠之路。乃今赫然下令，远事拘囚，在陛下之心，不过少示惩创，使其后日不敢轻率妄有论列，非果有意怒绝

之也。下民无知，妄生疑惧，臣切惜之！

今在廷之臣，莫不以此举为非宜，然而莫敢为陛下言者，岂其无忧国爱君之心哉？惧陛下复以罪铣等者罪之，则非惟无补于国事，而徒足以增陛下之过举耳。然则自是而后，虽有上关宗社危疑不制之事，陛下孰从而闻之？陛下聪明超绝，苟念及此，宁不寒心！况今天时冻冱，万一差去官校督束过严，铣等在道或致失所，遂填沟壑，使陛下有杀谏臣之名，兴群臣纷纷之议，其时陛下必将追咎左右莫有言者，则既晚矣。

伏愿陛下追收前旨，使铣等仍旧供职；扩大公无我之仁，明改过不吝之勇；圣德昭布远迩，人民胥悦，岂不休哉！

臣又惟君者，元首也；臣者，耳目手足也。陛下思耳目之不可使壅塞，手足之不可使痿痹，必将恻然而有所不忍。臣承乏下僚，僭言实罪。伏睹陛下明旨有"政事得失，许诸人直言无隐"之条，故敢昧死为陛下一言。伏惟俯垂宥察，不胜干冒战栗之至！

阳明据理陈词、循循善诱，有意避开了刘瑾及宦竖们在其中唆使和矫旨的作为，只求年轻的皇帝能够改过自新，未请追究责任，想来应该不会引起太大的反感。

但阳明毕竟官小位卑，他对于皇帝及当时最高权力阶层的了解还很有限，其实小皇帝根本就看不到他的上疏，也没那个心情看，白费了阳明一番苦心。尤其是他太低估刘瑾这个大权宦了，他虽然不是一个将坏事做绝的人，但他的狡诈狠毒却远超常人——这也多半是身为太监的身份决定的，他们的心理本来就不同于常人，一朝大权在手，就不会有所顾忌！

阳明很快就要领教刘瑾那变本加厉的毒辣了，这是令他始料未及的。

刘瑾，本姓谈，北直隶兴平人。弘治初年时，他因一刘姓太监的帮助得以入宫，遂改姓刘。

此人素不安分，曾在宫中犯了死罪，后得赦免。此后他一心巴结司礼监太监王岳，被分到当时的皇太子朱厚照宫中服役，这为他日后取得正德的宠信提供了必要的先决条件。因为大明皇帝登基后，多喜欢重用旧人，包括其授业老师。

刘瑾对王岳表面上毕恭毕敬，暗地里早想取而代之。他为了壮大自己的势力，便与马永成、张永、罗祥、高凤、魏彬、丘聚、谷大用等七人结成了团伙。这八人因为都曾在东宫服役，所以待得正德即位后，他们便都得到了重用，时人号为“八虎”。

正统时的大宦官、几陷英宗皇帝于死地的王振，正是刘瑾的精神偶像，他有志于做王振第二。在刘瑾看来，王振以一刑余之人，居然能够威慑朝官、定夺大计，实在是个了不起的大人物。而刘瑾对比王振并不差，除了熟谙文墨、知悉典章外，他还机智善辩，善于观察政治风向，且为人狡狠，有做大事的魄力。

刘瑾深知，只有把主子伺候好了，才能取得主子的宠信，这样才能一朝得势。因此他从朱厚照幼时就开始留心太子爷的脾性，然后投其所好，以此博得他的欢心。刘瑾的功夫没有白费，正德甫一即位，刘瑾便随之鸡犬升天，最终攫取了朝政大权（专权的宦官其实是在变相行使皇权）。

身为独生子的正德皇帝爱好广泛，且狂妄任性，敢作敢为，又有臆想性的怪癖，但唯独对治国理政不感兴趣，这正为刘瑾等人兴风作浪提供了难得的机遇。

刘瑾等人日进鹰犬、歌舞、角抵（摔跤）之戏，还经常诱导小皇帝微服出行。皇帝大悦之余，遂升擢刘瑾为内官监，总督团营。孝宗遗诏罢中官监仓及各城门监局，而刘瑾皆不予执行。他又劝皇帝令镇守各地的内臣（太监）各贡万金，由此便引发了一阵搜刮天下百姓的妖风。他又奏置皇庄，渐增至三百余所，以致畿内大扰。

正是有鉴于此，刘、谢等人才力主铲除刘阉等人，无奈小皇帝此时正在初登大宝、恣行玩乐的兴头上。此次，阳明不但低估了刘瑾等人的恶行，也对自己的分量有所低估。而且舆情汹汹，矛头都指向刘瑾等人，其中包括一些疏请挽留刘健、谢迁的奏疏，另有如南京监察御史陆昆，公然将矛头指向刘瑾等“八虎”。以左都御史张敷华、工部尚书杨守随为首的三品以上高官，更公开支持陆昆，指责刘瑾等人是“希意导谀，恣意肆情”，并奏请驱除之，又直接引发了戴铣等言官的应和。

形势对刘瑾等人相当不利，所以他才决定进行强有力的反击。几天之后，阳明便被捕入锦衣狱，没经任何审讯，就被拉到了午门外，当着百官的面，阳明被重杖四十。

“廷杖”古已有之，是专制淫威的典型体现，明太祖朱元璋又将它恢复了，但也只是偶一为之。但恶例一开，子孙纷纷仿效，至成化年间，它已渐渐成为一种特殊的正式刑罚——不需任何正常程序，只要皇帝一道谕旨，即可由司礼监监刑、锦衣卫校尉行刑。

时已近隆冬，百官站立在寒风中都有些战栗，身着囚服的阳明被捆绑着，然后被按倒于一石板之上，但他始终一声不吭，直到已被打了十数下时，才痛得将自己的衣袖紧紧咬住，乃至汗流浃背……

阳明少年时代学习骑射，身体还算不错，只是这十多年来溺于修习养生之术，又刻苦攻读，日渐疏忽了对身体的锻炼。因此这四十杖下去，皮开肉绽不说，阳明很快就晕了过去。好在他的身体还没有弱到被当场杖死的地步，否则像戴铣那样因廷杖伤重而死，就让刘瑾等人太得意了。

此后，气息奄奄的阳明便又被投下了诏狱，在那里经历了一段暗无天日的囹圄生活。其实，肉体上的痛苦并不是让阳明最难以忍受的，相反他还可以坦然处之。只是他担心自己若不幸毙命，那么昌明圣学的大任又交由谁来完成呢？想到这里，阳明便心痛不已。

“伯安，你静心养伤吧，哪怕你来日有个三长两短，光明圣学的重任自会有我辈承担！”不久，若水等人便到狱中去探望阳明，并以此安慰他道。

“有元明你在，我自然无虑！只是你我相见恨晚，若今生不能再与你相互砥砺，实为平生一大憾事！”

“好了，别再说这些不吉利的话了！若是你王伯安果真弃我们而去，倒真是上天不开眼了！你且放宽心吧，心宽才利于调治你的腿伤……好，我不啰唆了，让仲默和以训跟你说几句吧。”

仲默是诗坛领袖之一何景明的字，他与阳明诗词唱和已久，故而才不惮冒险来探望阳明。以训是倪宗正的字，他是阳明的同乡，自小就十分仰慕阳明的风采，所以对其执弟子礼。自弘治十五年（1502）会试下第后，倪宗正有鉴于官场的黑暗，自己又疾恶如仇，便决心不再应科举，而是留在北京一意在诗上下功夫。他参加了李梦阳、何景明等人创立的诗社，其造诣也颇得阳明的赞誉。

这三位的来访，确实让阳明的心情一下子好了很多。

次日，李梦阳等人又来探望阳明，他跟匍匐在地的阳明说及一件秘事。

“那《劾宦官状疏》，伯安兄可知出自何人手笔？”因为狱中耳目众多，所以两人的声音很小。

“不是出自韩公的手笔吗，难不成另有其人？”阳明见他明知故问，就晓得这其中必有文章。

韩公就是户部尚书韩文，九月他上了《劾宦官状疏》，十月又率廷臣力争，决意驱逐刘瑾等“八虎”。可是就在十月间，刘瑾排挤掉了对自己有提携之恩的王岳，反被正德提拔入了司礼监。因此在这场冲突中，群臣落败，梦阳也在被打击之列。

原来《劾宦官状疏》正是出自李梦阳之手，阳明想到刘瑾的穷凶极恶，不能不为梦阳的安危焦虑。但是他转念又一想，梦阳知交遍天下，应该不乏为他出头之人。

阳明所虑果然不爽，李梦阳后来侥幸捡回了一条命：正德二年（1507）二月，梦阳被放归回乡；五月，刘瑾得知劾章乃梦阳捉刀代草，便又将梦阳从开封抓到京城下狱；刘瑾本想置梦阳于死地，但其党羽康海向刘瑾求情，这样梦阳才得以在三个月后被赦出。

康海是李梦阳的陕西同乡，且是弘治十五年的状元，但大节有亏，后因名列瑾党而遭免职。

穷山恶水迎来了一个大儒

尽管锦衣卫狱是出了名的人间地狱，但是好友们的来访一下子就使阳明的心情畅快了很多。他心知自己并不孤独，受迫害的正直官员那么多，乃至朝堂已为之一空。

锦衣卫中也不全是为虎作伥、全无良知之辈，他们中的不少人也本性正直良善，也很看不惯气焰熏天、炙手可热的刘瑾。他们也很同情阳明等人的遭遇，故而在狱中非常照顾他们，这也令阳明颇感安慰。

王华虽然被严禁探望儿子，但他还是派家丁几次到狱中给阳明送来了各种生活必需品。尽管出于孝心阳明有些惭愧，但出于大义，他想父亲一定会欣慰的。而且他也料定，耿直清正的父亲不久必将不能见容于刘瑾一伙。

伤筋动骨一百天，打屁股也不是那么好挨的。阳明暂时是动弹不得了，无聊之际，他开始回顾人生的过往，整理自己的思想，有时他还作诗以排遣寂寞。

有一天他夜不能寐，遂作诗（《不寐》）曰：

天寒岁云暮，冰雪关河迥。
幽室魍魉生，不寐知夜永。
惊风起林木，骤若波浪汹。
我心良匪石，讵为戚欣动！

滔滔眼前事，逝者去相踵。
崖穷犹可陟，水深犹可泳。
焉知非日月，胡为乱予衷？
深谷自逶迤，烟霞日悠永。
匡时在贤达，归哉盍耕垄！

遭此不测，更令阳明生出隐退官场、专事讲学之心。不如归去，不如归去！

有时候阳明也读读书，读着读着，有所心得体会，也付之于诗（《读易》）：

囚居亦何事？省愆惧安饱。
瞑坐玩羲《易》，洗心见微奥。
乃知先天翁，画画有至教。
包蒙戒为寇，童牿事宜早；
蹇蹇匪为节，虩虩未违道。
《遁》四获我心，《蛊》上庸自保。
俯仰天地间，触目俱浩浩。
箪瓢有余乐，此意良匪矫。
幽哉阳明麓，可以忘吾老。

眼看就到年关了，阳明有点想家了，面对此情此景，他又抒怀道：

兀坐经旬成木石，忽惊岁暮还思乡。
高檐白日不到地，深夜黠鼠时登床。
峰头霁雪开草阁，瀑下古松闲石房。
溪鹤洞猿尔无恙，春江归棹吾相将。

阳明想到自己多年来南北奔波，常常把夫人一个人留在家中，以致令她独处幽室。今日自己遭遇这番景状，忽而感到与夫人的那般心境何其相似：

幽室不知年，夜长昼苦短。
但见屋罅月，清光自亏满。
佳人宴清夜，繁丝激哀管。
朱阁出浮云，高歌正凄婉。
宁知幽室妇，中夜独愁叹！
良人事游侠，经岁去不返。
来归在何时？年华忽将晚。
萧条念宗祀，泪下长如霰。

另外他还作了《有室七章》《见月》《天涯》等诗。

时值隆冬，因为活动不足，阳明手脚上已生了冻疮。尽管狱中生着火，但由于密封不好，依旧寒气逼人，令阳明夜里总是冷得无法入睡。当然，睡不着的不止阳明一人，这狱中还关着很多被锦衣卫抓进来的各色人等，其中很多都是有过不满朝廷言论的京师百姓。

这会子大家正好闲聊以打发难挨的光景，于是这狱中又成了阳明的讲坛，以致令他讲诵未能辍。孔子提倡有教无类，阳明也乐得借机跟大家宣讲圣贤之道。

在经历了数月的身心煎熬以后，劫后余生的阳明终于可以重见天日了。他在狱中也结识了三两良友，大家皆为患难之交，所以情谊自然不同往常。临行前，阳明又留诗赠别，勉励大家“努力从前哲”！

就在阳明受廷杖的同时，他的贬谪文书也下来了，他被贬到了贵州龙场驿去做一名小小的驿丞。那里地理险远，且是个烟瘴之乡，俗语说贵州“天无三日晴，地无三里平，人无三分银”，可谓穷山恶水。很明显，刘瑾一伙是要置阳明于死地。

想当年，苏东坡被政敌打发到了天涯海角的儋州，以衰朽之年留得残命，在归来的途中病殁。阳明细想想，自己跟苏东坡比似乎还算幸运的。况且古之成大事者，何尝不需要经历些常人所不能忍受的磨折呢？

再如那太史公，昔日为李陵辩护而上书汉武帝，结果落得身陷蚕室的下场——和今日自己的情状何其相似！但太史公终未自弃，乃成就了一代著史伟业。还有，“昔西伯拘羑里，演《周易》。孔子厄陈蔡，作《春秋》。屈原放逐，著《离骚》。左丘失明，厥有《国语》。孙子膑脚，而论《兵法》。不韦迁蜀，世传《吕览》。韩非囚秦，《说难》《孤愤》。《诗》三百篇，大抵圣贤发愤之所为作也”。（司马迁《报任安书》）

不管怎么说，他们都是自己的榜样，自己不应该就此沉沦，而应该奋发有为！就在阳明离京的当日，时已至正德二年（1507）的春天，湛若水等一干好友都赶来相送，阳明又与他们一一作诗赠别。

其中还有一位女子，她虽是风尘中人，但也喜好风雅之事，所以常和阳明的那帮诗友往来，故而与阳明也熟识起来。当时“南妓北来”之风甚盛，她这个江南出身的小女子自然对阳明别有一份惺惺相惜的乡情。

“王兄，一路保重！他日再见王兄时，定然已成就濂洛之业！”那女子鼓励阳明道。

今番她既有意相送，又赠了阳明不少东西，还以在濂溪和洛阳讲学的周敦颐、“二程”勉励之，阳明也不能不感念这位红颜知己了：

忆与美人别，赠我青琅函。
受之不敢发，焚香始开缄。
讽诵意弥远，期我濂洛间。
道远恐莫致，庶几终不懈。

那女子与阳明约好，要他待到深秋时节以书信报个平安，阳明意犹未尽，乃复作一首：

忆与美人别，惠我云锦裳。
锦裳不足贵，遗我冰雪肠。
寸肠亦何遗？誓言终不渝。
珍重美人意，深秋以为期。

“莫愁前路无知己，天下谁人不识君！”若水最后以此言相赠。于是阳明不复多言，乃揖别众人，坦然上路……

几天以后，当阳明卧于舟中时，还忘不了当日友人相送的情景。

若水当时一连作了九首诗，阳明在途中不时会拿出来细细品味，至今都能吟诵了：

皇天常无私，日月常盈亏。圣人常无为，万物常往来。何名为无名，自然无安排。勿忘与勿助，此中有天机。

天地我一体，宇宙本同家。与君心已通，别离何怨嗟。浮云去不停，游子路转赊。愿言崇明德，浩浩同无涯……

文友汪俊是弘治六年（1493）的会试第一，当阳明中进士时，他时为翰林院编修。此人也与阳明志趣相投，所以二人往来甚为密切。

送别的那一天，汪俊也以诗相赠，阳明感念他的情谊，所以独卧舟中时禁不住又想起了他：“一日复一日，去子日已远……”（《怀抑之》）

几天以后，阳明又梦汪俊及其弟翰林院检讨汪伟，与之盘桓笑语。待醒来时，方觉是一梦……

阳明在离京之前，先是回家中探望了一番。前路叵测，诸氏早已泣不成声。

“云儿，你今番此去，定要保重自己，以待后图！宦官为恶，干犯天谴，必不得长久……为父前已闻刘瑾那厮要将我打发往南京，如此你我父子，也能离得近一些了呵！”王华劝慰儿子道。

还在东宫时，一向爱才的刘瑾就已听说过王华的大名，如今他大权在握，很想学习一下北宋权臣蔡京收揽著名学者杨时的方法，以网罗名士来装点治平。此前，刘瑾已几次暗示王华，只要他肯前往刘的私宅一趟，不但阳明可以无事，他父子二人也俱可得到升迁。但王华就是不去，刘瑾只得拿他做异己论。

出京之后，阳明便沿大运河南下，准备先回家乡探望一下年近九旬的老祖母，他知道自己此一去龙场，或许与祖母将成永诀。就在行至运河的南端杭州时，阳明得闻消息：刘瑾以“五十三人党比，宣戒群臣”，将一干反对派的文官都列入“奸党”，以榜示天下。而刘健、谢迁、韩文以及李梦阳诸人皆在其列，阳明也不例外。

“伯安兄，今番你被刘阉列入‘奸党’第八，仅在李梦阳之后，可见你的分量不轻，还当小心为是。”一友人来探望阳明时叮嘱道。

“呵呵，承蒙他刘阉抬举！想来我王守仁也要青史留名了……想后汉时两次‘党锢之祸’，固然清流罹殃，然百代之下，至今吟诵其名……”

“想唐时有‘甘露之变’，文宗皇帝一着不慎而受制于阉竖。今番刘贼为恶，不知吾皇可有此虞……”那友人很是担心。

刘瑾将来酿成挟制君父乃至取而代之的大患，这也是阳明最为担忧的问题。不过他对时局应该还是有些信心的，因为明代时君主专制已经相当成熟，任何人都很难挑战皇帝的绝对权威，而宦官的权力都是皇帝赐予的，皇帝只要一不高兴，就可以将其置于死地。何况正直忧国之士真如过江之鲫，必当前仆后继，不容小人长期为祸。

阳明心知区区一个阉竖不太可能闹翻了天，但他还是担心大明重蹈前唐的覆辙：

自唐德宗以来，宦官典掌禁军逐渐成为制度，而一旦军权在手，宦官集团的势力就越发膨胀。由于文宗系宦官所拥立，所以宦官的权势更是不断扩大，这一现状引起了很多正直大臣的不满。

文宗生活节俭，且非常好学，又勤于政事，还是唐朝皇帝中诗才比较突出的一位，他自然不甘心做一个无用的傀儡皇帝。有鉴于先皇（敬宗）是被宦官刘克明等人杀害的，文宗起初行事很是小心。

随着在位时间越来越长，亲信势力渐渐培植起来，文宗也开始着手解决宦官专权的问题。太和四年（830），文宗任用宋申锡为宰相，要他秘密铲除宦官势力，但因时机不成熟，结果计谋破产。后来，文宗又重用郑注、李训等人着手剪除宦官。

太和九年，文宗采纳了李训的建议，将大宦官王守澄杖死于回京途中。本来，郑注和李训计划在下葬王守澄的时候，要求所有宦官都为王守澄送殡，然后借机以所率亲兵怀藏利斧将其全部砍杀。但由于李训求功心切，决定抢先下手。

这年十一月二十一日，李训提前在宫中部署了兵力。等文宗上朝后，假称大明宫左金吾大厅之后的石榴树上夜降“甘露”——甘露是预示天下升平的祥瑞，难得一见。于是他们便诱使神策军中尉、宦官仇士良、鱼弘志等前往，想一举诛杀之。

可是出人意料的是，此举竟被仇士良看出破绽，他们立即返回大殿，挟持着文宗直往内宫夺路而逃。待缓过神来之后，宦官们立即组织兵力，先是派兵关闭宫门，然后对事件有关的宰相和朝廷官员下了杀手。

最后，李训被杀，郑注及其全家老幼也被仇士良派人诛杀，被此事所牵连的朝廷官员，也有上千人被杀。

“甘露之变”后，宦官更加盛气凌人，成为傀儡的文宗话都说得少了。开成三年（838）正月初五，京城内又发生了宰相李石被刺事件，次日常参官入朝者居然只有九人。两年后，年轻的文宗最终不幸抑郁而死。

人生读书忧患始，“甘露之变”的教训令阳明丝毫不敢忘怀。

佯狂避世非得已

就在阳明到达钱塘江时，他突然发觉有人在鬼鬼祟祟地跟踪自己。他怀疑这可能是刘瑾一伙派来谋杀自己的刺客，但又不敢肯定，只得谨慎从事。

为了甩掉这根“尾巴”，阳明急中生智，他将自己的衣服脱掉，物品都交由仆人带回家中，然后投入江中逃生。

阳明自幼长在鱼米之乡的浙江老家，所以颇识些水性，很快他就被一条行经江上的商船救起，一路跟随他们到了舟山岛。不承想那日偶遇飓风大作，船被刮得难以控制，情势相当危急！

幸好船只没有太大的损毁，结果经过一日一夜的漂荡，他们居然一路被刮到了福建地界。阳明于是在此地登岸，他一口气在山路上奔走了几十里，才终于有幸碰到一座位于深山中的小小古寺。

当阳明投江的“噩耗”传至京师时，众亲友都非常难过。王华虽然明了此为儿子脱身之计，但他始终为儿子悬着一颗心。只有湛若水最是知晓阳明之为人，他宽解众人道：“大家勿要多虑，伯安焉是轻生之辈？他少时既溺于骑射之习，身手了得，想来不至于被一条钱塘江难住吧！”

后来这话辗转多人，传到了阳明的耳朵里，他乃叹道：“果不愧是元明啊，知己难得！”随后，京城又流传起阳明自沉于江水，至福建始起的神话，还有他自己的诗为证：“海上真为沧水使，山中又遇武夷君。”“沧水使”“武夷君”都是阳明假托的神仙。

几乎信以为真的人又来询问若水："伯安当真得到神仙相助？"

若水哑然失笑，乃一语道破天机："此佯狂欲避世也！"他显然不相信什么沉江至福建复出的说辞。

"哦，看来伯安兄是在给我们演把戏。"

"世人但喜夸虚执有以为神奇，却不晓得他王伯安这一套虚虚实实的功夫！不过，他正是利用了世人的这一弱点。"此后，若水在诗中又不禁提到了阳明的把戏："佯狂欲浮海，说梦痴人前。"

三年后，两位老友又得相会，他们联袂夜话之时，阳明又旧事重提："当初确是在英雄欺人，果不出元明所料也。"

到达那座深山古寺的时候，已是夜里二更时分，阳明疲惫已极，于是他夜叩古寺准备投宿。可是不承想，那寺中把门的却不许阳明进入。阳明心想：也许是那和尚贪鄙，见自己如此狼狈，若收留必费他米粮。若是自己有些钱财，必不至此！

阳明一面想着缘由，一面踉踉跄跄地来至一野庙中。幸好还有这样一个去处，不致让自己露宿山野，平白喂了豺狼猛兽。阳明身上其实还有些干粮，他随便吃了一些，然后便倚着一座香案而眠。

第二天，日已上三竿，疲惫不堪的阳明却还在沉睡中。

"喂，醒醒！醒醒！这位先生，你怎么睡在这里？"

阳明当即醒转了过来，他见是一僧人，猜想此地距昨日那古寺不远，此人必是那寺中僧众，于是便没好气地说道："我不睡在此处，又该睡在何处？"

"此处为虎穴也，昨晚先生没听到那老虎的吼叫之声吗？"

"什么？此庙为虎穴？"昨晚上没太留心，阳明这才注意到此野庙破旧不堪，而且乱草丛生，确实隐隐有些腥气与臊气。他不免疑惑道，"你既听到了，那自然是虎离你近！我这里却没听到！"

"先生此言差矣！这虎居此庙中已有些时日，贫僧昨夜听它的叫声，确是此处没错！”大概是阳明太疲惫，以至于夜里睡得很沉。

说完，那和尚又上下仔细地看了看阳明的相貌，于是不禁感叹道：“先生非常人也！不然，怎能无恙？想那虎见先生在这里，必是未敢闯入……”接着，他便将阳明引入寺中安顿。

这寺中只有四五位寺人，昨夜阳明敲门时众人皆已睡下，只是那把门的和尚有眼无珠，竟险些害阳明丧命。

夜半的时候，那和尚起来小解，听到了虎的吼叫声，今早他又听那把门的说及昨晚有人投宿，料想阳明必会在野庙中为老虎所害。所以他今儿早上才急匆匆赶到这里，想将阳明的包裹拾回去。

就在回去的路上，那僧人对阳明说道：“我寺中现住着一个游方异人，我们住持见他有些本事，便暂且收留了他。近日他疯疯癫癫地对贫僧说及，不日将有他的故人来访，而且这故人并非是事先约好的！”

“哦？还有这等怪事？”

“是啊！他还说这是他二十年前的一位故人，他还因此写有‘二十年前曾见君，今来消息我先闻’的歪诗……今日你既从海上侥幸辗转到此，兴许也是与这异人有缘！”

阳明本来并没有将那僧人的话当回事，可是等到寺中见到那位异人时，才发现他居然是自己二十年前于南昌铁柱宫中结识的那位道长。

“呵呵，人世光阴，倏忽如弹指！一晃二十载过去了……他乡遇故知，实为人生一大乐事！”那道长感叹道。

“昔日的弱冠少年，今已早生华发，但看道长，反觉又年轻了些呵！”阳明不禁感喟道。

“你心怀苍生社稷，终不是我辈中人……”

阳明于是跟他说起那僧人路上的话，道长便答道：“我平生相交满天下，偶遇一位二十前年的故人又有何稀奇？倒是小友你，竟漂泊到此，实为一奇！”

于是阳明便将自己受刘瑾迫害的遭遇跟道长叙谈了一回，道长问道：“刘阉等辈既不能容你，你将作何打算！”

“实不相瞒，我欲上武夷山中隐遁，只待这阵风声过去，再出山问事不迟！”

朱子四十一岁时解职还乡，随后便在武夷山修建“武夷精舍”，广召门徒，传播理学。阳明有意学习朱子的做法。

“此举恐为不妥，你尚有亲属在，哪如我等，孑然一身，了无牵绊……万一刘阉一怒之下，向你父亲要人怎么办？到那时你岂不是让你父亲大人为难？”

“我是当着刘阉刺客的面‘死’的，若刘阉还强逼我父亲，我父亲只推说我已死便罢了嘛！”阳明强作微笑道。

“呵呵！你怎就断定那一定是刘阉派来的刺客？便是刺客，活不见人，死不见尸的，他岂肯轻信？假如他再诬你个北走胡、南走粤，说你勾结贼寇，危害社稷，你那时又该何以应之？便是你全家，都要跟着遭殃……”

道长的一席话顿时让阳明进退两难，若出山又恐被加害，到时其志难伸，倒白白牺牲了一场。

次日，道长又把阳明叫了过去，对他道：“我晚间思之，大概是你疑虑过甚了！想那刘阉，不过徒逞一时之快，哪里就至于将你辈赶尽杀绝！便是要将你辈赶尽杀绝，也不会从你开始……”

“道长有所不知，那刘阉行事极为歹毒，官员若不称其心意，必死无葬身之地！”

“呵呵，亏你还是第一等聪明人！如今朝中尚有李大学士，你前日说，刘阉倒还敬他三分……”

“想来刘阉不过是拿西涯先生充个门面而已！”

“这就是了，他既要个门面，就不会把事情做绝！为安全起见，你不妨先去打探一番，访一访如刘、谢二位大学士等诸人的消息，若他们无事，你自然无事！”

见阳明还不踏实，道长便为蓍作卜，最后得了“明夷”之卦，道长遂对阳明道：“《明夷》，利艰贞！昔日周文王受困正得此卦，后有惊无险……‘屈而能伸，屈而后伸’，才是真男儿本色……”

由此，阳明才打定主意先出山打探，再做进一步定夺。

后来阳明出去打探了一番，听说其他诸人果然无事，这才不得不敬服道长的见识。他又想到自己连日来受惊吓过度，以致精神过分紧张，着实可怜可笑！若不是有幸重遇道长，怕是做出再糊涂的事也未可知。

“你看这前朝的，从王振、汪直、李广辈算起，哪一个有好下场的？我看这皇帝老倌，如此玩乐过甚，小小年纪，不知收敛，怕也难保年岁！到时，皮之不存，毛将焉附……我国朝创基已历百余载，圣贤复出，岂知不是今日？”最后道长如此宽解阳明道。

“呵呵，道长方外之人，怎么也讲起这修、齐、治、平的话来了，怕不是我这几日熏染的，‘近朱者赤，近墨者黑’了！”

“见贤良受困、豺狼当道，不动于心，便是禽兽不如，呵呵！”道长笑得很真纯。

两个人谈笑多日，阳明的心情一下子就舒畅多了。就在离开那荒野古寺的时候，阳明兴起，遂在其壁间题诗一首曰：

险夷原不滞胸中，何异浮云过太空？

夜静海涛三万里，月明飞锡下天风。

此后，他又与道长相携至武夷山，然后两人依依惜别。阳明取道江西，然后返回浙江余姚老家。

同是天涯沦落人

当阳明到达南昌的时候，他从一些朋友那里得知，就在他离京南下不久，其父王华果真被打发到了南京，任南京吏部尚书一职。

阳明赶紧到南京去见父亲。才数月不见，由于经历了这些波折，他竟顿生恍如隔世之感。王华因为见到了活生生的儿子，心头的疑云顿释，也感到分外喜慰。当阳明回到余姚老家时，已经到了十二月，从他离京之日算起，也已近十个月了。

当该见的亲人都已见过，该交办的事情都已交办，阳明便怀着一番慷慨赴难的情怀准备去往龙场——想当年，孔子欲居九夷，弟子们认为那里鄙陋，孔子反问道："君子居之，何陋之有？"其实再鄙陋的地方又算得了什么？只要是君子的所在，那里便是传播文明的道场。

不过就在这时，徐爱、蔡宗兖、朱节三个年轻后生来访，他们有意向阳明请教。但眼见去日将近，阳明一时倒焦虑起来。这三个年轻人都是新科举子，且都是二十岁左右的年纪，他们风华正茂，以天下事为己任，但又不知从何做起。他们先前都曾听闻过阳明的大名，仰慕已久，故而特来拜见。

其中，徐爱还是阳明的妹夫，比阳明小十六岁。他对自己的内兄崇拜已久，只是无缘得见，这一次趁着阳明在家的机会，他便带上蔡、朱二人来一齐拜会阳明。

三人在知悉阳明的事迹之后，有感于阳明之才学与人品，遂决定拜其为师，并坚持要在他赴龙场前行拜师礼。阳明深为三个年轻人的情义所打动，遂答应了他们的请求。

其实，这还是阳明生平第一次正式接收弟子，昔日他与一班学者彼此讲授，虽听者甚众，亦不乏执弟子礼者，却未见有以出身承当、以圣学为己任者。徐爱等三人奋然有志于学，倒先教阳明自己刮目相看了。

阳明向来自信自己正心诚意，乃不折不扣的圣贤之学，便是自己学力不够，只要方向对了，就不怕误人子弟。况且教学相长，自己也从中受益。只是今番在自己身遭贬谪、前路未卜之时，空负为师的虚名，倒叫自己内心不安。

但有感于三个年轻人的诚意，患难之中他们对自己的这番推重之情，更是难能可贵！好在还有一个湛元明，他可以代自己担负起为师的重责。

三位弟子明春就要入京参加会试，于是阳明便推荐他们先到湛若水湛甘泉先生处请教。在分别之前，阳明便给三位弟子写下了一份赠言：

> 自程、朱诸大儒没而师友之道遂亡。《六经》分裂于训诂，支离芜蔓于辞章业举之习，圣学几于息矣。有志之士思起而兴之，然卒徘徊咨嗟，逡巡而不振；因弛然自废者，亦志之弗立，弗讲于师友之道也。
>
> ……
>
> 天将降大任于是人，必先违其所乐而投之于其所不欲，所以衡心拂虑而增其所不能。是玉之成也，其在兹行欤！三子则焉往而非学矣，而予终寡于同志之助也！三子行矣。“深潜刚克，高明柔克”，非箕子之言乎？温恭亦沉潜也，三子识之，焉往而非学矣。苟三子之学成，虽不吾迩，其为同志之助也，不多乎哉！
>
> 增城湛原明宦于京师，吾之同道友也，三子往见焉，犹吾见也已。

虽然是临别赠言，阳明也在其中阐明了自己接受弟子的始末和宗旨，又专门写了一封推荐书给若水。将来能得同志之助，从而赞成圣学之业，这是阳明最大的希冀。

三人后来都中了进士，接着又外放做官，向若水当面请教的机会并不多。加上阳明，彼此间还是多以书信往来。就在应试之前，阳明还以书信示徐爱道：“君子穷达，一听于天，但既业举子，便须入场，亦人事宜尔。若期在必得，以自窘辱，则大惑矣。入场之日，切勿以得失横在胸中，令人气馁志分，非徒无益，而又害之……”其谆谆教导之意溢于言表。

自己当初“以落第动心为耻”，以这样的心境来教导弟子，难道不是最适宜的吗?

好了，诸事皆已处理妥帖，阳明如今可以安心上路了。于是他告别亲友，西向龙场而去。

阳明带着三个仆人，从年底便出发，一路风尘仆仆，远涉江湖，到达贵阳附近的龙场驿时，已经是正德三年（1508）的春末了。

贵州地理险远，交通闭塞，开化也最晚。历来入黔都要经过湖南或者四川两条道路，甚至为了安全、顺利起见，还会选择由湖南而广西、由广西而云南、由云南再到贵州这样一条曲折的道路。阳明等一行人由长江入江西，由江西再入湖南，跋涉数千里，终于顺利到达目的地。

自正德元年底朝廷下了贬谪文书，到正德三年春才到达龙场，阳明这一路走了有一年多。好在当时并不会太追究犯官何时到达贬所，所以阳明一路也不需要那么仓促，他倒有了些游山玩水的心情。

想当年，韩文公韩愈因为一道《谏迎佛骨表》而被唐宪宗贬到了远在岭南的潮州，他是一路行程一路文章，“一封朝奏九重天，夕贬潮州路八千”；苏东坡当年先贬岭南的惠州，又贬天涯海角的儋州，则是一路行走一路诗词，“三年瘴海上，越峤真我家”“坎坷识天意，淹留见人情”。

此次西行，阳明已将生死置之度外，他们一路上走走停停，观览美景，倒也悠然自得。而他，也由此写下了不少令自己颇为自得的篇章。

在阳明一进入江西地面时，他便遇到了一位故人，此人名叫严星士，也是一位方外之人。阳明当年沉溺佛老，曾请严为自己占过卜，现在自己的行藏进退已经非常明确，便无须再多此一举了：“行藏无用君平卜，请看沙边鸥鹭群。”（《玉山东岳庙遇旧识严星士》）

正是元宵佳节的时候，阳明等一行人到达了娄谅先生的故乡广信。广信知府蒋氏虽早已见刘瑾等人所公布的“奸党”名单，但他仰慕阳明的为人，遂不避嫌疑，亲自到船上来探望之。

此举令阳明颇为感动，乃作《广信元夕蒋太守舟中夜话》一诗：

楼台灯火水西东，箫鼓星桥渡碧空。
何处忽谈尘世外？百年惟此月明中。
客途孤寂浑常事，远地相求见古风。
别后新诗如不惜，衡南今亦有飞鸿。

阳明自然也忘不了二十年前娄先生对自己的教诲，故人虽已逝，他特作诗以缅怀之。

后来他到了湖南境内，路过屈原投水之处，遂写长文《吊屈平赋》祭吊了一番：“正德丙寅，某以罪谪贵阳，取道沅、湘。感屈原之事，为文而吊之。其词曰：山黯惨兮江夜波……”

等来至湘西地面的时候，已可见各民族杂居的情状。在地处湘黔要道的沅州，阳明见到这里熙熙攘攘、热闹非凡的集市情景，倒也别有一番风味。当阳明一行人进入贵州地界后，先后在几家小饭铺就食，结果居然只有两种东西可以下饭：一碟盐巴，一碟干辣椒！

不是没钱买，而是根本就买不到任何东西，因为当地几乎什么粮食、蔬菜都不出产。这一回阳明算是亲身体会了一番贵州的赤贫之状，真是叫人终身难忘！后来，他们在万山丛中见有一茅屋，便准备前往投宿。

不想这简陋的茅屋中仅仅住着一个中年妇人，阳明起初觉得有所不便，还欲他往，不想那妇人倒兴冲冲地把阳明一行人迎到了家里。

待他们刚刚安顿下来，那妇人也不等阳明问她，便自己讲起了悲惨的身世。原来是这妇人的丈夫有了新欢，便将她赶出家门。她娘家已没有了亲人，无处安身，只得到这荒山野岭之中暂时栖身。

“我那个男子，硬生生地撇了我，我不怨他，谁让我长得丑呢！可他不该把我赶出家门，我给他们当牛做马也情愿……我那儿子，他们也不让我再见，没了儿子，我这辈子还有啥子依靠？”说着说着，妇人流下泪来。

守仁常年在京师，见多识广，所以勉强能听懂妇人的口音。他试着安慰她：“那你就去向你男人求情，让他把你留在家里，就是干家务，你还能见着孩子！”

“都是那个女人坏！我的儿子还小，她不想让孩子记得有我这个娘，就远远地打发了我……我那男子也无法，我不怨他！”

都到了这般境地，这妇人居然还想着替自己的丈夫辩解。

突然之间，阳明竟觉得自己与这妇人是何等同病相怜，而那新妇岂不是刘瑾之流，而那男子岂不是当今圣上？便是圣上再有不是，做臣子的又焉敢有抱怨之词？

有感于此情此景，阳明便又作了《去妇叹》五首，这个妇人的不幸遭遇确实触动了阳明的内心深处。临行之前，阳明为略表心意，还给妇人留下了些钱物。那妇人将他送出好远，没有人听自己诉苦了，她还真有几分舍不得。

依违出门去，欲行复迟迟。

邻妪尽出别，强语含辛悲。

阳明想着，这山中屡有毒蛇猛兽出没，说不定哪天妇人就会送命！哪里还能等到丈夫回心转意的一天。那些自己想见的亲人，此生也许再难相见了。

想到这里，阳明竟暗自落泪，自己难道不也是这样的吗？

再觅阳明小洞天

贵州是明朝十三布政司中设置最晚的一个，直到永乐十一年（1413），它才单独建省。由于开化最晚，所以这里最不宜中土之民居处，对于初来乍到的阳明一行人，简直就是人间绝地。

龙场在贵阳以北约八十里的地方，此地在万山丛棘中，蛇虺魍魉，蛊毒瘴疠，随时都有生命危险。且此地多以夷人为主，阳明与他们语言不通，因此甚是苦恼。好在这里有不少来自中原的各种寻求避难的亡命之徒，他们的出没，好歹让阳明减去了几分孤独之意。

龙场驿是洪武年间所设的，当时一共在贵州境内设了九个驿站，以便于贵州方面北上进贡，同时也用以接待朝廷派来的使节和传递公文，对过往的客商也能提供些方便。

小小的龙场驿，是从贵阳北上的第一站，不过设有驿丞一名、书吏一名、驿卒若干人、马二十三匹、铺陈二十三副。但这还是早先的规模，等到阳明到来时，驿站早已破败得不成样子，马匹亡毙，房屋倒塌，仅剩的几个驿卒也整天打不起精神来。

不要说官舍，阳明起初连一座暂时栖身的草房都没有，甚至都不如来时路上所遇到的那位弃妇。为了存身，他们就学那妇人的样子，自己动手搭建了几间草屋，聊以遮风挡雨。

附近的夷人对他们都很好奇，居然都跑来问候。虽然彼此交流不太方便，但阳明感到这些人并无恶意，相反还不乏善意。安顿下来以后，阳明还不忘作诗（《初至龙场，无所止，结草庵居之》）以抒怀：

草庵不及肩，旅倦体方适。

开棘自成篱，土阶漫无级。
迎风亦萧疏，漏雨易补缉。
灵濑响朝湍，深林凝暮色。
群僚环聚讯，语庞意颇质。
鹿豕且同游，兹类犹人属。
污樽映瓦豆，尽醉不知夕。
缅怀黄唐化，略称茅茨迹。

担任这个驿丞，其实并没有多少差事，因为贵州与内地的来往已经不像以前那么多，所以几同赋闲的阳明便每日带着仆人四处游逛，倒也别有一番滋味。

一天，阳明突然在附近的东山坡上发现了一处石洞，此洞和当初他那座“阳明洞”非常类似，这不禁让阳明大喜过望。此山名叫栖霞山，山势不高，平冈逶迤。山上岩石嶙峋，古树招风。那座山洞要比阳明洞宽大，其中可容百人，洞内钟乳石累累下垂，且有一小洞直通后山。

草房虽然好，但难挡风雨，这下好了，有了这样一处所在，不仅可以让阳明找回过去的感觉，也解决了他们的居住问题。阳明特意用“阳明小洞天”命名该石洞，“洞天”就是仙道所居之意。

可刚安顿好没两天，问题又来了：贵州地高且湿热，由于水土不服，加之思乡情切，同来的三个仆人居然都病倒了。其实，他们主仆之间经过此番艰难行程，早已亲密无间得如同骨肉兄弟一般。阳明的身体虽不强健，但他已能大致看开，所以凭着信念的力量，他暂时还没有倒下，不然这一关就越发难过了。

于是阳明便亲自砍柴熬粥给他们喝，小心谨慎地服侍他们。见他们心怀抑郁，阳明又唱歌给他们听，时而唱家乡的小调，时而唱自己作的诗。见他们还不高兴，阳明便又讲笑话给他们听。阳明还根据柳宗元所著的《黔之驴》

一文，特意给大家讲了一个黔之驴的故事：

话说贵州本来无驴，有个好事之人便用船载着一头驴子进了贵州。起初那驴还没有派上用场，被放之山下。有一天，一头老虎经过山下，看见了驴子这个比它还大的庞然大物。它没见过这东西，还以为是什么神物呢！于是老虎就藏在林间偷偷地观察驴子，又靠近去试探了一下，但它们二者面面相觑，都不知对方为何物。因为这驴子自降生以来就跟着人，还没见过老虎。

过了几天，那老虎又来了，它一点一点地靠近驴子。于是那驴子本能地大叫了一声，结果把老虎吓坏了，一溜烟儿地逃走了。后来那老虎又几次从驴子身旁经过，它已经渐渐习惯了驴子的大叫，觉得其实也并没什么可怕的。

又过了几天，老虎慢慢地凑到了驴子的身边，还向它挑衅。结果那驴子一怒之下，又是叫又是踢的，却没能伤着老虎。那老虎于是大喜，它心想："原来你就这点伎俩啊！"

最后，老虎便跳上前，一口咬断了驴的脖子，直到把它的肉吃完才满足而去。

听了这些笑话，大家的心情都好多了，胃口也好了不少。

功夫不负有心人，在阳明的细心呵护下，三个仆人的病全好了。当时粮食不够吃，除了挖些野菜，连阳明也不得不开始学着自食其力。种下的东西产得多了，到时还可以周济穷人和寡妇。

阳明有一首《采蕨》诗就是描述自己挖野菜时的情形的，可见其初来乍到的艰辛、愁苦之状：

采蕨西山下，扳援陟崔嵬。
游子望乡国，泪下心如摧。
浮云塞长空，颓阳不可回。
南归断舟楫，北望多风埃。
已矣供子职，勿更贻亲哀。

想当年，娄谅先生就曾在这方面启发过阳明，但他并没太往心里去。如今，学着当地居民刀耕火种的法子，阳明一行人在“小洞天”附近也开辟出了几亩荒地，开始了自己的农夫生活。

不过，有那三个仆人帮着忙活，阳明闲暇时还愿意到当地居民中去走访，渐渐地就和大家交上了朋友。当地人原本都不住在土、木所搭建的房子里，只是就地找个山洞，最多弄几间草棚而已。阳明因为在工部当过一年观政，所以弄明白了修建住房的基本原理，于是他便教当地居民范土架木以居——以夏变夷，这是使其归化的第一步。

不久，远近的人都晓得了这位从京城受阉党迫害而辗转到此的王圣人。他们还知道，即使在这穷乡僻壤，王圣人也有志于将圣贤之学发扬光大，以促进当地的教化！

于是，在当地居民的帮助下，在一座向阳的山坡上，在不到一个月的时间里，大家搬石破土、砍竹伐木，居然建起了一座像模像样的屋舍——这座有居室、有客厅、有凉亭，甚至看起来相当气派的房屋，俨然已是方圆几十里规模最大也最奢侈的建筑。

不过，这座新居并不仅仅是让阳明来受用的，而是另有缘由：当时，远近数省的学子听闻阳明先生到了龙场，居然不辞艰辛，纷纷赶到当地向他请教。鉴于没有一处让自己安心讲学、让学子安心就学的地方，阳明这才决意修造此屋。

由于房屋建在龙场的山冈之上，所以阳明便以“龙冈书院”命名之，以作为自己日后重振圣学的所在。居室中虽几近空无一物，但孔夫子曾道“君子居之，何陋之有”，遂取名为“何陋轩”。凉亭边种上了竹子，便命名为“君子亭”。客厅宽敞明亮，遂取名“宾阳堂”。

后来，阳明在所作《龙冈新构》中记述此事道：“诸夷以予穴居颇阴湿，请构小庐，欣然趋事，不月而成。诸生闻之，亦皆来集，请名‘龙冈书院’，其轩曰‘何陋’。”

在“小洞天”附近，还有一个石洞，那是阳明读书与自省之处，他将其命名为“玩《易》窝”——孔子认为《易》最精深，最堪玩味，它代表着人对命运、天理的参悟，非穷尽一生不可。

阳明从小到大就基本生活在士大夫的圈子里，虽然多次南来北往，加之有刑部主事的经历，对于当时的社会已经有所了解，但是对于底层社会的认识，却还不够深切，因为他平生还没有困窘到那种不堪的境地。

然而自从来到龙场以后，生活之困窘已不堪言状。另外，他的所见所闻也已与士大夫圈子格格不入——在这里，他所见到的是大明最落后地区的民风民俗，从流亡者口中听到的是社会最阴暗的一面。

那些中原亡命者，尽管多是逃难逃荒来的，但也有不少是因参与了暴动、起事而被朝廷缉拿的，更有一些是怕被株连才不得不选择避走他乡的。阳明见他们本性不坏，便没有拒绝同他们往来。而且这些人大多生活极其困窘，也着实让人同情。

正是从这些人口中，阳明闻听道：“如今人们纷纷戏言，当今天下有两个皇帝，一个是坐着的朱皇帝，一个是站着的刘皇帝。”除了因勒索官员枷死无数、增加他的家乡陕西的乡试名额、罚得原户部尚书韩文等人倾家荡产外，阳明还得知了刘瑾新近的一些荒谬之举：刘阉蔑视礼法，居然令寡妇尽嫁，丧不葬者焚之……

更有当朝天子的一些新闻：正德以前就有秽声在外，如今在群小的引诱和帮助下，更是以抢掠妇女、充实“豹房”为能事，以致闹得民间汹汹不宁。

有一个穷秀才，考了大半生都未得中功名，后来他实在走投无路，见家乡有人举事，便横下心来参与其中，做着管账和负责来往文书的工作，希图混碗饭吃。

有一天，他跟阳明讲到这样一件趣事：“小的家在北直隶霸州，我们当地有个叫王智的，他有个女儿叫满堂。这个女孩长得那叫一个漂亮，脑子也好使，所以心性特高。我们当地人都传诵民谣道‘霸州一枝花，长在王智家，皇上选妃子，当然就是她’……

“满堂听到这街上唱的，也挺高兴，居然痴心沉迷，开始以王妃自居。就是去年的时候，满堂曾被选拔参加一次宫女的预选，由于这丫头一向自视甚高，以为必得，不肯给那些选拔的太监和官老爷好处，结果竟落选了……

“为此，满堂大受刺激，居然闹得精神有些失常。这丫头日思夜想，都不忘要嫁给一个人中龙凤、能够称孤道寡的人。”

那人说到这里，阳明为表听得仔细，于是插嘴道：“天无二日，地无二王，难不成她还想退而求其次，想嫁入藩王的府第不成？”

“呵呵，王先生，您这堂堂正人君子，哪能明白我们这些小民的想法。唉！我们也没什么见识……”

“哦，那你快说！这满堂后来怎么样了？”阳明好奇道。

“后来有个叫段铱的江湖术士，他利用道教中的偏门歪说蛊惑人心，扯起了一道‘大顺平定’的黑幡，宣扬什么‘天道已变，五行中以金克木，段为金，朱为木，朱家气数已颓尽，段氏金长坐皇廷，义信男女来结拜，封王赐爵共荣华’……”

“啊！这不是要造反吗？”阳明这个忠臣孝子，听到这里便有点坐不住了。要说依靠邪教来组织造反的，历史上的例子多了去了，远的如东汉末年的张角兄弟利用太平道起事，近的如元末韩山童、刘福通等人利用白莲教起事。这还是有名的，其他不太知名的则多如牛毛。

“就是要造反。”那人并不讳言，“可是老百姓懂得什么？大家不过是被贪官污吏逼得没活路，才铤而走险！但凡能有口饭吃，哪个活腻味了，愿意干这诛灭九族的勾当……”

阳明自然也明白这些，要想彻底消除民乱，除了要对起事众人加以剿抚外，首要的还是应该解决贪官污吏的问题。见阳明已经不言语了，那人于是接着讲道：“老段不久就纠集了上万之众，实不相瞒，小老儿我一时鬼迷心窍，也加入了他们的队伍……

“老段自制了皇冠龙袍，便每天都正经地披戴起来，他眼见队伍声势日大，也开始称孤道寡，自称‘平顺大帝’，又分设丞相、元帅等官。不瞒先生，小老儿因为能够识文断字，也被封了个军师将军呢！呵呵，这帮家伙，拿老子当诸葛亮了！不过，那段日子酒肉不断，倒正经快活……

“我们主要在北直隶和山东一带活动，那老段在做游方道士时，就已经垂涎满堂这个霸州第一美人的姿色，所以后来他便派人到霸州，抢出满堂，又册封她做了贵妃……

“满堂正经的皇妃没做成，却做了老段的压寨夫人，但好歹也得了个‘贵妃’的名，管她嫁的是朱皇帝还是段皇帝。呵呵，这一来她倒心满意足了，那心病也好了，想着天命宫中、贵为妃子并非虚言……”

“从逆这可是大罪啊，满堂后来怎么样了？”

“后来，我们的队伍被官军打散了，头目们被抓的被抓，被杀的被杀，逃的逃了。满堂等一干妇人都被掳进了京，向朱皇帝做献俘之用……按说她们都是没个活路的，但是您猜怎么着？没想到这个小皇帝当场就相中了满堂，当晚就要了她……”

“这成何体统？”阳明起初还很怀疑对方说的，以为是污蔑皇上，可他却未露声色，准备先听下去再说。

“这事儿很快就传开了，百官也都认为‘与贼妇同衾共枕，难防不测之忧’，于是纷纷上书要皇帝将满堂正法。这大臣们一窝蜂似的来扫皇帝的兴，正德小爷一下就怒了，臭骂他们道：‘该死的迂奴才，你们不懂人情，不懂道理，更不知国史为何物，还有脸做翰林和御史？难道你们不晓得我朝太祖皇帝在剿平伪汉陈友谅之后，就将老陈的宠姬美妾，逐个召入宫侍寝，以发扬武德弘烈吗？’……

“哈哈，满堂这丫头就如此阴错阳差地成了真皇帝的枕边人……”

此事说得有板有眼，合情合理，由不得阳明不信。太祖的第八子朱梓，便是太祖与陈友谅的妃子所生，曾被封在南昌为潭王。

对于那些逃难逃荒的，阳明南来北往，也见过一些。但是自从正德当政以来，国是日非，流民、民乱已渐有增多之势。

有一天，阳明便忍不住向一位学生叹息道："昏悖在上，民困于下，日久必生大变！"

"昔日郑侠一幅《流民图》就令宋神宗罢了王安石的宰相，而今天子若是晓得民间疾苦之状，又该作何举动呢？"那学生疑问道。

"宵小环侍左右，忠臣良士皆被疏远，天子纵有尧舜之性，怕也难有所改悔……天视自我民视，天听自我民听，今见天子其不得人心也如此，真不知何时是个了局！"阳明感慨道。

直到此时，在大量接触过这些流民之后，阳明的身心才受到了一次前所未有的触动，他对于人生与社会的认识和理解也更深了一层。

加上他个人的际遇，阳明的思想马上就要脱胎换骨了。

百转千回中悟得一点真知

阳明在龙冈书院又开始了自己的讲学生涯，一时之间，来往龙场的人又多了起来，这里俨然已恢复了昔日通衢的繁盛情景。

这时，阳明的节操和品行受到了学子们的一致推崇，他们见阳明先生有所谓"君子亭"，于是道："所谓'君子'，正是先生您的自道之词啊！我们见先生居于此亭，持敬以直，内静虚而若愚，难道这不是君子的德行吗？遇到艰难而不担心，处在困境却能通达，这不是君子才有的节操吗？您的君子之道，过去行之于朝堂，今天行于蛮夷……"

后来，阳明便将他们的这段话记入了自己的《君子亭记》。

孟子曰："君子有三乐……得天下英才而教育之，三乐也。"

有了众多学子的陪伴，阳明的生活一下子就找到了意义，他已经完全融入了当地的生活。白天意犹未尽，夜间又在谈讲不辍："……夜弄溪上月，晓陟林间丘。村翁或招饮，洞客偕探幽。讲习有真乐，谈笑无俗流。缅怀风沂兴，千载相为谋。"

可是一个犯官聚众讲学，还受到了当地人的拥戴，地方有关官员自然不能坐视不理。为了取悦当朝，地方官府便派了一帮差役前来干预，他们准备将龙冈书院拆毁——此举引起了当地居民与一帮驿夫的强烈不满，结果双方发生了激烈的冲突，最后那帮差役被众人打得抱头鼠窜。

地方官不敢公然镇压瑶民、苗民等夷人，他们便又想通过贵宁道按察分司对阳明进行裁制。没想到，当阳明被分司按察副使（时称"宪副"）毛应奎召唤到贵阳后，双方甫一接触，对方即为阳明的学问和人格所折服。

后来，毛应奎非但没有为难阳明，还处处给予他方便，两人俨然已成为好友。在阳明离开贵阳之前，毛应奎不无担忧地说道："那帮地方官员见我纵容了你，一定还会想法子阻挠你讲学，你看该当如何？"

阳明来贵阳的路上已经有了些初步的对策，现在心里更有底了："我当致书州太守，一面晓以大义，一面晓以利害，让他掂量着办吧！"

"好，我这里也帮你说几句好话。"

回到龙场以后，阳明便给州太守写了一封书信，其中提到自己宣讲的是圣贤之道，地方官员只有提倡的理，断没有取缔的理，否则那就是反对圣贤之道！另外，如果再次强行拆毁书院，那么事端极有可能要扩大，到时引起地方骚动，必然要追究州长官的责任。最后，那州太守惭服，只得由阳明去了。

后来阳明在给毛应奎的信中又巧妙地说道："但差人至龙场陵侮，此自差人挟势擅威，非太府使之也。龙场诸夷与之争斗，此自诸夷愤愠不平，亦非某使之也！然则太府固未尝辱某，某亦未尝傲太府，何所得罪而遽请谢乎？"派人来砸书院不是太守指使的，龙场的当地人出来与他们争斗，也不是我王阳明指使的，所以太守便没有侮辱我，我也没有傲视太守，也就不用再向他请罪了。

当地夷人眼见阳明一介书生，却整日被学生前呼后拥，他们不明所以，居然将阳明视作神人、仙人，更有一些人向他请教神仙之道。神仙之道也是阳明追寻思索了半生的问题，但是此时的他已近乎全然了悟了神仙术之非，于是他专门写了一篇《答人问神仙》以回复那人。

阳明在其中写道："夫有无之间，非言语可况。存久而明，养深而自得之。未至而强喻，信亦未必能及也。盖吾儒亦自有神仙之道，颜子三十二而卒，至今未之亡也……足下欲闻其说，须退处山林三十年，全耳目、一心志，胸中洒洒不挂一尘，而后可以言此，今去仙道尚远也。"如果谁想明了神仙之道，那么就请先退处三十年吧。

其实阳明的这封信绝不仅仅是给发问之人看的，而是回答有此疑问的众人，尤其是那些对神仙之道好奇的学生，让他们对所谓的神仙之道死心，都回到真正的圣贤之道上来。

还有一位佟太守（应该是当地土官），居然派人来向阳明请教"致雨之术"，弄得他"不胜惭悚"。这帮人真是愚昧得可以，也可见当地是何等愚昧！

阳明此时自计得失荣辱皆能超脱，唯生死一念尚觉未化。此来贵州虽已抱定必死之心，但近来因常与学生们在一起，情绪忽而乐观起来，倒有了些偷生的念头，不能全身心地投入讲学之业。

当他听闻刘瑾对自己余怒未消，慨然应对之余，于是便提前做了一副石棺，自誓曰："吾惟俟命而已！"

阳明日夜端居澄默，以求静一。久之，胸中洒洒，了无牵绊。

一天，阳明夜半无法入睡，遂不禁想到："圣人处此，亦复何道？"

假使圣人处在我的这种境遇，他又该作何感受、作何反应呢？难道圣人也会患得患失吗？绝对不会！坦然面对，我王守仁也不是不能面对——那么我王守仁又算不算圣人呢？如果不算，我的差距又在哪里呢？

圣人必要有所立、有所建树，才配称圣人。假使一个人只是因为生命长度不够，难道他就一辈子成就不了圣贤之业了吗？按照朱子的理论：“一书不读，则阙了一书道理；一事不穷，则阙了一事道理；一物不格，则阙了一物道理。须著逐一件与他理会过。”而圣人又是做人的极致，那么一物不格也就成不了圣人。可人的生命总是有限的，物又未有穷尽，那么按照朱子的理论，人也就永远无法成为圣人了，“以有涯随无涯，殆矣”。

孟子曰：“古之人，得志，泽加于民；不得志，修身见于世。穷则独善其身，达则兼济天下。”按照孟子的说法，一个人无论得不得志，只要他能始终一贯地秉持着圣贤应有的念头，那么他无论身处何种境遇，都终能成为一位圣人。如孔子，一生失意坎坷，却能立身行道，便没人怀疑他不是一位圣人。

那么，圣贤之道是人本身所固有的，还是人向外求得的呢？如果是人向外求得的，那么按照朱子的理论，人穷尽一生也是无法求来的——这样看来，朱子的说法就是有问题的！

孟子说：“告子这个人是不懂义的，因为他把它看作心外之物，其实义是人内心所固有的。”“人皆有不忍人之心。先王有不忍人之心，斯有不忍人之政矣。”“人之所不学而能者，其良能也；所不虑而知者，其良知也。”

那么也就是说，圣贤的品质是人所固有的，每个人本质上都是“圣人坯子”，根本就不需要向外界求取。那么，为什么不是人人都能够成为圣人呢？这是因为外物将人的本心予以遮蔽，从而令人纠缠于各种物欲之中，无法认清以及遵从自己的本心行事罢了。

那么，究竟该如何让人见到自己的本心，从而为善去恶，终成圣贤呢？这应该就需要依靠格物致知的功夫了——那么也就是说，人“格物致知”的对象不应该像朱子所讲的那样在于外物，而应该针对自己的内心（为善去恶是格物）……

……

想到这里，阳明犹如天启一般，仿佛什么都想明白了，寤寐中若有人语之者，不觉呼跃，乃至从者皆惊！阳明得此顿悟，实在是兴奋异常！

阳明始知圣人之道，吾性自足，不假外求，向之求理于事物者，误也。于是他又将自己所悟的这番道理，一一求证于《五经》之言，居然莫不吻合，由此阳明乃乘兴而作《五经臆说》。

阳明在其序言中道：

> 龙场居南夷万山中，书卷不可携，日坐石穴，默记旧所读书而录之。意有所得，辄为之训释。期有七月而《五经》之旨略遍，名之曰《臆说》。盖不必尽合于先贤，聊写其胸臆之见，而因以娱情养性焉耳……

后来，阳明在向人追述自己当时在龙场的这番悟道情形时，乃道："瘴疠蛊毒之与处，魑魅魍魉之与游，日有三死焉；然而居之泰然，未尝以动其中者，诚知生死有命，不以一朝之患而忘其终身之忧也。"

为此，孟子解释道："君子有终身之忧，而没有一朝之患。君子的忧虑就在于，舜是人，我也是人。""舜为法于天下，可传于后世，我由未免为乡人也，是则可忧也。"那么，怎样才能解除我这种唯恐落于人后的忧虑呢？不过是向舜学习，以求达到他那种做人境界而已！"若夫君子所患则亡（无）矣。非仁无为也，非礼无行也。如有一朝之患，则君子不患矣。"

这里还有一个问题，我王阳明终生忧虑的，也是不能成为舜那样的圣人，那么我又应该怎样向舜学习呢？如果我的生命短暂怎么办？

孟子又说："尽其心者，知其性也。知其性，则知天矣。存其心，养其性，所以事天也。夭寿不贰，修身以俟之，所以立命也。"把善良的本心（良知良能）尽量发挥，这就是懂得了人的本性，以此也就懂得了天命。保持了人的本心，培养人的本性，这就是对待天命的方法。短命也好，长命也好，我都不三心二意，只是培养身心，等待天命，这就是安身立命的方法。

孟子又解释说：“君子行法，以俟命而已矣。”君子只是依法度而行，去等待天命罢了。这样子的话，我始终一贯地遵从自己的本心，从而实现了“内圣”，也即立德。只要我再有机会实现泽被天下的重任，立功或者立言，那么“外王”的目的也就自然而然地达到了——而人只要达成了“内圣”，“外王”的目的也就不难达成了！

只要当下的每一刻都尽心尽力地做好了，还会忧虑自己成不了舜那样的圣人吗？

不过，或许还有一个问题，如王安石之辈，也算是立德、立言之士，只是在立功上有些瑕疵，那么他究竟算不算一位圣人呢？如果说他算，但他毕竟又给国家、社稷造成了极大的祸患，由于激化了党争可谓加速了北宋的灭亡，尽管这不是他想看到的，尽管其他人也有责任。如果说他不算，那又过分强调其功业之成败了，何况对于其功业的成败，人们迄无定论。

可见努力的结果是人很难预知的，只有在德行上立住了，人才算入了圣人之门——然后多读书，多在事儿上磨砺，培养经济之才，以便于成功——至于最终的结果嘛，还在于上天成全与否了。又或者，是否王安石的德行还不足呢？恐怕也有这种嫌疑，何况他本身那么看重法家之言，可见他的功业有亏也许并非偶然。

当然，司马光更为遵循圣贤之道，那么他就要比王安石更为成功吗？也不见得。但他的偏执、顽固，恐怕也并非完全出于“良知良能”。

曾子说得好：“士不可以不弘毅，任重而道远。仁以为己任，不亦重乎？死而后已，不亦远乎？”（《论语》）学至圣贤，的确是一辈子的事。

如此一来，阳明心底愈加透彻了。过去困扰他的那些疑惑，纠缠于烦琐的道理，长期的自我怀疑，尤其是那种不知何日能格尽天下之物的焦虑感，一朝尽皆涣然冰释……

后来他便跟自己的学生倾吐心得道：“夫良知即是道，良知之在人心，不但圣贤，虽常人亦无不如此。若无有物欲牵蔽，但循着良知发用流行将去，即无不是道。但在常人多为物欲牵蔽，不能循得良知。”（《答陆原静书》）

再后来，阳明也认识到，即便是圣人，其实也真是有差别的：如尧、舜算是十成的圣人，周文王、孔子等是九成，大禹、商汤、周武王算是七八成，伯夷、伊尹算四五成。所以为圣者，在纯乎天理，而不在才力也！

故而阳明便认为：平常人若肯为学、向善，使此心纯乎天理，也一样可以做圣人！孟子所谓“人皆可以为尧舜”，就是这个意思。

经过这番顿悟之后，阳明在思想倾向上也开始有了显著的变化。先前，他也接触过陆九渊之学，如耳闻湛若水的大力宣扬，但领会毕竟不深。此番竟感觉与此息息相通，于是他便开始大力推崇起陆氏心学来。

第四章 东山再起，重在京师开坛讲学

立志在阳明看来是最重要的，他认为：如果一个人的目标是科举，那么读书学习对于此人而言真的是一种负累；但如果一个人的目标就是追求圣贤之道，那么学习于他就是一种最大的满足和快乐，唯恐会不幸中断自己的学习！

争辩朱陆的异与同

水西宣慰司（土司）是当时贵州彝族土官管辖的行政区之一，他们的宣慰姓安。安宣慰久闻阳明大名，于是派人给他送来了米肉，又派了人让阳明使唤，甚至还送了金帛鞍马来，但阳明却俱辞不受。

不过这个安宣慰的心意尽到了，于是他便开始向阳明求教——起初，朝廷打算在水西设立一卫，以加强对于水西地区的控制。一卫约统率五千军士，当时作为军事据点的城池已经在修建了，可是却因故废止了，只是作为传递消息的驿传[1]尚存。

这个安宣慰十分厌恶驿传据其腹心之地，按他的意思，是只想让当地百姓眼中有他“土皇帝”一般的安宣慰就够了，至于作为朝廷象征、传递内外消息的驿传，最好还是撤销为好。安宣慰想私自撤除驿传，于是他便向阳明征求意见。

阳明致书安宣慰，为他仔细分析了不可罢驿传的道理，又向他申明了朝廷的威信及法令。其中分析私罢驿传的严重后果道：“凡朝廷制度，定自祖宗，后世守之，不可以擅改。在朝廷且谓之变乱，况诸侯乎！纵朝廷不见罪，有司者将执法以绳之，使君必且无益。纵幸免于一时，或五六年，或八九年，虽远至二三十年矣，当事者犹得持典章而议其后。”

[1] 中国古代政府设置的一种供使臣出巡、官吏往来和传递诏令、文书等用的交通组织。

安宣慰见阳明说得有理，便放弃了这一想法。

不久，有一位宋氏酋长的两位部属阿贾与阿札背叛了酋长，还为患地方。鉴于此，阳明便又致书想坐收渔利的安宣慰，说服他率所部平定了此次叛乱，使当地民众得到了安宁。

上次，为叛乱的事，阳明几句话说得安宣慰悚然不已，他由此更加信服阳明。水西当地要修复象祠，安宣慰特请阳明作文以记之。

传说象是舜的同父异母弟，先前作恶，被舜赶到了湖南、贵州之地。后来象改好了，当地人为了纪念他，于是广建象祠。

阳明思虑了几天，于是写道："灵、博之山，有象祠焉。其下诸苗夷之居者，咸神而事之。宣慰安君，因诸苗夷之请，新其祠屋，而请记于予……吾于是盖有以信人性之善，天下无不可化之人也。然则唐人之毁之也，据象之始也；今之诸夷之奉之也，承象之终也。斯义也，吾将以表于世，使知人之不善，虽若象焉，犹可以改；而君子之修德，及其至也，虽若象之不仁，而犹可以化之也。"（《象祠记》）

"浪子回头金不换"，象可谓是浪子回头的典型，阳明借题发挥，再次阐发了人性本善的道理，也更允许人改过自新。

几天后，驻守贵州的大总兵、怀柔伯施某，让人带着钱财到龙场来找阳明。此前，施总兵命绘工画了一套《七十二候图》，他想让阳明"叙一言于其间"，写个序言，再添点文字注解在上面。

阳明对来人说道："此施公临政之本也，善端之发也，戒心之萌也。"是好事啊！

来人问："您是怎么知道的？"

后来，阳明便在《气候图序》中记载了自己当时的回答："人之情必有所不敢忽也……夫警惕者，万善之本，而众美之基也。公克念于是，其可以为贤乎……吾是以喜闻而乐道之，为之叙而不辞也。"

阳明对于施总兵这种警惕人事、遵从天道的行止非常赞同，所以很爽快地便答应了写序的事。

阳明对于天道、人事向来无所不察，因此对于气候等问题还是比较了解的。于是他在《气候图序》开篇中写道：

天地一元之运为十二万九千六百年，分而为十二会……凡以见气候之愆变失常，而世道之兴衰治乱，人事之污隆得失，皆于是乎有证焉；所以示世之君臣者恐惧修省之道也……

对上天保持必要的敬畏，对天道保持必要的遵从，这是对一个人君、人臣起码的要求。如果连这一点都做不到，那么人就会无所畏惧，便会做出不敢想象的恶事来，哪怕身后洪水滔天！

总之，上天不是用来迷信的，而是用来指导人事以及警醒自己的，从中也可见出探究天道的非凡意义来。

就这样，转眼之间，正德四年（1509）的春天来到了，阳明在龙场的冬天也过去了。就在这时，一位未来的大人物来到了龙冈书院，这便是时任贵州提学副使的席书。

席书字文同，号元山，四川人，弘治三年（1490）进士。他在河南按察佥事任上时，闻听刘瑾之流当道，清流受难，恨得咬牙切齿。此人颇有胆识，弘治十六年时云南地震，朝廷命侍郎樊莹巡视，奏黜了监司以下三百余人。席书认为如此处置不当，乃上疏朝廷：“灾异系朝廷，不系云南。如人元气内损，然后疮疡发四肢……”

后来他升任贵州提学副使，一到贵阳，便听说那位公然在京师讲学、引起不小轰动的王阳明被贬到了龙场，不禁喜出望外，特来拜望。身为提学副使，兴学育人本是自己的职分所在，而要办好学校，就得有出色的老师。但是贵州穷乡僻壤、道路不通，估计没几个人愿意到此地讲学。

席书当日在京师时，已闻听阳明之名，也匆匆见过几次。如今又听闻阳明非但没有自弃，反而发明新说，依旧讲学不辍，更是喜不自胜，仿佛捡了活宝一样。不过席书还有些疑虑，因为朝廷上下一致推崇的是朱熹的学问，但听一些学子说及王阳明先生常非朱子而对陆九渊情有独钟。

怀着好奇与希冀，席书便亲自来到了龙场。不过数年未见，席书看着阳明那瘦削的身躯，清癯的脸庞，当年飞扬的神采已然被今日沉毅的气度所取代。他先是惋惜，既而又感到宽慰。

两人都不多客套，席书便直奔主题，向阳明询问起朱、陆两家学说的异同。阳明不语朱陆之学，而告之以其所悟：圣人之道，吾性自足，不假外求。

为此，他拿自己近来的一番感想，进一步解释说："圣人各有忧民之念，但他们的任责之心都是一样的……后世各徇一偏之见，那些出仕为官的都以趋时为通达，隐者则以忘世为高尚，这就是他们所以进不能忧禹、稷之忧，退不能乐颜子之乐的缘故了！"阳明一口气说了很多。

阳明一番长篇大论，让席书一时有点转不过弯儿来："伯安兄，你是说禹因为心里先存着百姓，然后才把治理水患作为自己的急务？稷也因为心里先存着百姓，然后才把教民稼穑作为自己的急务？"

阳明答道："正是。所谓圣贤行事，不是因为先有行事的想法和能力，更不是想在行事中获得什么好处，然后才去做的！如今之仕宦者，却是先存了食禄、显耀的想法才出来为官，那样的话能做得好官吗？这种人假如处在颜子的境遇，自然也无法安贫乐道……"

"哦，如果人人都想成为圣贤，那么就需要让自己的本心显露出来，因为人性皆善？"

阳明答道："正是这个意思。只要人心中存着善念，保持着善念，那么人还有什么事情不会尽心去做呢？而圣人之道，吾性自足，不必外求！这既是陆子的认识，也与愚见相契合。而我等学问之宗旨便是要人发明本心，因为人之本心已为外物所遮蔽……"

"那你如何看待朱子与陆子的分歧？"绕了一圈，席书又回到了原先的疑问上。

阳明答道："你今天既向我询问朱陆异同的问题，然而圣贤之道却是千古同一的。试想，便是孔子在两千年前，又哪里会晓得我今日要来回答你朱、陆异同的问题而预先教我呢？可见谁能够回溯到正源，谁才是真正的圣贤之学……"

"你这样说，好像朱子之说与圣贤之学相背离了。但是，如今何以朱子被列入正统，而陆子却名不见经传？"

阳明答道："这便是世人远离圣贤之道的缘故！君不见人心不古，莫以今为甚乎？想当初，我孔孟之学也是历经数百年才大行其道的，世人也是先吃了歪道的亏，才一朝觉醒的……"

后来阳明又指出，朱子道理烦琐，这也是违反常理常情的，因此让人很难身体力行："圣人之言明白简实，而后世的学习者却偏偏求之于艰深隐奥，这样他们的讨论越周详，而意义却越加隐晦了……像世间的儒者所论，不过都是他们任情用智，纯粹是拂理乱常的行为，还偏偏披着圣贤之道的外衣，圣人难道真的就是这样吗？"

经过阳明的这番开导，席书怀疑而去。次日他又来拜访，举知行、本体证之《五经》诸子，渐有省悟。"知行"就是阳明新近又有的知行合一的感悟，"本体"即心。

不过由于旧学在内心已根深蒂固，想要在短时间内彻底怀疑乃至推翻它，实非易事。于是席书往复龙场数四，才终于豁然大悟道："圣人之学复睹于今日；朱陆异同，各有得失，无事辩诘，求之吾性本自明也。"

这其实是一种偏于折中的态度，但已经是了不得的思想转变了。鉴于思想上的认同，于是席书便决定聘任阳明主讲贵阳书院——席书遂与毛（应奎）宪副修葺书院，身率贵阳诸生，以所事师礼事之。

说来这个席书与阳明可谓颇有缘分，他后来出任福建左布政使，时当宁王反叛，席书急募兵两万讨之。等到他率军赶到的时候，阳明等人已经平定了叛乱。

嘉靖三年（1524），席书力荐阳明及杨一清入阁。他在进奏时说：“今诸大臣皆中材，不足与他们共谋天下大事。定乱济时，非王阳明不可。”只是嘉靖皇帝当时未予采纳。

席书死后，阳明为他写了一篇情真意切的祭文，其中道：

> 呜呼元山！真可谓豪杰之士，社稷之臣矣。世方没溺于功利辞章，不复知有身心之学，而公独超然远览，知求绝学于千载之上；世方党同伐异，徇俗苟容，以钓声避毁，而公独卓然定见，惟是之从，盖有举世非之而不顾；世方植私好利，依违反覆，以垄断相与，而公独世道是忧。义之所存，冒孤危而必吐；心之所宜，经百折而不回……呜呼痛哉！闻公之讣，不能奔哭；千里设位，一恸割心。自今以往，进吾不能有益于君国，退将益修吾学，期终不负知己之报而已矣。呜呼痛哉！言有尽而意无穷，呜呼痛哉！（《祭元山席尚书文》）

席书之所以能够迅速地转变观念，其实也正说明阳明之说并非是玄之又玄的，反而证明了其放之四海而皆准的一般性意义。

走向知与行的合一

过去，阳明是通过朱子学派等间接渠道才了解陆九渊的，又受传统学说影响，所以他对陆子的了解并不是很多，理解也不是很深。直到湛若水的出现，才改变了他对陆子的印象及对其学说的认识。

陆九渊字子静，江西抚州金溪人。因讲学于贵溪象山，后人遂称其为“象山先生”。他自幼聪颖好学，喜欢刨根问底，三四岁的时候曾问其父“天地何所穷际”，其父只是笑而不答，他便日夜苦思冥想。

直到陆九渊十三岁时，他读到“四方上下曰宇，往古来今曰宙”，才弄明白了天地广大、宇宙无穷的道理。然而他正是从宇宙二字，悟得人生之道，于是提笔写下：“宇宙内事乃己分内事，己分内事乃宇宙内事。”由此笃志于圣学。

陆氏有家学渊源，这为他读书求学提供了良好的条件。从十一二岁起，陆九渊就已经自觉地运用怀疑方法勤奋读书，将《论语》中的学、思结合与《孟子》中的由博返约等“为学之方”有机地统一起来，努力透过字义理会文意，透过文意把握骨髓。由于读书认真，陆九渊也常能发现圣贤书中相互矛盾、龃龉的地方，比如读二程之书，他就发现程颐所说的话与孔、孟多有不合之处。

绍兴二十五年（1155）九月，曾经作为投降派核心的秦桧病死，朝野群情激奋，纷纷上书揭露其行径之卑劣与人品之污浊。时年十七岁的陆九渊有感于人之品格的高低善恶竟有天壤之别，于是写下了一首颇有楚辞风格的《大人诗》。陆氏使用变骚古调，表白了对人性至善潜能的无限信念及自己飞龙在天、气吞山河的远大抱负。

从十七岁到二十三岁，在整整六年的时间里，陆九渊在极高明的道德理想与极昏沉的功利现实之间彷徨，甚至到了二十四岁，他还是执着于高明的理想，而不肯从俗赴举。在临川李浩德先生的竭力劝勉下，他才以《周礼》注籍，报名应考乡试。虽然准备仓促，但因发挥超常而名列第四。

中举的当年冬天，陆九渊的父亲去世，守丧三年的礼制让陆九渊失去了录取解送、春试南宫而早日及第的机会。陆氏一直不愿吸食人间烟火，所以直到二十九岁时，他才与结缘十九年的吴爱卿正式步入婚姻生活。乾道七年（1171）秋天，陆九渊第二次参加乡试，他以《易经》报考，再次中举得解。次年，时年三十四岁的陆氏得中进士，授靖安主簿，后迁国子正等职。

淳熙十三年（1186），陆九渊在朝中提出任贤、使能、赏功、罚罪是医国“四君子汤”，得到孝宗皇帝的赞许。五年后，他外放到荆门军担任主官。荆门是当时南宋的边防重地，却疏于守备，陆九渊便请得了朝廷批准，大力修治城墙。经过一年多的努力，政行令修，乃至社会风气大变。

陆氏慨叹于北宋灭亡的惨痛教训，胸怀复仇雪耻之大义，故访求智勇之士，共谋恢复失地，并曾上书陈说五论：一论仇耻未复，愿博求天下之俊杰，相与举论道经邦之职；二论愿致尊德乐道之诚；三论知人之难；四论事当驯致而不可骤；五论人主不当亲细事。

后来，陆九渊因受人排挤，被迫落职还乡，不久病逝。跟朱熹一样，陆氏一生的主要活动也是讲学，只是他的学问宗旨在于心即理和自存本心。

陆氏从小也树立了要做圣贤的志向，但他认为，做圣人的道理不用外求，其实就在自己心中，“宇宙便是吾心，吾心即是宇宙。东海有圣人出焉，此心同也，此理同也。西海有圣人出焉，此心同也，此理同也。千百世之上至千百世之下，有圣人出焉，此心此理，亦莫不同也”。

陆氏在学术上并无师承，他融合了孟子“万物皆备于我”和“良知良能”的观点以及佛教禅宗“心生”“心灭”等论点，提出“心即理”的思想，从而开创了一个新的儒家学派——心学。当时即有很多人质疑心学就是禅学，但学者吴君玉问学于陆氏后，却替他辩白道：“天下皆说先生是禅学，独某见得先生是圣学。”

陆氏在当时的名望也很高，从学者数千人，他每开讲席，学者群集，无论贵贱老少都赶来听讲，“户外履满，耆老扶杖观听”，“从游之盛，未见有此”。他认为治学之法首在“发明本心”，不必多读书外求，“学苟知本，《六经》皆我注脚”。

当时，陆氏并非主张少读书，只是求圣贤之道不需过多专注于书中。他亦主张躬行，丞相周必大便称赞说：“荆门之政，正是陆九渊事事躬行的结果。”

陆九渊比朱熹小九岁，淳熙二年（1175），应吕祖谦之邀，陆氏在位于上饶铅山的鹅湖寺与朱熹展开了一场有关“心”与“理”的大辩论，史称“鹅湖之会”。

在鹅湖之会前，陆以朱学为支离、朱则以陆学为禅学，二者的对立已经形成。在朱熹看来，理生万物，心具众理而生万物，故主张即事物穷理。而陆认为心涵万物，心即众理而成宇宙，故主张离事自悟。

陆氏以自己的发明本心为博大悠久的易简功夫，而以朱熹的读书穷理为终究沉沦的支离事业，结果竟令一向好学深究的朱熹大惊失色！朱熹这个人，向来逞强好辩，谦和的吕祖谦等人往往都让他三分。但是陆九渊却生性有些负气自傲，他与朱熹遇在一起，真可谓是棋逢对手，水火难容了。

不过，君子和而不同，激烈的辩论并没有因此伤害到朱、陆二人的友谊，况且这样的思想碰撞对双方都有好处：一方面，他们各自对对方的思想及分歧有了进一步的认识；另一方面，也促使他们各人对自己的思想进行自我反省。因此，鹅湖之会后，朱、陆二人都表示出要考虑对方观点，克服一己之偏的意愿。

当然，他们对于一些具体的经学与理学问题还是多有一致的。至于对陆学是否禅学，朱熹在鹅湖会后也做了一点保留，认为陆九渊兄弟的思想近似。朱熹后来在给别人的信中，还是对他们做了基本的肯定：“子寿（子静）兄弟气象甚好，其病却是尽废讲学，而专务践履，却于践履之中，要人提撕省察，悟得本心，此为病之大者。要其操持谨质，表里不二，实有以过人者。”

后来，朱、陆二人常常书信往来，论辩不已，并结下了深厚的友谊。正是在朱熹的影响下，陆氏开始注重讲学。他曾在朱熹主持的白鹿洞书院讲“君子喻于义，小人喻于利”一章，讲到动人肺腑处，居然令听者泣下。

对此，朱熹不得不承认，陆氏之言，切中学者隐微深痼之病。

可见，朱与陆的分歧并没有那么绝对化，这从朱、陆的学生互相转来转去就可以看出来：陆的学生有转而跟了朱的，朱的学生也有转而跟了陆的。

陆九渊还承认王安石乃“盖世之英，绝俗之操，山川炳灵，殆不世有”，对他的学术也有某种肯定："扫俗学之凡陋，振弊法之因循，道术必为孔孟，勋绩必为伊周，公之志也。"

在以否定王安石变法为主流的社会历史氛围中，陆象山的这种见识也是非常难得的。但是他又认为王之学术没有触及根本，乃至不甚苟同其政治改革。

任地方官时，陆氏一向政绩颇著，然而他仍不忘教育，常授徒讲学。但是陆氏注重实践，主要靠自身修养立境界，靠门徒扩大影响，而不好立文字，一生不注重著书立说，只有书信、少量诗文及弟子所记的语录传世——在这一点上，心学大致讲求述而不作，阳明也是如此。

阳明曾评价说："象山陆氏，虽其纯粹和平，若不逮于二子（指周子、程子），而简易直截，真有以接孟子之传。其议论开阖，时有异者，乃其气质意见之殊，而要其学之必求诸心，则一而已。故吾尝断以陆氏之学，孟氏之学也。"

陆九渊的学说，经过其弟子傅子云、傅梦泉、邓约礼、杨简等人的发挥，又经过元代赵偕、祝蕃、李存等的继承，到了明代时，才有了陈献章、湛若水等人的发展。直到阳明这里，始集大成，开始将陆氏心学发扬光大，从而也形成了中国思想史上著名的"陆王学派"或称"陆王心学"。

阳明虽在龙场不辍讲学，但他也不时会流露出思乡心切、意欲北归的情绪。有位学生看在眼里，似乎对阳明有些不满了。

"先生曾跟您先前的同僚说，对皇上还有所留恋，而今您被发谴至此，却急于想要离开，难道您已经改变初衷了吗？"那位学生疑问道。

"不是，是我觉得在这里太闲了。而今我又病着，这里不利于我养病啊。"阳明讲学以启发为主，并不复杂。他又强调落实于行，自己也需要认真思考和体悟的时间。

"先生既拿养病做理由，但是我却听说过听从天命的道理。您说您在这里太闲了，这是怎么回事呢？您昔居高位而今处微末，昔在天子脚下而今在边远，您是对此不满意吗？孔子从前也做过小吏啊！”

“呵呵，哪里是这个道理呢！君子之仕也以行道，不以道而仕者，这就是窃居官位啊！而今我却不得行道。自来也有为俸禄而做官的，也未必做得不好，孔子当初做小吏便是如此吧。然而他能把事务打理得井井有条，反观我自己呢？就很惭愧啊！我祖上有些田产，力耕足以供朝夕，你认为我到这里做小吏是为了行道呢还是为了求俸禄？”

“不过先生此来龙场，谴也，非仕也。先生于父母，当唯命之从；臣子之于君主，也是这个道理。如果您偏要违拗君主的意思，这不是不恭吗？”

君子是最讲“理”的，但是如果不知变通，那就是愚了，名教就会成为杀人的利器。阳明常见有人食古不化，乃至于成为没有人性的怪物，所以必须让这位学生心服口服，而且要他懂得些变通的道理。

“我此来也，谴也，非仕也。不过我之被谴，还算是出仕，不是有人偏要役使我。役者以力，仕者以道；力可屈也，道不可屈也。我不远万里来到此地，以承谴也，然而犹有自己的职守在。只是如今我发现自己并不适宜这份差事，才想到要离开，不是对朝廷不满……君犹父母，事之如一，固也。不过我们奉养他，难道就没有什么需要注意的地方吗？如果一味地听从父母之言，而不能秉持一定的原则，这只是妾妇的顺从，还不算真正的恭敬！”

那学生开始点头，已经有些明白阳明的苦衷，不过他又疑问道：“圣人不敢忘天下，贤者而皆去，那么君主又该与谁一起治理国家呢？”

“贤者怎么可能会忘天下之事呢？那在波涛中淹死的人，是波涛盖过了他泅水的才能；陆上的波涛，对于我而言，就是做胥吏而埋没自己的才能。我是怕这个啊！”

是啊，谁不想让自己的人生有更广阔的舞台，有更广大的施展空间？不过那学生又疑问道：“我听说贤者之造福于人，只要能够为世所用，就不会考虑官位的大小。既然先生那样说，难道有什么官位是对贤者不利的吗？”

“贤者之用于世也，行其义而已。义无不宜，无不利也。然不得其宜，虽有广业，君子不谓之利也。我也听说，人各有能有不能，唯圣人而后无不能也。我自觉尚不能算是一位贤者，但你却拿圣人的能力来要求我，这适宜吗？”

“那也就是说，先生不屑于用世吗？先生若屑于用，则兰蕙荣于堂阶，而芬馨被于几席；若是把它割了，还可以拿来盖在墙上。以草木之微，尚且可以两用，而况贤者乎？”

阳明觉得这个学生还真是固执，但还须跟他仔细讲道理：“兰蕙荣于堂阶也，而后芬馨被于几席；你割了它，又可以拿来盖在墙上。但是你偏将兰蕙割掉拿来作盖墙之用，你这到底是爱它呢还是害它呢……”

最后，这个学生总算被阳明暂时说服了。

就是在这一年，阳明开始提出“知行合一”的主张，并大力散播。徐爱当时并不在阳明身边，他是后来才有幸得闻这一师教的。不过他在初理解时，有些模模糊糊，于是便跟一帮同学讨论。他们一时未能形成统一的认识，就请来阳明加以决断。

“曰仁，你试举一例来说吧。”

“如今有人明明知道对父亲要行孝道，对兄长应该讲悌道，但他却不能行孝悌，可见这知与行分明是两回事。”徐爱道。

“其实，这种人的知、行已被私欲所隔断，非其本体也。圣贤教人知行，正是要人复本体，故《大学》指出真知行以示人曰：‘如好好色，如恶恶臭。’懂得美好之色是知，爱好美好之色是行；只要看见美色时心中已经爱好了，不是看见之后再立个心才去爱好。恶恶臭也是这样……又如称某人知孝，某人知悌，必其人已曾行孝行悌，方可称他知孝知悌，此便是知行之本体。

“又比如，知痛、知冷、知饥，必须是自己已经痛过、冷过、饥过才叫知道，可见知、行如何分得开？圣人教人，一定要这样才叫知，否则便不是真知，这是何等紧要切实的功夫啊！如今有人煞费苦心，一定要把知、行分成两件事，这是什么用意呢？我如今又把它说成一件事，又是什么用意呢？如果不懂得立言的宗旨，只管什么一件事、两件事，那又有什么作用呢？”

“那么先生，古人分知行为二，是否要人看清二者的区别呢？这样一边对知下功夫，一边对行下功夫，功夫才能落实吗？”

“此正失却古人宗旨。我曾说过，知是行之主意，行实知之功夫；知是行之始，行实知之成；已可理会矣。古人立言所以分知行为二者，缘世间有一种人，懵懵然任意去做，全不解思维省察，是之为冥行妄作，所以必说知而后行无谬。又有一种人，茫茫然悬空去思索，全不肯着实躬行，是之为揣摩影响，所以必说行而后知始真……此是古人不得已之教，若见得时，一言足矣。今人却以为必先知然后能行，且讲习讨论以求知，俟知得真时方去行，故遂终身不行，亦遂终身不知。此不是小病痛，其来已非一日矣！”

“先生所言极是，今之学者即病在这虚伪二字上，而且把道理弄得烦琐，一生也未必真正求得个明白，更不去行了。”

“嗯，我今说知行合一，使学者自求本体，庶无支离决裂之病。这也不是我要凿空杜撰，知行本体原本如此。今日若得知宗旨时，即说两个亦无妨，亦只是一个，若不知宗旨，便说一个，又管什么用呢？只是说闲话罢了。”

“先生的用心学生已经大略明白了。”

后来，这次对话便被徐爱收入了《传习录》中。

兔死狐悲物伤其类

讲学于贵阳书院，使得阳明的思想有了更大的传播空间，也更利于传播他的声望，实现他的毕生追求。

有鉴于自己的切身体会，阳明对于学生的要求还是非常严格的。还在龙场的时候，他就立有教条，要求学生在立志、勤学、改过、责善四个方面下功夫。他在此前的《教条示龙场诸生》中就写道："诸生相从于此，甚盛。恐无能为助也，以四事相规，聊以答诸生之意：一曰立志；二曰勤学；三曰改过；四曰责善。其慎听，毋忽！"

如今，阳明又将这些教条在贵阳书院颁布。

立志在阳明看来是最重要的，他认为：如果一个人的目标是科举，那么读书学习对于此人而言真的是一种负累；但如果一个人的目标就是追求圣贤之道，那么学习于他就是一种最大的满足和快乐，唯恐会不幸中断自己的学习！

因此他在"立志"一条下写道："志不立，天下无可成之事，虽百工技艺，未有不本于志者。今学者旷废隳惰，玩岁愒时，而百无所成，皆由于志之未立耳。故立志而圣，则圣矣；立志而贤，则贤矣。志不立，如无舵之舟，无衔之马，漂荡奔逸，终亦何所底乎……"

但是，坚定、高远的志向并不是想立就立得起来的，故而勤学也很重要。阳明认为："已立志为君子，自当从事于学。凡学之不勤，必其志之尚未笃也。"

在阳明看来，不立志，就不可能勤学；不勤学，志也不能成就。为人处世，不可能无过，但应该有过必改；不仅自己向善，还要责人向善。

但是责人必须注意方法，要让人能够接受，不然只会适得其反。自己不能攻人之短，但要乐于闻己之短。最后阳明还谦虚道："盖教学相长也。诸生责善，当自吾始。"

马融是东汉大儒，他在教授弟子时，常列女乐于身后。阳明也不是迂夫子，除了注重启发之外，他也注重培养学生的性情，寓学于乐，寓学于实。

有一次，他还带领着学生参观了自己的"阳明小洞天"，欣然之余，他又忍不住赋诗（《夏日游阳明小洞天喜诸生偕集偶用唐韵》）一首：

古洞闲来日日游，山中宰相胜封侯。
绝粮每自嗟尼父，愠见还时有仲由。
云里高崖微入暑，石间寒溜已含秋。

他年故国怀诸友，魂梦还须到水头。

正是由于在席书的大力推动及阳明等人的帮衬下，贵州乃至整个西南地区的文化教育事业都有了很大的进步，乡试录取名额得以大大增加。

多争取几个举人的名额，也就等于多增加几个拥有会试资格之人的名额，这在当时是非常困难的。这年四月，身为贵州按察司副使的毛应奎接到上面的命令，被迫致仕还家。

先前，毛氏已经选择在“（严）子陵钓台”之侧的桐江书院安家，而且已经做了好几年的准备了。如今他要归浙江老家养老了，他认为自己的志趣终于得到了满足，不以罢官为意，反而心中甚喜。不过同僚们却都很惋惜，彼此叹息，不忍看到毛公离去。但是大家还是不得不齐集于南门之外为毛公饯行，阳明也在其列。

酒席已经结束了，毛应奎眼看就要出发了，这时有一位朋友站出来对毛说道：“君子之道，不过是出仕与独处而已。其出也有所为，其处也有所乐，这才是君子能做到的。毛公您以名进士从政南部，理繁治剧，颀然已有公辅之望。这十几年来，您又在云、贵之间独当一面，一面管理军民，一面安抚诸戎蛮夷，成绩不凡，而您的德威也日益显著……”

一番溢美、勉励之词，毛应奎起而拜谢。

这时，又有一人出来说道：“尽管毛公出仕是秉承了先大夫忠襄公的未尽之志，但是太夫人如今年老，毛公欲仕则违其母，欲养则违其父，真是进退两难！不得已权二者之轻重，出而自奋于功业……可是在毛公内心深处，又哪能忘记太夫人的养育之恩？如今，可不正全了毛公的孝道吗……”

此言恳切，毛应奎复起拜谢。

这时，又有第三个人说道：“虽然，君子之道，用之则行，舍之则藏……毛公可不正是这样的君子吗？”

又是一番嘉勉的言语，毛应奎又起拜，遂行。

待毛氏走远，大伙还没有散去，阳明则针对刚才那三人的发言特意评论了一番。大伙听后，一致说道：“说得好，那阳明先生何不将它们记录下来以赠送给大家呢？这样方便大家回去好好体会一番。”

阳明见大家如此好意，于是一篇《送毛宪副致仕归桐江书院序》又写成了。

眼看就到了正德四年（1509）的七月，时值酷暑，有一位来自京师的吏目，带着一子一仆，途经龙场前去赴任。

吏目是几乎不入流的低级文官，比阳明现在完全不入流的品级只高一点点。此人曾在一位苗民家借宿，可是没想到次日中午就猝死于途。待到傍晚的时候，他的儿子也一下子栽倒在了父亲的尸首旁，再也没能起来。又过了一天，在山坡之下，人们又找到了那仆人的尸首。

阳明闻听此事后，内心非常伤感，忙命自己的两名仆人前去掩埋了尸体。但是仆人担心这三人是得了什么传染病死的，所以面有难色。

阳明没有责怪他们，只是自言自语说：“咱们三个人，和他们那三个人的命运，其实也差不多啊！”仆人听了，内心有所触动，不觉流下泪来。同情之余，又想着他们必是万里跋涉，不堪艰难的路途和酷热的天气，尤其是受不了瘴疠之气才导致不幸的。

“你们不用怕，往年有个被贬官到此的刘主事，就是这么撒手而去的。若不是我近来生了这足疾，我必是要亲自前往的……”阳明不得不又提起那段伤心事。先生既这样说了，于是两个仆人便前去将三具尸体埋在了一处。

同是天涯沦落人，相逢何必曾相识！

这一次，那三人的悲惨遭遇确实深深地触动了阳明，于是一篇令后人传诵的《瘗旅文》就这样在阳明的笔下诞生了：

> 维正德四年，秋月三日，有吏目云自京来者，不知其名氏……
>
> ……自吾去父母乡国而来此，二年矣，历瘴毒而苟能自全，以吾未

尝一日之戚戚也。今悲伤若此，是吾为尔者重，而自为者轻也。吾不宜复为尔悲矣！吾为尔歌，尔听之！

歌曰：连峰际天兮，飞鸟不通，游子怀乡兮，莫知西东。莫知西东兮，维天则同。异域殊方兮，环海之中。达观随寓兮，莫必予宫，魂兮魂兮，无悲以恫！

又歌以慰之曰：与尔皆乡土之离兮，蛮之人言语不相知兮。性命不可期，吾苟死于兹兮，率尔子仆，来从予兮。吾与尔遨以嬉兮，骖紫彪而乘文螭兮，登望故乡而嘘唏兮！吾苟获生归兮，尔子尔仆，尚尔随兮，无以无侣悲兮！道旁之冢累累兮，多中土之流离兮，相与呼啸而徘徊兮。餐风饮露，无尔饥兮。朝友麋鹿，暮猿与栖兮。尔安尔居兮，无为厉于兹墟兮！

在这篇文章中，阳明有一个问题想不通：古人不轻易离开家乡，便是做官也往往不会超出千里，我王某人是被放逐到这里的，没办法不来，你又何必如此呢？

一个小小的吏目，俸禄不过五斗，便是自己在家带着妻子儿女耕种，也比这得到的多，何至于弄到如此悲惨的境地呢？想来这人一定是有什么难言的苦衷。

看来人在逆境之中，必是要有精神支柱的，要有希望。但是仅仅拥有这些就够了吗？显然不够。昔日初来时的阳明，还不失圣贤之风，如今他的精神也依然能保持充沛，但这里毕竟不同于中土，才不过一年而已，他的健康就已经被毁掉了，落下了很多病根——阳明真的担心自己会有壮志未酬身先死的一日！

是的，他要光大自己的学问、实现自己的抱负，将自己的学说散播到中原，乃至成为庙堂之音，以道济天下之溺，却总不能老死在这蛮荒之地！

年华若流水，一去无回停。

悠悠百年内，吾道终何成！

看着镜子中的自己，面容憔悴，还不到四十岁的年纪，却已显露衰老之状，不禁悲从中来。

然而就在这之后不久，虽然妖氛汹汹的刘瑾仍然大权在握，但经李东阳、杨廷和等人从中斡旋，阳明等人终于有了复起的机会。

正德四年（1509）底，阳明便接到了吏部的文书，任命他为江西吉安府庐陵县知县。庐陵是宋代文学大家欧阳修的故乡，也是一个文化繁盛之乡。王安石的父亲就做过庐陵知县，安石小时候也跟随父亲在当地生活过一段时间。

阳明知道自己早晚会离开这里，但真的没想到会那么快。初接到那任命文书时，他就感觉是一场梦！“看来西涯先生的忍辱负重、拨乱反正的功夫确实没有白费，我辈敢不发愤振作，以图一新社稷……”阳明暗自发誓道。

不过有趣的是，待到数年之后，阳明反而有些悔恨道：“往年区区谪官贵州，横逆之加，无月无有。迄今思之，最是动心忍性，砥砺切磋之地。当时亦止搪塞排遣，竟成空过，甚可惜也。”

失去的总是最美好的时光，看来圣贤对自己也不总是那么满意，自省自勉是人生的必修功课，而且大概一辈子也结不了业。

庐陵知县为民分忧

正德四年底，阳明在龙场度过了两年的贬谪生活后，终于要告别黔中山水和各族父老，踏上东归之路了。这一走，倒还真有些舍不得，此生怕是再难故地重游了。

尽管是升迁，但阳明还是顿感前路叵测，不知吉凶祸福。只是如今他的胸怀已不可同日而语，他已养成了不以物喜、不以己悲的超然心态，但他还是想多看几眼自己曾经耕耘过的这片热土。

当阳明的船只到达湖南的辰州时，几位湖广籍的弟子早就等候在那里了。其中几位是常德附近的，如冀元亨、蒋信、刘观，他们都是当初慕名到贵州拜阳明为师的。

本来，阳明还要在这里见一位名叫杨名父的老友，可不知为什么，杨氏却始终没有到来，阳明不能再耽搁了，于是留诗在自己所借宿的龙兴寺（《辰州虎溪龙兴寺闻杨名父将到留韵壁间》）：

杖藜一过虎溪头，何处僧房是惠休？
云起峰头沈阁影，林疏地底见江流。
烟花日暖犹含雨，鸥鹭春闲欲满洲。
好景同来不同赏，诗篇还为故人留。

就是在此行途中，在辰州、常德等地的寺院中，阳明开始教一群学生静坐。

阳明早前就修习过静坐，只是还没那么专门和用心，后来他才得知，静坐在各家各派中都非常通行，它确实不失为一种使修持者获得清明状态的良好方法。

不管是否跟禅门所学，宋儒是讲究静坐的。想当初，程颐、程颢兄弟见人静坐便叹其善学，并教人静坐。朱熹曾从学于李侗，从而在思想上完成了一次由主悟到主静的转变，主张从静中体认天理。但他反对专主静坐，只把静坐当作“始学功夫”，认为它可以收敛精神，便心定理明，以便识理接物。而陆九渊的弟子多做“澄默内观”的功夫，以此观照本心。阳明受此启发，也把静坐当作一门专门功夫来教给学生。

先前阳明在龙场，不过是随地讲授，等到北归以后，经过常德、辰州时见门人冀元亨、蒋信、刘观等人俱能卓立，于是欣喜道："我谪居贵州两年，其间没有一个合适的对谈者，如今你们皆能身体力行，这让我的归途备感幸运！不过我现在有点后悔，想当初在贵阳举知行合一之教，只是和大家不停地讨论知行的异同，而全然没有找寻到一个可靠的法子引导大家……"

"那先生现在找到好方法了吗？"大家问道。

"我这次来的路上，回顾自己以往的修持经验，便试着与诸生静坐僧寺，使自悟性体。大家都说此法甚好，顾恍恍若有可即者，着实令大家获益匪浅，如今我也把它传授于你们吧。"

当阳明离开后，路上他又觉得应该再叮嘱大家几句，于是又致书道："前在寺中所云静坐事，非欲坐禅入定。盖因吾辈平日为事物纷拿，未知为己，欲以此补小学收放心一段工夫耳。明道云：'才学便须知有著力处，既学便须知有著力处。'诸友宜于此处着力，方有进步，异时始有得力处也……"

不过，这还是一个实验性的开始，阳明以后在讲学中曾一度视静坐为最重要的功夫。

庐陵县属于吉安府，这里是个人文荟萃之地，有"文章节义之邦"之美誉。自两宋以来，这里出了欧阳修、杨万里、周必大、胡铨、文天祥等名流。到了明时，永乐皇帝初建内阁，七人中居然有五个是江西籍，三个则来自吉安地区，不能不谓钟灵毓秀之地。

从永乐到成化年间的内阁领衔者，如解缙、胡广、杨士奇、陈循、彭时等人，皆是吉安人，以至于有民谚云"翰林多吉水，朝士半江西"。阳明能被安排到这里当知县，既是一种幸运，更有一种重任在肩的感觉。

这年三月，就在他刚抵达庐陵不久，还没安顿好，只听一群乡民号哭于道路，嘴里高喊着"冤枉冤枉"。阳明虽然早已耳闻江西百姓有好讼之风，但自己还没亲见过，于是赶紧升堂问案。

一个小小的庐陵县，民不过万户，但阳明就任第一天，到县衙递状子的居然不下千人。难道说这帮百姓真有天大的冤情？还是前任知县不为民做主？

等到阳明接过一批状子细细看过，才不禁笑出声来，原来状子上写的尽是些鸡毛蒜皮之事，多数都属于民事调解之类，而且多属凭空指控，根本不必惊动官府。最可笑的是，那讼词动辄千言，便是阳明有心，他也没这个工夫看完。

看来这江西民风好讼，果然是名不虚传。不过，动不动就要打官司，这是让地方官非常头痛的，而且也与儒家的治国理念有冲突，因此好讼之民往往会被视为刁民（这与现代法治国家的情况是不同的）。

想当年，太祖朱元璋在占领南昌后没几天，便筑台于城北龙沙之上，他特意召集城中父老、民众都集会于台下。在告谕中，太祖就曾提到："你们各自从事本业，不要游走懒惰，不要纠缠诉讼，不要交结权贵，各自保护好自己的父母妻子，当咱的良民吧……"

太祖注重社会教化，赋予了乡绅里老很大的民事权力，其中主要的目的就是有效地解决民事纠纷。然而，随着时间的推移，明初所竭力推行的政策慢慢受到了破坏，乡绅里老的权威受到了挑战，也就失去了百姓的信任。

这一方面是因为乡绅里老中的一部分人变得欺压良善弱小，一方面则是江西的社会传统使然。不管怎么说，这都是摆在阳明面前一个非常头痛的问题，要化清天下，息讼也是题中之义。

然而，摆在阳明这个初任地方官面前的，还有更为急迫、更为棘手的问题。

从永乐时期起，朝廷开始向边镇派驻宦官，称为"镇守内官"或"镇守中官"。

当时，他们的职责是监督防区军事，也一并监督本防区内的民情政事。到宣德年间，内地各省也遍设镇守中官，而其地位也有所上升，以至于干预地方行政。到了正德年间，经最高统治者批准，镇守中官更取得了干预总制防区政事的合法权力，地位在巡抚文官和镇守武官之上。

但镇守中官还有一项职责，就是搜刮地方特产，以便向皇帝进贡。到正德年间，镇守中官的数量大为膨胀，他们与地方豪强势力相勾结，已成了社会的一大祸害。吉安府、庐陵县自然也不能幸免。而阳明所做的第一件事，就是向吉安府和江西布政使司写了一份题为《庐陵县为乞蠲免以苏民困事》的报告，要求免除镇守中官加给本地的不合理负担。

话说就在阳明刚刚到任后，他查阅公文，发现正德四年（1509）十一月的档案中有一份府里下发的公文，说是府里根据镇守江西等处太监王某的钧牌，命府衙吏员到县衙，催促庐陵县将全县的里长和粮长召来，让他们在本县收买上贡所需的葛纱。

但是令人感到奇怪的是，庐陵当地根本就不产葛纱，而且原先的岁额中也并无葛纱这一项。鉴于此种乱摊派，不满的庐陵百姓一致抗拒，结果导致负责催缴的陈江等几位里长和粮长被有司拘押在了县衙里，被要求备足上缴的葛纱。

要想妥善地解决此事，就需要先弄清楚事情的原委。于是阳明便对此事展开了细致的调查，才基本掌握了情况：

还在正德二年的时候，当时的镇守中官姚某行文江西布政司，要求查实本省生产葛纱的地区，凡生产葛纱的县份，必须在葛纱上市时抓紧采办，不生产葛纱的县份，则要加派相应的买纱的银两。

庐陵因为是大县，所以被摊派了一百零五两。摊派公文一下到县里，一时间群情激愤，百姓纷纷抗议。按照当时的规定，如果百姓拒缴，则由粮长代赔——明初在江浙、江西等地区实行粮长制度，规定每万石上下的税粮为一个纳税区，由一名粮长管理该纳税区税粮催征输解。这些“粮长”多由当地富户充任，太祖朱元璋的初衷是“以良民治良民”，这样就可以减少官府对农民的盘剥。

正德三年、四年，陈江等粮长已经代缴了葛纱的摊派款。如今又到了正德五年，上面规定不仅一百零五两要照交，还得另外采买葛纱。按说一百零五两并不是一笔巨款，不过相当于当时几户中人之家一年的支出而已。但是，葛纱还仅仅是其中之一，像岁办杉料、楠木、木炭、牲口等，也均在摊派之列，这样累加起来就是一笔不小的数目了。

当时的正经赋税还是比较低的，像庐陵县一年要缴纳的税粮合银也不过三千余两。可是随着时间的推移，一方面各种苛捐杂税增多了，另一方面由于土地兼并等原因，老百姓总体的纳税能力却下降了——这就是一个专制王朝的死结！

如今，仅仅落在庐陵一县身上的各种摊派，就达到一万多两。除此以外，还有公差往来的接待费用等。这些足以令不堪重负的百姓家破产，便是富裕点的人家，也深为不断增加的负担所苦。

“照这样下去，百姓哪里还有活路！”阳明不禁感叹道。

“今河北、川东已生民变，就是赣南、赣东北也无不如此。咱们庐陵还算富庶些，不然也早就……”一位看不下去的幕僚忧虑道。

“是啊，这股搜刮的歪风不煞下去，就是我等的失职。”

不过还没等阳明想出应对之策，乱子就闹了出来。一天，阳明刚到县衙，只听外面喧嚷声一片，接着便有衙役跑来报告道：“大人，门外有数千的乡民，说是要见您！”

“啊——，”阳明不无震惊，他呆立了一会儿，想到防止民乱就等于防川，是不能用堵的，而重在疏导，“那你赶紧去跟乡亲们说，本官随后就出来！”

阳明匆匆整理好了冠戴，便大步走出衙来，但见衙门口的大路早已被乡民们挤得水泄不通。大家一见阳明，便一齐高呼道：“请知县大人为小民们做主！”一边喊着，一边就跪了下去。

“乡亲们请起来说话！”

“摊派不能再加了啊，大人！如果大人今天不给我们一个准话，我们今天就不起来……”

本来，阳明还在犹豫着要不要给上司写报告，请求减免摊派。可是，当他一见到这些衣着破烂、面有菜色的乡民，内心便一下子坚定起来：“好，父老乡亲们，今天我王守仁就给大家一个准话！只要我在这庐陵县任上一日，就务必免除此次葛纱的摊派！”

说完，他不免还有些激动，一想到这庐陵的先贤，再到宦官为恶，阳明便什么都顾不得了。“那大人准备怎么做？”百姓们心里还是不大有底。

“本县刚刚到任，尚未完全体察民间疾苦。但是，这加派一事，本县已经知悉了原委，本县定为你等申告上司，尽行蠲免！”

阳明话音刚落，但见百姓们一个个面面相觑，接着便爆发出了一阵巨大的欢呼声。阳明横下一条心，当真很快兑现了自己的诺言。不过，凭着自己的一时意气和一腔义愤，他居然把此事给办成了，这倒是他始料未及的。

原来这刘瑾也不是不懂得官逼民反的道理，他野心很大，并不愿意看着大明江山就毁在自己的手上，那样反而于己不利。鉴于国是日非，刘瑾也采取了一些改革措施，这其中就包括减免赋税，以减轻百姓的负担。尽管减免非常有限，但聊胜于无。

另外，阳明毕竟还有些名声，所以上司都得给他几分颜面，如此他就算给了全县一个满意的交代。

救民从救火开始

当孔子听人诉讼时，总是觉得各有各的理，很难让人判断是非曲直，因此孔子感叹道：“听讼，吾犹人也。必也使无讼乎！”

那究竟应该怎么办呢？最好的办法就是从根子上解决问题，就是要让百姓无讼可争。那怎样才能让百姓提高觉悟到没有争讼之心呢？看来是需要加强风俗教化，实行以德治国。司马光在《资治通鉴》中就曾说过：“教化，国家之急务也，而俗吏慢之；风俗，天下之大事也，而庸君忽之。夫惟明智君子深识长虑，然后知其为益之大而收功之远也。”

故而阳明当初在山东乡试时命题之一，便包括“及分封、清戎、御夷、息讼，皆有成法”。想当初陆象山先生在知荆门时，其为官清正廉明，执法公正。有人诉状，他不拘早晚，必亲自受理，但他断案多以调解为主。如遇诉人隐私、有背人伦及有伤风化的，他便要劝说告状人自动撤回上诉，以维护风俗之淳厚。只有那些罪行严重、情节恶劣和屡劝不改的，才依律惩处。

由于象山先生治理有方，所以当地民事诉讼越来越少，到他上任的次年，来打官司的每月已不过两三起。显然，象山先生就是阳明的榜样。

一天傍晚，庐陵县各乡村里都聚集了一群群的人，他们在看县里新张贴出来的告示。有些会识字的人，便为大伙高声念道：

> 庐陵文献之地，而以健讼称，甚为吾民羞之。县令不明，不能听断，且气弱多疾。今与吾民约，自今非有迫于躯命、大不得已事，不得辄兴词。兴词但诉一事，不得牵连，不得过两行，每行不得过三十字。过是者不听，故违者有罚。县中父老谨厚知礼法者，其以吾言归告子弟，务在息争兴让。呜呼！一朝之忿，忘其身以及其亲，破败其家，遗祸于其子孙。孰与和巽自处，以良善称于乡族，为人之所敬爱者乎？吾民其思之。

原来阳明的第二把火就是烧向那些好诉讼的百姓，他为此写下了这道《告谕庐陵父老子弟》。有了先前的教训，阳明再也不轻易受理状子了。

但是县官不受理，乡民则会不断往上递，有人甚至将状子送到了府衙、按察分司。有的则因官府不理而自行了断，从而引发了斗殴——民间时常发生械斗流血事件，往往很恶劣，有个别严重的地方，每年都会死不少人。

比如在闽南地区，互相结众仇杀之风甚盛，其起于永乐年间。彼杀其父，此杀其兄，并迁延杀其同社，以致结成不解之仇，订日互斗。本村壮丁不足，甚至会到别处去雇佣，及至临场互殴，竟有父子各受雇一方的，于是若不相识，拼命死斗，更以战死为荣。

显然，这些悲剧都是由于官府的不作为引起的。因此，阳明不能坐视不理，但必须改弦更张。看来这把火不烧是不行了，但是不能用猛火，只能用文火，因为移风易俗绝不能急于一时！

某一天，小心翼翼但又理直气壮的阳明便将一干属吏、乡中父老士绅、豪杰人物等，通通召集到一起，要大家帮着自己拿主意。

此前，通过蠲免加派，阳明已经有恩于庐陵百姓，这是当地百姓不与他为难、体谅其苦衷的前提。而且他在告谕中也说得在情在理，不由得大家不听。最后，大家在统一了思想认识后，便决定以恢复太祖旧制为根本，兼以采取各种具体的管理新措施。

在大家的建议和帮助下，阳明先是恢复了名存实亡的申明亭和旌善亭，又依国初旧制，慎选里正三老，使其委曲劝谕，重在调解，让他们重新负起教化乡民的责任。

阳明还注意加强社会教育，在庐陵为官七月之中，阳明一共发布了十六份告示。其中重点要求各家家长对子弟进行管束和教育，不要令他们走上放纵、邪僻的歪路。阳明为政不事威刑，唯以开导人心为本，很好地贯彻了自己的德治思想——这就是自古以来循吏的典型作风，而非那些一味以严刑峻法威慑百姓的酷吏！因此，经过半年多的精心治理，当地严重的讼风算是被基本平息下去了。

如此一来，即便阳明去职，换上一些不作为的官员，也不会对当地风气产生太大的消极影响。可见治本的确要强过治标，教化风俗不可忽也，可见代表儒家的循吏远比代表法家的酷吏，有益于社会的长治久安。

就在此前后，南宋丞相文天祥的裔孙、时任太仆少卿的文宗严，重新刊刻了《文山别集》，并嘱托阳明来写一篇序文。

想当年，在大宋即将土崩瓦解之时，身为赣州知府的文天祥率先响应朝廷勤王的号召，率领从当地募集到的一万多人奔往杭州附近勤王。后来，几经挫折，尽管战事不利，南宋方面兵败如山倒，但以文天祥、陈宜中、张世杰等为代表的抵抗派，却一直在坚持抗元。

至元十五年（1278）年底，文天祥不幸被元军擒获。元世祖忽必烈对其礼敬有加，元廷多次威逼利诱，但文天祥始终不改初衷，只求一死。他对家人决绝道："今日事到这里，于义当死，乃是命也！"在被关押了三年之后，鉴于当时的动荡形势，元廷只得处死文天祥以绝后患。

几天后，文天祥的妻子欧阳氏来为他收尸，竟发现其面如生。又从他的衣带中翻检出了这样一段赞辞："孔曰成仁，孟曰取义，惟其义尽，所以仁至。读圣贤书，所学何事，而今而后，庶几无愧！"

文天祥正是士大夫浩然正气、成仁取义的体现者，也是儒家教育成果的明证，这种人如果不予以大力推崇，正是阳明之辈的失职，因此阳明欣然命笔为文：

《文山别集》者，宋丞相文山先生自述其勤王之所经历，后人因而采集之以成者也。其间所值险阻艰难，颠沛万状，非先生之述，固无从而尽知者。先生忠节盖宇宙，皆于是而有据。后之人因词考迹，感先生之大义，油然兴起其忠君爱国之心，固有泫然泣下，裂眦扼腕，思丧元首之无地者。是集之有益于臣道，岂小小哉！

古之君子之忠于其君，求尽吾心焉以自慊而已，亦岂屑屑言之，以蕲知于世？然而仁人之心忠于其君，亦欲夫人之忠于其君也。忠于其君，则尽心焉已。欲夫人忠于其君，而思以吾之忠于其君者启其良心，固有人弗及知之者，非自言之，何由以及人乎？斯先生之所为自述，将以教世之忠也。当其时，仗节死义之士无不备载，亦因是以有传，是又与人为善者也。是集也，在先生之自尽，若嫌于蕲世之知；以先生之教人，则吾惟恐其知之不尽也！在先生之自尽，若可以无传；以先生之与人为善，则吾惟恐其传之不远也！

先生之裔孙，今太仆少卿公宗严，复刻是集而属某为之序。某之为庐陵也，公之族弟某尝以序谋，兹故不可得而辞。

呜呼！当颠沛之心而不忘乎与人为善者，节之裕也；致自尽之心而欲人同归于善者，忠之推也；不以蕲知为嫌而行其教人之诚者，仁之笃也。象贤崇德，以章其先世之美之谓孝；明训述事，以广其及人之教之谓义。吾于是集之序，无愧辞耳矣！

此前，文宗严的族弟已经就写序的事和阳明商量过了，所以阳明不好推辞，也无须推辞。

在民间传说中，庐陵是火神爷祝融的居地，是一座“火城”。为什么这样说呢？因为当地的火灾特别多。

当然这是民间传说，阳明对此是有自己的清醒认识的。他向来注重调查研究，通过一番了解，阳明发现火灾大多发生在夏秋之时，这是因天气亢旱所致。而庐陵县城的民居，又都是木结构，布局特别不合理。房屋之间，既无砖墙相间，又无火巷相隔，且建得非常稠密。加上街道狭窄，如此一旦发生火灾，就很容易发生窜火现象，一烧就会蔓延一大片。

阳明上任不到半年，庐陵就发生了大大小小火灾几十起，被烧的县城居民有数百家之多，人员财产损失巨大。如此严重的灾害，阳明自然不能无动于衷。在采取具体措施之前，他需要先做一件事情，以争取“上天”的谅解，这就像皇帝下罪己诏一样——下一道“罪己书”，说是由于自己不称职，才获怒神人！

阳明这样做，主要还是稳定人心，让那些执迷不悟、妄信上天者都能看到自己的“诚意”。随后，阳明便采取了具体措施：首先，他说服居民，凡临街的建筑，均要后退三尺，以拓宽街道。这样既作为防火带，也便于疏散人口。

此外，每家房屋的两边要各退地二寸，作为火巷；另外每家出银一钱，用以帮助临巷地的居民建筑砖墙，以断火势。尽管这是利民措施，但执行起来也不是那么容易的，因为改造房屋可不是一笔小的花费，还会损害不少人的利益，因此很多人家起初都是有抵触情绪的。

这就需要阳明软硬兼施，拿出自己的官体来。他一面晓谕居民，一面对那些不可理喻者予以适当的惩戒。他知道，为官不能一味纵民，适当的时候就是要有官威！

关于这点，十年前他在江北录囚时处斩陈指挥，就可谓已小试锋芒了。此外，阳明还组织、安排了消防事宜。如此一来，庐陵的防火救火问题便得到了基本解决。

除了化风俗和防治火灾以外，阳明还做了很多工作。当时狱牒盈庭，阳明通过对乡村的走访，大致了解了当地的具体民情，这对于他迅速而准确地断案有很大的帮助。审案时，他注重以德感人，至有涕泣而归者。由是囹圄日清。

比如有一次，有父子二人因为一些纠纷来打官司。见父子二人互相指责，阳明于是对他们说道："舜常常认为自己是最不孝的，所以他才能孝；而他的父亲瞽叟常常认为自己是最慈爱的，所以他才不能慈爱……"

"大人，小的不懂，这是为什么啊？"

阳明语重心长地解释道："瞽叟只记得，舜是自己一手拉扯大的，现在为什么他不能让自己愉快呢？于是他便处处看不惯舜，为难舜。其实，瞽叟是不晓得自己的心已经被自己续弦的老婆改变了，他仍然以为自己能像以前那样慈爱，却因此越不能慈爱……"

"那舜呢，大人？"

"舜只是想着父亲从小照顾自己时是如何爱自己的，如今父亲不再那么爱自己了，那一定是因为自己不能尽孝！舜整天想的都是自己不够孝顺的问题，所以他才越能尽孝啊……"

阳明的话还没说完，那父子两个已经有所感悟，当即悔恨交加，竟互相搂抱着痛哭起来。向阳明叩谢过之后，便离开了。

阳明还杜神会之借办，立保甲以弭盗，清驿递以延宾旅。此法之良，乃至数十年后仍在沿袭不断。

明朝初年，明廷诏令实行严密的“里甲制度”，该制度规定：以一百一十户为一里，推丁粮多者十户轮流担任里长；余下的百户分为十甲，甲有甲首，每甲十人；对鳏寡孤独不能服役者，附于一甲之后，叫“畸零”。里长、甲首负责一里一甲的事务，十年一轮换。

当时设立此制度，主要是解决赋役的征收问题，兼有一定的社会治安功能。到了正德时期，这种制度已经近于瓦解，所以阳明在庐陵重新强化了这一制度，他划定县城内十户为一甲，乡村则以村为单位，要求平时邻里和睦相处，如遇“贼盗”，则互相救援。这可说是他后来在赣州、南安推行保甲制度的先声。

不过六七个月，阳明已经将庐陵治理得井井有条。他有了这种办理具体事务的经验，也为他以后出任巡抚积累了丰富的行政管理经验。

也就是在阳明知庐陵县期间，朝廷政局发生了一次剧烈的震荡，这就是刘瑾的倒台。为此，阳明也得到了一次在政治上新生的难得机遇。

京师铿锵三人行

扳倒刘瑾的主要人物是曾任右都御史、总制三镇军务的杨一清，此人也是大明历史上的一位风云人物。

杨一清本是云南人，后随做官的父亲迁徙各地，他少年时即有文名，以“神童”之名被推举为翰林秀才。当时的明宪宗很是喜爱他，特命内阁挑选老师来教育他。一清年十四举乡试，成化八年（1472）中进士，曾授中书舍人。

一清因是天阉，所以貌似太监，没有子嗣。然其性警敏，好谈经济大略，且他的诗文成就不在李东阳之下。他曾督学陕西，在那里八年，闲暇时间都用来细究边务，所以对此甚为熟悉，在这方面阳明可谓是他的同道。

弘治十五年（1502），受兵部尚书刘大夏推荐，时为南京太常寺卿的杨一清被提拔为都察院左副都御史，督理陕西马政。后一清出任陕西巡抚，他选卒练兵，加强战备。武宗初立，有寇数万骑抵固原，总兵曹雄的部队遭到了围困，乃至与外界失去联络。杨一清乃率轻骑自平凉昼夜兼程，抵达曹雄军中，为之指挥调度。一清多安排疑兵来威胁、迷惑敌人，敌人只得掉转枪口去进犯隆德，一清率部夜发火炮，爆炸声在山谷间回荡。敌寇怀疑是大批援兵来到，便引兵逃走了。

杨一清以延绥、宁夏、甘肃三地出现敌情后往往不能互相支援，担心不能从中协调指挥，于是请求朝廷派出大臣兼领三地的军务。刘大夏随即请求朝廷任命一清总制三镇军务，不久他又被晋升为右都御史。

刘瑾掌权以后，见一清这样的能臣不依附自己，颇感遗憾，一清为了避祸，便称病回家。但刘瑾不想放过他，于是诬陷一清冒领和浪费边关的军费，一清遭逮捕后被打入了锦衣卫监狱。后经李东阳、王鏊力救，一清才得以出狱，但被罚了六百石米。

刘瑾的倒台，直接的缘起便是安化郡王朱寘鐇的谋反事件，时为正德五年（1510）四月。朱寘鐇是庆亲王辖下的一位郡王，依照明制，一字王为亲王，二字王为郡王，一字王规格显然比二字王要高。朱寘鐇已经与当朝皇帝的血缘有些疏远，但他生性狂妄，志大才疏，位于宁夏边镇的他眼见正德不得人心，便乘机图谋造反。

由于当时内阁大学士杨廷和对朱寘鐇部将仇钺的成功策反，结果这场叛乱很快就得以平息。可是朝廷此前已经起用杨一清总制军务，中官张永担任监军，与总兵官神英奉命西讨。

张永本是刘瑾的死党，但是由于刘瑾专政时，总是不能满足张永的请求，所以慢慢引起了张永等人的严重不满。鉴于此，一清便与张永密谋要除掉刘瑾，结果二人一拍即合。刘瑾确实野心膨胀，他好招致术士，在他们的蛊惑下遂起非分之想，广造兵器埋藏在家里，以备时需。

在一清的谋划下，张永在这年八月借着献俘之机，向皇帝奏称刘瑾的十七桩不法之事，证据确凿，刘瑾因此阴谋败露，最终被凌迟处死。由此，朝政开始为之大变！

杨一清扳倒刘瑾显然不是偶然的，因为其人博学善权变，尤晓畅边事。其才一时无两，有人竟拿他与唐时的名相姚崇相比。后来一清再次挂帅关中，其部属中出身小军官而终至大将封侯者，可谓不乏其人。

不过，在正德后期的政局中，起主导作用的并不是杨一清，而是在李东阳死后独当一面的内阁首辅杨廷和。

杨廷和字介夫，四川新都人，十二岁就中了乡试，成化十四年（1478），时年十九岁的杨廷和就先其父考中进士。随后杨廷和被选拔为庶吉士，回家娶亲归来后，成了史馆检讨官。

杨廷和为人美风姿，性沉静详审，为文简畅有法。他喜好考究掌故，关心民瘼、边事及一切法家之言，逐渐成为当时众望所归的宰辅之才。弘治二年（1489），杨廷和晋升为史馆修撰，又以预纂修进侍读。后改左春坊左中允，侍皇太子讲读。《会典》修撰完成后，杨廷和被破格提拔为左春坊大学士，充日讲官。正德二年（1507），由詹事入东阁，专门负责拟写皇帝的诰敕。

因为得罪了刘瑾，杨廷和被迁官为南京吏部左侍郎，五月又任南京户部尚书。三个月后有幸被召还，晋升文渊阁大学士，参与机务，成为李东阳在内阁中的有力佐助。

刘瑾刚一倒台，又有刘六、刘七、齐彦名等在河北大规模起事，杨一清遂向朝廷推荐马中锡前往征讨。杨廷和对此言道：“中锡，乃一介文士，不能担此重任。”但当时马中锡已经走马上任，后来果然不能平定此乱，足见杨廷和的识人之明过于杨一清。杨廷和请逮中锡下狱，以陆完代之。后来，在杨廷和的精心调配下，多处民乱都被镇压了下去。朝廷论功行赏，选定了杨廷和的一个儿子为锦衣卫千户。

李东阳致仕后，杨廷和成为首辅。在正德后期，又有江彬、钱宁等人蛊惑天子到处寻欢作乐，乃至皇帝长期不上朝理政，恣游大同、宣府、延绥等，行事荒唐。此时全赖杨廷和柄政，国政才得以勉强维持。正德死后，又是在他的一手谋划下，嘉靖皇帝才得以顺利继位。

杨廷和诛大奸，决大策，扶危定倾，功在社稷，便是西汉之周勃、北宋之韩琦[1]也不遑多让，连李东阳也不禁赞叹他道："吾于文翰，颇有一日之长，若经济事，须归介夫。"

杨廷和的儿子杨慎也是一位大才子，是明代文坛上的一颗耀眼巨星。杨慎幼警敏，十一岁能诗，十二岁时拟作汉代贾谊的《过秦论》、唐代李华的《古战场文》，观者无不惊异。

入京以后，杨慎作了一首《黄叶诗》，李东阳对此激赏不已，令其受业门下。二十四岁时，杨慎成为正德六年（1511）的状元，授翰林修撰。杨状元学识渊博，有一次年轻的正德问钦天监及翰林："星有注张，又作汪张，是何星也？"众人不知如何作答，唯独身为修撰的杨慎回答道："是柳星也。"皇帝还有所置疑，杨慎便又援引《周礼》《史记》《汉书》中的相关记载予以举证。

杨慎曾参与修撰《武宗实录》，事必直书，颇具良史精神。总裁官蒋冕、费宏把初稿一概拿来给他，让他修改审定。有一次，杨慎因公干路过镇江，拜谒了当时正退休在家的杨一清，并阅览了一清家的藏书。他向东道主请教疑义的地方，杨一清竟然出语皆能成诵，这令一直自视甚高的杨状元受到了不小的震撼。

从此以后，杨慎更加肆力于古学。在被嘉靖放逐云南后，因平日多闲暇，杨慎得以遍览能得到的书。他常对别人做经验之谈道："资性不足恃，日新德业，还当自学问中来。"因此他好学穷理，老而弥笃。

杨慎著述宏富，有一百余种作品行世，这在明代著述家中，也是当仁不

[1] 周勃对汉文帝有拥立之功，韩琦对宋神宗有拥立之功。

让的佼佼者。

刘瑾倒台以后，凡在他专政期间被打击的人，均得以平反，阳明仕途上的转机，也随着刘瑾的倒台到来了。

根据明朝制度，地方官每三年要进京朝见皇帝一次，称为“朝觐”，同时接受吏部和都察院的考察，即“朝觐考察”。朝觐在次年正月，按照当时的交通情况，阳明一个月左右就可以到达京师。但他九月就动身了，于十一月初到达离开已近四年、充满了少年时代难忘记忆的京师。

刘瑾被捕是八月十一日，被杀是八月二十五日，消息传到庐陵应该是九月份，可见阳明是一听到这个好消息，就急不可耐地跑到京师活动的。做知县固然可以为百姓做些实事,但阳明显然志不在此,他是希望能留在京师——向全天下散播自己的心学，没有哪里比京师最适宜了。

“伯安，没想到今生你我还有再见之日！呵呵，你真瘦了，黑了，身子骨也……”这次久别重逢，若水欣喜异常。

他们此前没少通信，所以对若水的情况，阳明还是比较了解的，所以一见面也没多少废话：“元明，你近来还有没有什么新发明？从知行合一后，我现在又对静坐颇为会心之处,这个我在信上也跟你提过,不知你有什么看法……”

经过若水等人的安排，阳明借住在大兴隆寺等待消息。不过，还没到朝觐的时间，吏部的委任书就下发了，将阳明擢升为南京刑部四川清吏司的主事。这其实是个闲职，就是要让阳明可以安心讲学，而又不得留在京师。

但是到了次年正月，还没等阳明前往赴任，新的任命就又下达了，改为吏部验封司主事——这正是阳明的上下活动之力。

验封司掌封爵、袭荫、褒赠、吏算等事，在吏部四司中为第二司，地位大致相当于阳明曾任过的兵部武选司。吏部验封司主事的委任一下，阳明便从大兴隆寺搬到了位于长安灰厂西侧的一座住宅，干脆与若水比邻而居，这样就方便他们朝夕切磋了。

但大兴隆寺仍是他们的会友讲学之地，这里人气甚旺。此寺于明英宗正统十三年（1448），由权宦王振主持建成，花费颇巨，时为北京第一大寺。尽管王振在历史上留下了恶名，但大兴隆寺却成为当时北京的一大名胜，游人、香客往来穿梭其间。那些身在京师的士大夫，更将此地视为以文会友的好去处。

阳明当年就曾一度在大兴隆寺讲学，如今这里仍是他的主要活动场所。在此时此地，他又结交了平生一位难得的挚友，此人就是浙江黄岩人黄绾。

黄绾字宗贤，系侍郎黄孔昭之孙，承祖荫官居后府都事，曾师事谢铎。他少尝有志圣学，求之紫阳（朱熹）、濂、洛、象山之书，日事静坐。他虽与阳明有通家之旧，但当时对于阳明的学说还不太了解。

黄绾是经由著名学者、致仕户部侍郎储巏的推荐去见阳明的，储巏与阳明是朋友，两人经常通信。储巏是成化二十年（1484）进士，一路升迁至户部侍郎。当时刘瑾专权，凌侮大臣，却唯独称呼储巏为先生，对其敬重有加。但储氏因不满刘瑾所为，又无可奈何，只得在正德五年（1510）春托病致仕。刘瑾被杀后，储巏仍然辞不赴召。

储巏也是黄绾的忘年之交，他向黄推荐阳明道："近日士大夫之中有如王君伯安，趋向正，造诣深，不专文字之学，足下肯出与之游，丽泽之益，未必不多。"黄绾因而对阳明十分仰慕，接到信后竟连夜去见阳明。

当时湛若水也在阳明家中，阳明出来迎客，当他得知黄的来意后，欣喜地说道："此学久绝，你是怎么得知此学而感兴趣的呢？"

黄绾答道："我一向有志于圣学，只是志向不够坚定，实未用功。"

"人唯患无志，不患无功。你认得湛元明否？来日请会，以订我三人终身共学之盟。"

"好！我们相互砥砺切磋，以倡明圣学。"

次日，阳明便邀集若水、黄绾至公馆中，三人共拜而盟，从此越发坚定了决心和志向。

几天后，若水又把黄绾找来，想通过乔宇的关系转告杨一清，以便将阳明留在京师。其实，这也正是阳明的意思，只是这类事情他不便明说，只好让黄绾去跟乔宇说。

乔宇是户部侍郎，杨一清时为吏部尚书，乔宇是杨一清的门人，故而关系密切。乔宇本身也是阳明的故交，就在此后不久，乔宇往南京任礼部尚书，当时阳明也在南京，他还专门找过阳明请教学问。这样，才有了阳明吏部验封司主事的任命。

阳明与若水、黄绾三个人，在本职工作之外，只要稍有闲暇，必定会聚在一起谈学论道。他们饮食起居，几乎都在一处，以便互相砥砺。后来黄绾见阳明学问精深、官阶亦高，于是干脆拜了阳明为师，不过那已是十多年以后的事情了。

三人相处甚欢，颇有稀世知音之感。有一天，黄绾便对另外二人说道："他日在天台山、雁荡山上，当为您二位修造两个草亭。"那两座名山都在黄绾的家乡附近，风景极佳，恰作归老之处。

不过，在阳明死后，身为弟子的黄绾对于阳明的学术开始产生了怀疑[1]。另外，他在"大礼议之争"中支持皇帝，初附张璁，后又背叛张璁依附夏言，时人皆以投机、狡诈之徒看待他。

再辩朱陆惹风波

阳明早年以诗文著称，又因反对刘瑾而名声愈振。再加龙场的一番"悟道"，更是给他披上了一层神秘面纱，因此令他渐渐在学子中有了极大的号召力。

正德六年（1511）会试，阳明被任命为同考官，这是官方对其学术的某种肯定。湛若水为陈白沙先生的得意弟子，王、湛二人在兴隆寺聚众讲学，

[1] 黄宗羲对黄绾非常厌恶，认为其学说偏执浮薄，他在《明儒学案》中虽然给黄氏列了小传，但只稍作批评，而不述其学。现代哲学史家劳思光也认为黄氏之说粗疏混乱，实无可取。

加上黄绾的推波助澜、大肆宣扬，京师上下顿时卷起了一股心学旋风！

在京师的中下级官员乃至乔宇这样的高级官员，以及进京赴考的各地举子，或出于好奇，或为了求学，或想联络感情，纷纷前往大兴隆寺听讲。对于当时如死水一般的学界而言，这无异于向其中投下了一颗巨石，必将激起一阵阵波澜。

正德六年十月，阳明又升任吏部第一司的文选司员外郎。文选司在六部四十二个清吏司中地位最高，掌文职官员和吏员的升迁、改调等事。员外郎是文选司的副长官，从五品。

就在这前后，阳明的上司、吏部郎中方献夫，也时常到大兴隆寺听讲，比闻论学，深自感悔，后来竟要求阳明收他为弟子。

方献夫字叔贤，广东南海人，他其实也是一位非常优秀的学者，后来的名气也很大。他比阳明小很多，从小丧父，在母亲的教导下认真读书。弘治十八年（1505），才二十出头的他便考中了进士，后被选为庶吉士。但是方献夫急于回乡养母，不愿为官。当他终于回到广东老家后，不久母亲去世，他守制三年后回京。先授礼部主事，又调吏部，先后升员外郎、郎中。

阳明本不想收他，为此颇为犹豫。他知道方献夫是诚心诚意的，但方氏的地位高，阳明怕为当道所忌，说自己惑众。

“方叔贤虽官品高于你，但以年龄与资历，却是你的后辈，你为什么不想收他？”一位好心的朋友说道。

“我担心这样更难为当道所容，若多几个高官显宦来做我的弟子，那我必将为矛头所指！”阳明知道，自己的学说与正统的理学冲突很大，很容易招来当道的压制，不宜太过招摇，还是以潜移默化为佳。

“伯安兄此言差矣！正因如此，你才更应该结好当道者，让上面有人为你说话。假如几大学士都被你收入门下，那又该是何等局面？呵呵。”朋友笑道。

“这个问题我倒没想过，也不敢奢望。”

“你王伯安也太光明正大了！且不说当道者对你学说的态度，你只看这人的势利……今日，便是孔孟复出，也要有足够的官场品级或社会声望，才容易为众人所倾慕！如那前朝的吴（与弼）、陈（献章）两位先生，他们虽开了我皇明布衣讲学之风，但要得到天下人的追慕，还得有官场上的人捧场才行啊……”朋友进言道。

阳明听到这里，虽觉得此等用心为正人君子所不取，但也不无道理。他还是坚持那个原则，只要目的纯正，手段不算光明也无关大节。

想当年，英宗皇帝就曾将吴与弼请到北京，大学士李贤推其上座，待以宾师礼，这是何等的荣耀，天下又是何等的反响！陈白沙先生则因为受到国子监祭酒邢让和广东布政使彭韶、都御史朱英等人的极力推崇，乃至声名大振！

可是反观阳明自己呢？他在贵州时虽然受到身为提学副使的席书的推荐，但讲学的对象还是普通学子，影响力仍旧有限得多。若是能有一些官场上的头面人物或名士为门生，何愁自己的门派不能发扬光大？何愁天下学风、士风不能为之一变？

何况收天下英才而教之，诚为人生一大乐事！广交同志，又是当务之急。这样想着，阳明才算想开了：“好，叔贤既诚心诚意，我也就无须多顾忌了！”

不过，到了正德六年冬，方献夫告病回乡，这一去就是十年。后来，方氏复出，一直做到了大学士，对于阳明之学的传播确实助益良多。

后来，阳明在《别方叔贤序》中写道：“予与叔贤处二年，见叔贤之学凡三变……”他追溯了自己与方献夫交往的简单经过，尤其赞颂了方献夫的学问及品德，可谓津津乐道。

令阳明感动的除了方献夫以外，还有广东揭阳籍御史郑一初。郑一初当时已是病入膏肓，但他还坚持去听阳明讲学，待听讲之后，精神为之一振！他认为自己过去在学问上误入歧途，今日才得见阳关大道，真是三生有幸。

于是只要阳明开讲，郑一初都要抱病前往。朋友们关心他：“你体弱有病，可等身体康复以后再去听讲不迟嘛。”

“唉！孔子有言，‘朝闻道，夕死可矣’！我前番听了阳明先生讲学，已有闻道之感，便是今日死去，又有何遗憾呢？”还是坚持前往。不久，郑氏巡按浙江，最终死在任上。

这一时期，除了方、郑二人外，拜入阳明门下的还有穆孔晖、顾应祥、应良等二十余人，蔡宗兖、徐爱亦同受业。

此时，阳明最为关注的，是修养实践之功。先前，人们在甫一听到他的学说时，都疑似禅学。为了让自己的学说与禅学有明显的区别，让大家不再怀疑，阳明不再强调去悟，而是去磨！

有一次，阳明与黄绾、应良论圣学久不明，学者欲为圣人，则必须廓清心体，使纤翳不留，真性始见，方有操持涵养之地。

“先生，那应该如何廓清心体呢？”应良疑问道。

“当然是要落实到行上，每行必善，有恶必除，长此以往，如磨刮镜子一般，功夫就到了！”

“那似乎很难做到吧？”

阳明于是解释道：“圣人的心就如明镜一般，纤翳自无所容，自不消磨刮。可是如平常人的心，如斑垢驳蚀之镜，须痛刮磨一番，尽去驳蚀，然后纤尘即见，那时不费力就可以将它们拂去。到这里也才算认识了仁的本体了……凡人情好易而恶难，其间也常常有私意习气缠蔽，如果识破了这种本心的遮蔽，要想去掉它就不难了！古人中有些出万死而有志于道的人，就是因为看到了这种遮蔽。从前体会不到心里面的东西，功夫也就无处可讲，今已见此一层，却恐好易恶难，便流入禅释去也。”

禅道是虚无的，但圣人之道却再切实不过了。这种重视实践的功夫，在阳明那里，向来是一贯的。后来，他的学生钱德洪便为此说道：“按先生立教，皆经实践，故所言恳笃若此。”

待到阳明揭示“致良知”的宗旨后，他的门生们“又觉领悟太易，认虚见为真得，无复向里着己之功矣”。钱德洪认为，那些颖悟承速的人，反而往往多无成，这正是功夫没下足的缘故，是最可忧虑的事。

天下没有不散的筵席，大兴隆寺的“三人会”还没维持多长时间，就已经引起很大的争议了，也引起了当道者的注意。

三人所讲的内容不是“圣人之道，吾性自足”，就是“圣人之道，务求自得”。陆象山的学说被他们重新发明，朱子的学说则在他们那里简直不屑一顾。堂堂天子脚下，怎么可能长期容忍几个中级官员讲那些与官方定论的东西有悖的言论呢?

最令当权者们难堪的是，以阳明为首的大兴隆寺的狂士们开口闭口说当今公卿久不讲学，说词章记诵为末学，这就等于公然向当权者叫阵。本来他们就已经觉得阳明一群人太张扬了，所以这种情形绝对不能任其长期发展下去，大兴隆寺的三个人必须拆散。

先是，乔宇到南京赴任，使得阳明等人在朝中失去了有力的靠山。这年十月，若水又接到一道任命，要他出使安南。

之前，阳明也因为一封给学生的信，顿时在士林中掀起了一场轩然大波——阳明的门人王舆庵读象山之书有所心得，于是便与同学徐成之有所论辩，二人相决不下。对此，阳明说道：“是朱非陆，天下论定久矣，久则难变也。便是没有成之与你王舆庵争论，你又岂能遽行其说乎？”

阳明的立场虽是调和的，但在徐成之看来，却明显是偏袒王舆庵的。徐有点不服，阳明便专门给他写了一封信（部分内容做了白话处理）：

> 舆庵推崇象山，而说他是专以尊德性为主。我们今日来阅读《象山文集》所记载的，未尝不教导其弟子们读书。而他自己的思想主张颇与人不同的地方，其中就是想身体力行地来体验。
>
> 象山先生常常教导学生道：“居处恭，执事敬，与人忠。”又道：

“克己复礼。”道：“万物皆备于我，反身而诚，乐莫大焉。”道：“学问之道无他，求其放心而已。”道：“先立乎其大者，而小者不能夺。”

这样几条宗旨，也是孔子、孟子的言论，难道是象山自己臆造的吗？独其易简觉悟之说，颇为当时所疑。然易简之说出于《系辞》；觉悟之说，虽有同于佛家之处，然而佛家之说也是有与我们儒家相通之处的，而不妨碍二者具有根本不同的地方，唯在于几微毫忽之间而已。何必因为忌讳二者之同而不敢言易简觉悟之说，儒、佛二者的不同又不省察呢？

尽管舆庵推崇象山，当然还未能全然理解其说。你推崇朱子，而谓其专以道问学为事。然而朱子之言，曰：“居敬穷理。”曰：“非存心无以致知。”曰：“君子之心常存敬畏，虽不见闻，亦不敢忽，所以存天理之本然，而不使离于须臾之顷也。”

他的学说虽然不尽纯粹，又何尝不以尊德性为事，却又失于支离呢？独他平日汲汲于训解，虽韩文、《楚辞》《阴符》《参同》之属，亦必与之注释考辨，而论者遂疑玩物。又其心虑恐学者之躐等，而或失之于妄作，必先之以格致而无不明，然后有以实之于诚正而无所谬。世之学者挂一漏万，求之愈烦，而失之愈远，至有弊力终身，苦其难而卒无所入，而遂议其支离。

这其实主要是后世学者的弊病，当时朱子那样做，他是只想到自己一个人，并没有考虑到带给后世的影响啊（大家都那样盲目地学他）！你推崇朱子之学，其实也是没有弄清其所以然。

如今你二人所信从而推崇的，既未尽其所以是，则其所疑而非者，亦岂尽其所以非乎？在我看来，朱陆二者虽其所以为学者若有不同，而要皆不失为圣人之徒。

今朱子之学，天下之人，童而习之，既已入人之深，有不容于论辩者。而独唯象山之学，则以其尝与朱子之有言，而遂藩篱之；使若由、赐之殊科焉则可矣，而遂摈放废斥，若碱砆之与美玉，则岂不过甚矣乎？所以我欲冒天下之讥，以为象山一暴其说，虽以此得罪无恨。

朱子之学既已彰明于天下，而象山犹蒙无实之诬，于今且四百年，却还没有一人来为他洗刷这个污名。假使朱子他老人家泉下有知，也是不能有一日安享于庙庑之间的。这是我最真切的想法，我之所以最终向你吐露，难道仅仅是为了暗中认同王舆庵的说法吗？

其实在阳明看来，朱熹之说即便不是错误的学说，到如今也已经如死水一般，需要向其中注入活水，如此才能让天下士林为之一振，民风有所改观！

在这篇给徐成之的信中，阳明对陆学进行了高度的评价，对朱学则按照自己的思想做了适当的修正。实际上，这成了一篇是陆非朱的公开宣言。所以此文一出，立即就引起了那帮朱学捍卫者的愤怒，他们对于阳明大有群起而攻之之势。

在这些反对者之中，不乏阳明的故交与昔日的推崇者，如汪俊、崔铣、储巏等，可见其所遇阻力之大。汪俊行谊修洁，立朝光明端介，学者称石潭先生，其学宗二程与朱熹，虽与阳明交好，而不同其说。他如今反复致书与阳明论驳，最后“道不同不相为谋”，乃至一度断交。

储巏责备阳明不以师道自处，崔铣更直斥阳明为“霸儒”。朋辈如此非难自己，这让阳明非常伤心，但他更愈觉彰明圣学之紧要，愈觉自身职命之所在！古来成大事者，不唯有超世之才，亦必有坚韧不拔之志，更要有坚持自己的勇气和魄力！

别人的毁誉又算得了什么？孟子曾说：“天下有道，以道殉身；天下无道，以身殉道；未闻以道殉乎人者也。”自反而缩，虽千万人，吾往矣！

在永乐年间所修的三部大全中，地位最高的固然是《五经大全》，但影响最大的却是以《四书章句集注》为核心的《四书大全》。阳明讲学问，也表现出他那豪迈不羁的个性。这些年来，他一直试图对朱子的学说进行一次全面清算，以廓清以朱熹为代表的“后儒”们搅乱了的孔孟真谛。而要批评朱学，就要从朱学的根本入手，要从《四书集注》入手。

后来，阳明果然便从《四书章句集注》开始清算朱学，这实际上就等于公然向明代官方及全国学者一百多年来奉为经典的思想和学问发起了挑战！

知音被迫天各一方

此次若水受命出使安南国册封安南王，大有发配之意，这让阳明如失膀臂。他总是毫不讳言，自己受益于若水颇多。

若水以“随处体认天理”为宗，自称“阳明与吾言心不同，阳明所谓心，指方寸而言，吾之谓心者，体万物而不遗产也”，时人称“王湛之学”。

阳明寻找了二十多年，才找到像湛若水这样的知音，才接触到由若水传播的白沙先生的“精微”功夫。虽说在龙场自己已悟出了入圣的门道，但这个门道还需要进一步切磋和摸索。是故，二人才急于互相砥砺，乃至于饮食起居都不分开。如果少了若水这样一个可共切磋与摸索者，更让阳明以“圣学难明而易惑，人生别易而会难”为忧。

为此，阳明不得不满怀愁绪作诗《别湛甘泉二首》以赠别老友：

行子朝欲发，驱车不得留。驱车下长阪，顾见城东楼。
远别情已惨，况此艰难秋！分手诀河梁，涕下不可收。
车行望渐杳，飞埃越层邱。迟回歧路侧，孰知我心忧！

其二：

我心忧以伤，君去阻且长。一别岂得已？母老思所将。奉命危难际，流俗反猜量。

黄鹄万里逝，岂伊为稻粱？栋火及毛羽，燕雀犹栖堂。跳梁多不测，君行戒前途。

达命谅何滞，将母能忘虞。安居尤阱护，关路非歧岖。令德崇易简，可以知险阻。

结茆湖水阴，幽期终不忘。伊尔得相就，我心亦何伤！世艰变倏忽，人命非可常。

斯文天未坠，别短会日长。南寺春月夜，风泉闲竹房。逢僧或停楫，先扫白云床。

想想当日若水送别自己出京时的情景，前途未卜，他的难过定要比今天的自己还多出几分吧。

除了赠诗，阳明还专门写了一篇《别湛甘泉序》，以交代于世人：

颜子没而圣人之学亡。曾子唯一贯之旨传之孟轲，终又二千余年而周、程续。自是而后，言益详，道益晦；析理益精，学益支离无本，而事于外者益繁以难。

盖孟氏患杨、墨；周、程之际，释、老大行。今世学者，皆知宗孔、孟，贱杨、墨，摈释、老，圣人之道，若大明于世。然吾从而求之，圣人不得而见之矣。其能有若墨氏之兼爱者乎？其能有若杨氏之为我者乎？其能有若老氏之清净自守、释氏之究心性命者乎？吾何以杨、墨、老、释之思哉？彼于圣人之道异，然犹有自得也。

而世之学者，章绘句琢以夸俗，诡心色取，相饰以伪，谓圣人之道劳苦无功，非复人之所可为，而徒取辩于言词之间；古之人有终身不能究者，今吾皆能言其略，自以为若是亦足矣，而圣人之学遂废。则今之所大患者，岂非记诵词章之习！而弊之所从来，无亦言之太详、析之太精者之过欤！

夫杨、墨、老、释，学仁义，求性命，不得其道而偏焉，固非若今之学者以仁义为不可学，性命之为无益也。居今之时而有学仁义，求性命，外记诵辞章而不为者，虽其陷于杨、墨、老、释之偏，吾犹且以为贤，彼其心犹求以自得也。夫求以自得，而后可与之言学圣人之道。

某幼不问学，陷溺于邪僻者二十年，而始究心于老、释。赖天之灵，因有所觉，始乃沿周、程之说求之，而若有得焉。顾一二同志之外，莫予翼也，岌岌乎仆而后兴。晚得友于甘泉湛子，而后吾之志益坚，毅然若不可遏，则予之资于甘泉多矣。

甘泉之学，务求自得者也。世未之能知其知者，且疑其为禅。诚禅也，吾犹未得而见，而况其所志卓尔若此。则如甘泉者，非圣人之徒欤！多言又乌足病也！夫多言不足以病甘泉，与甘泉之不为多言病也，吾信之。

吾与甘泉友，意之所在，不言而会；论之所及，不约而同；期于斯道，毙而后已者。今日之别，吾容无言。夫惟圣人之学难明而易惑，习俗之降愈下而益不可回，任重道远，虽已无俟于言，顾复于吾心，若有不容已也。则甘泉亦岂以予言为缀乎？

湛若水于次年正月十七日到达安南国，圆满地完成了朝廷所交代的任务。归国时他婉谢安南王厚馈，以至于深得远人之心，归来后他曾作《南交赋》。

后来若水的母亲病逝，他从京奉柩归葬，在家守墓三年。

不过，等到湛若水回京复命时，又该轮到阳明被打发出京了。

正德七年（1512）三月，阳明升任吏部考功司郎中，正五品。到了这年冬天，黄绾因病还乡。十二月，阳明又接到一项新的任命——升南京太仆寺少卿。

按照品级而言，少卿已是正四品，此时的阳明可谓已进入了高级官僚的行列。从他这两年的升迁速度来看，也是偏于迅捷的，与他的那些同辈相比，中间曾在贵州沉沦数载的阳明已后来者居上，可见他的才能已大致被当道所认可。

然而，阳明此时对于做官确实兴趣不大，他始终念念不忘的还是讲学，以大道来匡正天下。何况南京太仆寺少卿的任所在闭塞的滁州，那是一个四面环山的小地方，朝廷明显有送神的意思。

太仆寺是兵部的分支机构，专掌马政。该寺设卿一人，从三品；少卿三人，正四品；寺丞四人，正六品。马匹在当时是重要的战略物资，太仆寺掌牧马之政令，在明朝前期算是一个较有权势的衙门。滁州是太祖朱元璋的起家地之一，也是明朝初设太仆寺时的所在地，曾是全国最大的养马基地。但永乐迁都以后，滁州太仆寺的地位遂严重下降。

南京系统的官员除兵部尚书参赞军机，及太监、勋臣内外守备并总理南都事务之外，其他衙门大抵无所事事。由于御马监干预马政，位于北京的太仆寺尚且地位不保，设在滁州的南京太仆寺就更成了“闲曹”。

“伯安兄，你是大才，当道见你在京师闹腾得过分，所以才拿个闲曹磨磨你的性子！”一位友人道。

阳明知道，拿闲曹磨性，确实是历来朝廷作养人才的一种方法。想当年，王安石就曾为群牧判官，当时司马光也在群牧司，而包拯还是他们的顶头上司。不过，阳明觉得如今的当政者还没成熟到那种地步：“但愿如君所言，不过我看他们把我打发到那个山沟里去，就是怕我在京师混淆视听……”

“兄欲变天下之俗，哪是一日的工夫！想昔日你在贵州时尚且讲学不辍，一个小小的滁州又奈兄何？”

“嗯，也许是我太操切了！此行只望能收几个承我衣钵的弟子才好。”

“想朱子晚年还受那韩侂胄打压，开‘庆元党禁’，斥理学为‘伪学’，斥朱子为‘伪师’，乃至令他忧愤而死……兄既自视高明于朱子一筹，亦当以圣贤自期，以不动心为意。”朋友殷切劝慰道。

阳明只得苦笑道：“个人荣利自然不动心，天下溺于歪理，举世不明真知，焉得不动心？只是尽人事听天命则已。”

可阳明怎么也没有想到，正是在这一次南下之后，他将在南方地区一展抱负，并掀起了一场心学的热潮……

第五章 传道授业于江淮地区

阳明倡为心学，这就不能不与朱子的理学相背离，因此被人视为“立异好奇”就在所难免了。为了融合与朱子的矛盾，阳明别出心裁地提出了一个“朱子晚年定论”的学说。

尽管阳明的这一创见有些牵强附会，甚至有些故意歪曲（有的言论根本不是出自朱熹晚年），但在他看来，人的观念确实不可能是一成不变的——如果一个人可以活几百年，那么他的观念一定与几十岁时相差很大。阳明自己一生求索，主旨数变，就是一个典型的例子。

王门也出了一个颜回

徐爱在正德三年（1508）中进士后，在祁州当了几年知州，后考满进京。此时他升任南京工部员外郎，正好陪同阳明南下赴任。

经朝廷允准，他们得以先回浙江家乡省亲。正是在同归的船上，阳明有了足够的点拨徐爱的时间，他们先从《大学》宗旨论起。

“《大学》中的‘在亲民’一句，朱子谓当作‘新民’，而后一章的‘作新民’，似乎正可以作为朱子的证据。先生以为宜从旧本作‘亲民’，不知可有根据？”尽管徐爱与阳明是亲戚，但对于士大夫而言，师道明显重于亲友之道。

“‘作新民’之‘新’是自新之民，与‘在新民’之‘新’不同，这怎么能做依据呢？”

“请先生详解！”

“‘作’字却与‘亲’字相对，然非‘亲’字义。下面‘治国平天下’处，皆于‘新’字无发明。如云‘君子贤其贤而亲其亲，小人乐其乐而利其利’，如‘保赤子’‘民之所好好之，民之所恶恶之，此之谓民之父母’之类，皆是‘亲’字意。‘亲民’犹孟子‘亲亲仁民’之谓，‘亲之’即‘仁之’也。‘百姓不亲’，舜使契为司徒，‘敬敷五教’，所以亲之也。《尧典》‘克明峻德’便是‘明明德’，‘以亲九族’至‘平章’‘协和’，便是‘亲民’，便是‘明明德于天下’。又如孔子言‘修己以安百姓’，‘修己’便是‘明明德’，‘安百姓’便是‘亲民’。说‘亲民’便是兼教养意，说‘新民’便觉偏了。”

在沉思了一会儿后，徐爱又问：“‘知止而后有定’，朱子以为‘事事物物皆有定理’，似与先生之说相违背。”

“在万事万物上求至善，那就是把道义看成是在心之外了，至善乃心的本体，只要‘明明德’到‘至精至一’的地步就是至善境界。当然至善也从来没有脱离过具体事物，就像朱子在《大学章句》中所说的那句‘尽夫天理之极，而无一毫人欲之私’就很在理。”

“那么先生，若是至善只求诸心，恐怕并不能穷尽天下事理吧？”

阳明道：“心即理也。天下又有心外之事，心外之理乎？”

“如事父之孝，事君之忠，交友之信，治民之仁，其间有许多理在，恐亦不可不察。”徐爱强调的还是那些具体的事理。

阳明为此感叹道：“此说之弊久矣，岂一语所能悟？今姑就所问者言之。且如事父，不成去父上求个孝的理；事君，不成去君上求个忠的理；交友治民，不成去友上、民上求个信与仁的理。难道非要这样吗？”

徐爱沉默不能对，阳明接着说道：“都只在此心。心即理也。此心无私欲之蔽，即天理，不须外面添一分。以此纯乎天理之心，发之事父便是孝，发之事君便是忠，发之交友、治民便是信与仁。只在此心去人欲、存天理上用功便是。”

“听先生这样说，我已觉有省悟处。但旧说缠于胸中，尚有未脱然者。”

“那仔细说来听听吧。”

“比如这事父一事，其间温凊、定省之类有许多礼节，这些礼节难道不需要讲求吗？”

“呵呵，如何不讲求？只是有个头脑。只是就此心去人欲、存天理上请求。就如讲求冬温，也只是要尽此心之孝，恐怕有一毫人欲间杂；讲求夏凊，也只是要尽此心之孝，恐怕有一毫人欲间杂；只是请求得此心。此心若无人欲，纯是天理，是个诚于孝亲的心，冬时自然思量父母的寒，便自要去求个温的道理；夏时自然思量父母的热，便自要去求个清的道理。这都是那诚孝的心发出来的条件。却是须有这诚孝的心，然后才有这条件发出来。"

"哦，那先生之意好像是说要抓住最根本的事，其他一切枝节的问题就可以迎刃而解了？"

"是这个意思，你比如这树木，这诚孝的心便是根，许多条件便是枝叶，须先有根，然后有枝叶，不是先寻了枝叶，然后去种根。《礼记》言：'孝子之有深爱者，必有和气；有和气者，必有愉色；有愉色者，必有婉容。'须是有个深爱做根，便自然如此。"

徐爱听到这里，顿觉开悟，踊跃痛快，竟不禁手舞足蹈。其如狂如醒者数日，胸中混沌复开。

徐爱仰思尧、舜、三王（夏、商、周三朝的第一位帝王大禹、商汤王、周文王及周武王的合称）、孔、孟千圣立言，人各不同，其旨则一。难道还会有不同的道理吗？不会。因为人皆有此心，心皆同此理。后来，他便把这几次与阳明的对话仔细记录了下来，以准备将来编订成书以传扬后世。

为此徐爱在《传习录》的卷首处，特意交代自己的感受道：

> （徐）爱因旧说汩没，始闻先生之教，实是骇愕不定，无入头处。其后闻之既久，渐知反身实践。然后始信先生之学为孔门嫡传，舍是皆傍蹊小径、断港绝河矣。如说格物是诚意的工夫，明善是诚身的工夫，穷理是尽性的工夫，道问学是尊德性的工夫，博文是约礼的工夫，惟精是惟一的工夫：诸如此类，始皆落落难合，其后思之既久，不觉手舞足蹈。

后来，他又进一步阐述道：

> 先生于《大学》格物诸说，悉以旧本为正，盖先儒所谓误本者也。

（徐）爱始闻而骇，既而疑，已而殚精竭思，参互错综，以质于先生，然后知先生之说若水之寒，若火之热，断断乎百世以俟圣人而不惑者也。先生明睿天授，然和乐坦易，不事边幅。人见其少时豪迈不羁，又尝泛滥于词章，出入二氏之学，骤闻是说，皆目以为立异好奇，漫不省究。不知先生居夷三载，处困养静，精一之功，固已超入圣域，粹然大中至正之归矣。

爱朝夕炙门下，但见先生之道，即之若易，而仰之愈高；见之若粗，而探之愈精；就之若近，而造之愈益无穷。十余年来，竟未能窥其藩篱。世之君子，或与先生仅交一面，或犹未闻其謦欬，或先怀忽易愤激之心，而遽欲于立谈之间，传闻之说，臆断悬度，如之何其可得也？从游之士，闻先生之教，往往得一而遗二，见其牝牡骊黄而弃其所谓千里者。故爱备录平日之所闻，私以示夫同志，相与考而正之，庶无负先生之教云。

王通是隋朝时的一位大儒，主张三教合一。曾向文帝上《太平策》，惜不见用，后来退居河、汾之间，授徒自给。

王通曾模仿《春秋》著《元经》一书，后因战乱亡佚。又著有《中说》，因为他的门人私谥其为“文中子”，所以《中说》又被称作《文中子》。他有弟子多人，时称“河汾门下”，在当时影响很大。

有一次，徐爱便就王通与韩愈（字退之）的问题请教阳明。阳明对韩愈颇有不屑之语，乃道：“退之文人之雄耳。文中子贤儒也。后人徒以文词之故推尊退之，其实退之去文中子远甚。”

“那文中子为什么会有仿造经书的过失呢？”

“仿造经书未必就一无是处吧？且说这后世儒者的著述，又与仿造经书有何区别呢？”

“后代儒者著述虽也不无邀名之意义，但主要还是希望以此来阐明圣道，而仿造经书，似乎完全是为了沽名。”

阳明向来不太尊重权威，除非是他自己所心仪的，更不会人云亦云：“为阐明圣道而著述，又是效法谁呢？”

“效法孔子啊！夫子曾为明道而删述过《六经》。”

“既如此，那么仿造经书就不是效法孔子吗？”

“著述即于道有所发明。而单纯仿造经书似乎只是模拟圣人的手迹，恐怕对道没什么裨益吧？”徐爱道。

“你说的阐明圣道，是使人反朴还淳而做实事呢还是让其言辞华美而招摇过市呢？天下之大乱，由虚文胜而实行衰也。使道明于天下，则《六经》不必述。删述《六经》，孔子不得已也。自伏羲画卦，至于文王、周公，其间言《易》如连山、归藏之属，纷纷籍籍，不知其几，易道大乱。孔子以天下好文之风日盛，知其说之将无纪极，于是取文王、周公之说而赞之，以为唯此为得其宗。于是纷纷之说尽废，而天下之言易者始一……

“又如这《书》《诗》《礼》《乐》《春秋》，也都是这样。《书》自《典》《谟》以后，《诗》自《二南》以降，如《九丘》《八索》，一切淫哇逸荡之词，盖不知其几千百篇。《礼》《乐》之名物度数，至是亦不可胜穷。孔子皆删削而述正之，然后其说始废。如《书》《诗》《礼》《乐》中，孔子何尝加一语？今之《礼记》诸说，皆后儒附会而成，已非孔子之旧。至于《春秋》，虽称孔子作之，其实皆鲁史旧文。所谓‘笔者，笔其旧’，所谓‘削者，削其繁’，是有减无增。孔子述《六经》，惧繁文之乱天下，唯简之而不得，使天下务去其文以求其实，非以文教之也。《春秋》以后，繁文益盛，天下益乱……”

说到这里，阳明话锋一转，就转到了秦始皇“焚书坑儒”的问题上了。令阳明讨厌乃至深恶痛绝的文章、著述有很多，所以他是赞同焚书的，不然必将让邪说、谬种流传！只是焚书必要出于公心。

“秦始皇焚书落下了骂名，那是他出于私意，而且也不该焚毁《六经》。若当时志在明道，其诸反经叛理之说，悉取而焚之，亦正暗合删述之意。”

徐爱听到这里，先是有些惶惑，继而才渐渐明白了先生的苦衷：“我也常见那些杂七杂八的著作，心里讨厌得很！只是有的时候，自己的心意未必不会有所改变，今天讨厌的东西，到明天说不定又喜欢上了……”

“是，我也常为此犯难！我想，那些暂时无法定论的书，还是不宜让它广泛流传的好！自秦、汉以降，文又日盛，若欲尽去之，断不能去。只宜取法孔子，录其近是者而表章之，则其诸怪悖之说，亦宜渐渐自废。只是不知道这文中子当时仿造经书的用意如何，但我深切地感到此法可取，就算圣人复起，不能易也。”

“那么先生，您是不喜欢韩文公那种过于虚美的文采了？好像他开了个不好的头儿呢。”徐爱道。

“嗯，天下所以不治，只因文盛实衰，人出己见，新奇相高，以眩俗取誉。徒以乱天下之聪明，涂天下之耳目，使天下靡然争务修饰文词，以求知于世，而不复知有敦本尚实、反朴还淳之行。是皆著述者有以启之……”

徐爱天分极高，且又谦恭好学，对于阳明而言，徐爱就是王门中的颜回。

颜回生于春秋时期鲁国一个破败的贵族之家，家计较为艰难，不过这倒养成了颜回坚强与安贫乐道的品格。他小孔子三十岁，由于对当时混乱的政治局面充满了绝望，颜回终其一生都在孔子门下求学，而未得出仕。

对于颜回的好学与品行，孔子是赞不绝口的。《论语》及《史记·仲尼弟子列传》中都有关于这方面的记载：有一次，孔子偷偷地去看居于陋巷的颜回，当他看到颜回的可怜境况时，不禁赞叹道：“贤哉回也！一箪食，一瓢饮，在陋巷，人不堪其忧，回也不改其乐。”又说：“吾与回言终日，不违，如愚。退而省其私，亦足以发，回也不愚。”

颜回表面看起来很愚钝，听课时没有反应，像个傻子似的，可是事后细察他的思想、实践，发现他也能够积极发挥、阐释老师所讲的道理。最后，鉴于颜回的人生志趣是那样类己，孔子遂得出结论说：“用之则行，舍之则藏，唯我与尔有是夫！”

由于孔子的爱重，自汉代起，颜回被列为孔门七十二贤之首，有时祭孔时独以颜回配享。可惜好人不长命，颜回在二十九岁之时，“发尽白，早死”。关于颜回的具体卒年不详，有的认为他活了二十九岁，也有的说是三十二岁，还有的说是四十一岁。

对于颜回的死，孔子是非常悲痛的，他长叹道：“这是老天爷不想让我活啊！”在回顾颜回给自己的门下弟子们带来的积极影响时，孔子又说：“自吾有回，门人益亲！”

又有一次，当时的鲁哀公问孔子在他的弟子之中谁最好学，孔子答道：“有颜回者好学，不迁怒，不贰过。不幸短命死矣，今也则亡，未闻好学者也。”在夫子眼中，弟子中可以称得上“好学”的只有颜回，夫子亦自期以“学而不厌”，其他尚无人当得起此“好学”。

颜回一生未仕，他“贫而乐道，退居陋巷，曲肱而寝”。有一次孔子就忍不住问他：“回，来！家贫居卑，胡不仕乎？”

颜回答道：“不愿仕。回有郭外之田五十亩，足以给馇粥；郭内之圃十亩，足以为丝麻；鼓琴足以自娱；所学夫子之道者足以自乐也。回不愿仕。”

结果孔子愀然变容，说道：“善哉，回之意也。”

由于学习最用心最刻苦，所以颜回对孔子的学问才有深刻的体会，他就曾经如此喟然而叹：“仰之弥高，钻之弥坚，瞻之在前，忽焉在后。夫子循循然善诱人，博我以文，约我以礼，欲罢不能，既竭我才。如有所立卓尔。虽欲从之，未由也已。”

作为“王门颜子”的徐爱年三十二而逝，对于他的英年早逝，阳明的悲痛恐怕也不亚于当年的孔子吧。

南游名山生出一段中日奇缘

在刘瑾倒台以前，王华就已经致仕，他的孝道可谓远近闻名。为了逗九旬的老母开心，已年近七旬的他常常会表现出一副小儿的情状。

王华此举并不是个例，更不是无故为之，而是儒家所大力提倡的。在传统的“二十四孝”中，就有一则关于老莱子行孝的故事：在《列女传》中就记述说，“老莱子孝养二亲，行年七十，婴儿自娱，著五色采衣。尝取浆上堂，跌仆，因卧地为小儿啼，或弄乌鸟于亲侧”。

王华一共有四个儿子，不知道什么缘故，包括阳明在内，四兄弟都没有子嗣。但王华的侄子们却人丁兴旺，如四弟王衮的儿子守信，已经有了五个儿子——别说阳明，王华也非常头痛。

按照当时的传统，阳明可以过继一个同宗的侄子为继子，这样就不致香火中断了。当阳明回到家后，见到了亲人，徐爱夫妇也赶了来。一家人难得团聚，为此热闹了好几天。

王华是纳了妾的，所以他可能会规劝儿子纳妾，这个理由还是站得住脚的。当时婴儿的成活率低，要想保住后代，只有广蓄子嗣。如王安石拒不纳妾，待到他的独子死后，他就成了孤家寡人。

但是阳明一心以弘扬圣学为己任，他又长年东奔西走，也无法顾及家庭，纳了妾就更容易引起家庭的纷争，但是有一个地方或许除外——当时有“烟花世界”之称的扬州，存在一种变态的人肉生意，美其名曰“养瘦马”：一般穷人家养下一个好女儿，到了七八岁上，就会有一些富家领去收养，这已经成为一桩兴旺的买卖。“瘦马”一般会以人物美丑、资性聪愚分为三等，并分别进行教养，比如第一等会学琴棋书画一类，第二等会学管家一类，第三等就是要学一些养家的女红之类。她们的价钱也从几十两到上千两不等，一般都在五百两到一千两。

而且非常关键的是，这些“瘦马”天生就被灌输了安于卑贱的思想，不容易引起家庭纷争，即使再严厉再妒忌的主妇，也会对扬州“瘦马”有几分好感，所谓“严于他方，宽于扬产者”。比如北京女子在当时最为诟病，以谗、懒、刁、淫、拙等“五不善”知名。因此，只要娶了扬州籍的小妾，就很容易免于不必要的家庭烦恼……

王华到七十多岁的时候还睡草席、吃粗粮，这却不是一般人能做得到的，故而士人无不称道之。阳明也许受父亲影响，对于生活享受一概拒绝，对于那种打着生育子嗣的旗号而贪图美色的恶劣行径（好色容易败事，也容易让官员失去操守），阳明内心是极为不齿的，因此他下定决心要做一个垂范士林的当代圣人。

成亲二十多年了，却一直没能生育一男半女，这不但是阳明的一块心病，更是诸氏的一块心病。为此，她与阳明的感情也变得很紧张。在诸氏看来，问题肯定是出在阳明身上，不然他们四兄弟不可能都无子嗣。而没有子嗣，对于一个女人而言，这就是人生最大的痛苦。尤其阳明这些年常不着家，还几番生离死别，更加重了诸氏的孤独情绪，以致她也许后悔嫁到了王家，因此她后来对待阳明也是冷冷淡淡的，一副漠不关心的样子。

那一晚，当阳明从父亲的书房回到自己的屋子后，诸氏已经一个人睡下了。阳明知道夫人还醒着，于是走近她小声说道：“我已经想好了，要过继正宪，你看怎么样？”正宪是阳明的堂弟守信的小儿子。

不过诸氏半天都没有反应，她是懒得搭理丈夫。阳明只得小心地摇了摇她的身子，又说了一遍。

“你们王家的事，关我何事？”诸氏气很不顺地说道。

“那你就是同意了？”

“我同意怎么着，不同意又怎么着？”诸氏很没好气，她又接着说道，“是不是公公又要你纳妾啊，你们都是孝子嘛，都该纳妾的……”

阳明一时觉得有些气愤，不过他总觉得自己理亏，所以没有发作：“我已是半截入土之人，又何必害了人家姑娘！”

“这话还有些道理，不负你半生求学……”可怜这位在外人看来的王圣人，在老婆面前却束手无策了。

阳明已决心过继堂侄子王正宪，诸氏对此无异议。阳明这时倒羡慕起司马光来，因为司马光的夫人就很关心丈夫。不过，诸氏以前也不是这样的。如果也让司马夫人二十多年无子，估计她也受不了吧。

话说司马光洁身自好，生平不喜女色，他婚后多年夫人都没有生育。为了表现自己的妇德，司马夫人便自作主张，给丈夫买回来一个妾。但是司马光拒不接受，还为此大发雷霆，并命令家里只当婢女来使唤这个小妾。

起初，夫人还以为是丈夫难为情，于是她便借故外出走亲戚，又命小妾盛装入侍。司马光一看小妾“来者不善”，当即责怪道：“你这个下人，今日院君不在宅，你私自来到内室做什么？”他这一番话，倒把小妾弄了个大红脸。

阳明想，如果“齐家”都做不到，还何谈治国、平天下？他只希望夫人能够对家人态度好点，维持住表面上的客气，哪怕对自己不好。

可是这女人不是男人，男人可以讲道理，女人却总有跟她们讲不通道理的时候，这让阳明很头疼。因此阳明还是希望能赶快把继子的事定下来，以安诸氏之心（这就等同于她有了儿子），这样就算是对她最好的补偿了。

就这样，阳明正式立正宪为后，诸氏总算露出了难得的笑容。这已是正德十年（1515）八月的事，正宪时年八岁。

阳明最初打算一回到家后，就与徐爱同游天台山、雁荡山，只是因为各种琐事，加上宗族亲友的羁绊，竟一连在家中住了几个月。

黄绾这时还在家乡黄岩养病，黄岩地处浙江东南，东临大海，北有天台山，南有雁荡山，都极负盛名。也正是因为有他这个东道主的盛情相邀，阳明才决心南下畅游一番。

天台山是名僧济公的故乡，是佛教天台宗与道教南宗的发祥地，隋炀帝曾在此敕建一座国清寺。这里多悬岩、峭壁、瀑布，其中以石梁瀑布最负盛名。如王羲之、谢灵运、李白、孟浩然、朱熹、陆游等名流，皆在此地留下过足迹。

雁荡山是中国十大名山之一，因“山顶有湖，芦苇丛生，秋雁宿之”，故而山以鸟名。此山根植于东海，山水形胜，以峰、瀑、洞、嶂见长，其中灵峰、灵岩、大龙湫被称为“雁荡三绝”。此山始开发于南北朝，兴于唐，盛于宋，素有“海上名山”“寰中绝胜”之誉，史称“东南第一山”。

阳明对天台、雁荡自是心慕已久，而黄岩县松岩山北坡的四百六十余级砌石“天梯”，也为一大奇观。当初在大兴隆寺时，黄绾只要一有机会，就将家乡向阳明绘声绘色地吹嘘一番，如此更令阳明神往不已。就在黄绾离京时，阳明特意写了一篇《别黄宗贤归天台序》，一面对黄绾从小即不以举业为意、一心求圣贤之学表示赞赏，一面又叮嘱他回黄岩后遵守前约，“结庐于天台、雁荡之间”，等待自己前去养老。

本来，阳明已经与黄绾约好了，让黄绾来找他。可是等到五月末的时候，黄绾还没有如期而至。眼看就要进入酷暑的节气了，阳明不能再干等下去了，于是便带着徐爱数人上路了。

他们一行人从上虞入四明山，观白水冲，寻龙溪之源，登杖锡，至雪窦山，上千丈岩，以望天姥、华顶，欲遂从奉化取道赤城。他们一路上游山玩水，倒也不亦乐乎。

此行阳明也留下了不少诗作，如《杖锡道中用张宪使韵》：

山鸟欢呼欲问名，山花含笑似相迎。
风回碧树秋声早，雨过丹岩夕照明。
雪岭插天开玉帐，云溪环碧抱金城。

悬灯夜宿茅堂静，洞鹤林僧相对清。

阳明的兴致本来是很高的，他本来打算在游完四明山后，从奉化取道临海，去黄岩与黄绾相会。但走到奉化时，正值浙东大旱，山田尽龟坼，禾稻尽枯。阳明见状，惨然不乐，这游山玩水之意，顿时索然。

加上几个弟子除了徐爱之外，似乎悟性都很平常，本来阳明有意借着佳山胜水点化弟子，却非常失望。

先是，刘观时向阳明请教："《中庸》上说'喜怒哀乐之未发，谓之中'，敢问先生，这'未发、之中'是什么？"

阳明沉思了一会儿道："《中庸》上说'戒慎乎其所不睹，恐惧乎其所不闻'，你但能在别人看不见处警惕谨慎，在别人听不到处唯恐有失，君子修身是时时刻刻的事情，不是做给别人看的。养得此心纯是天理，便自然见。"

"那先生能不能大致谈谈这种情况呢？"

"哑巴吃黄连，跟你是说不清的。你要知道其中有多苦，还必须自己亲口尝一下。"

当时徐爱也在旁，他补充说道："只有像这样才是真知，也就是行了。"他这一席话，倒叫大家获得了不小的启发。

萧惠好仙释，阳明便不禁批评他道："我也是从小就笃好佛老，也自以为有所得，还以为儒者不足学。其后居夷三载，才见得圣人之学若是其简易广大。到这里，不免叹悔错用了三十年气力。大抵释、老二氏之学，其妙与圣人只有毫厘之间。你今天所学到的，不过是土壤的表层一样，还自信自好到这种地步，真是鸱鸮窃腐鼠！"

萧惠听先生这样说，便又问二氏之妙。阳明乃不悦道："我跟你说圣人之学简易广大，你却不问我悟的，只问我悔的！"

萧惠惭愧，于是又请问圣人之学。阳明只得道："你现在是不得已才问，等你真有了要追求圣人的心时再来问吧。"

萧惠再三恳请先生赐教，阳明于是叹息道："唉！我已经一句话跟你说尽了，你自己却还不领悟……"

此后，萧惠又向阳明请教死生之道，阳明道："知昼夜，即知死生。"

"先生，那昼夜之道又如何呢？"

"知昼则知夜！"

"难道白昼还有谁不知道的吗？"

阳明对于这位弟子的悟性真是没话说了，但他还是乐于为学生答疑解惑："你所晓得的白昼，不过是懵懵懂懂起床，糊糊涂涂进食，行为不自觉，习惯不省察，成天昏昏沉沉过日子，这只是梦幻的白昼……只有像那横渠（张载）先生所说的'息有养，瞬有存'，休息时也必须保养身体与气质，在瞬息之间也不能放心外驰……这样，才能让自己的心清清醒醒、明明白白，天理不会间断一刻的，才算懂得白昼。这就是天德，就是通晓昼夜之道，然后才能明白生死的道理……"

"啊，先生说得有点深奥哦。"

跟这几个糊涂学生一番交流后，阳明觉得有些心灰意懒，遂中途改变主意，自宁波回到余姚。

待回到家后，便见到了黄绾的书信，说自己现在家乡恭迎阳明。阳明阅信，不觉苦笑，便给黄写了一封回信，告诉他四明山的游历经过，并不无遗憾地说道："此行相从诸友，亦微有所得，然无大发明。其最所歉然，宗贤不得兹行耳。后辈习气已深，虽有美质，亦渐消尽。此事正如淘沙，会有见金时，但目下未可必得耳。"

其实阳明此行的重要目的，也在于点化徐爱与黄绾二人，以增进二人对于心学的领悟，将来好继承自己的衣钵。盖阳明先生点化同志，多得之登游山水间也。可惜黄绾未得同游，不然彼此偶有所得，必叫大家受益匪浅。信写完后，阳明又特意让徐爱过目。徐爱见信，不觉感慨，这才明白了先生的用意。

当年“循循然善诱人”的孔子教弟子，就注意到了培养兴趣的重要性：“知之者不如好之者，好之者不如乐之者。”只要有了兴趣，求知就有了巨大的热情。

山水最富于性灵，对于启发人的灵感方面，自然最是来得直接。游山玩水，既是寓学于乐，又便于启发。对于阳明而言，自己的学问宗旨重在开悟，在于转过心与理之间那个微妙的“弯儿”来。

不过值得一提的是，就在阳明一行人在宁波逗留时，他们在育王山广利寺稍事休憩，居然因此发生了一段奇缘，这成了阳明先生与日本最早的关联。

当时寺里住着一个从日本来的名叫“了庵”的老和尚，他本名中堆云桂悟，是奉室町幕府将军足利义澄之命，以八十高龄作为日本正使来到中国的。

两年前，他不辞艰辛、远渡重洋抵达北京。在使命完成以后，正德皇帝慕其高龄，命他住于宁波育王山广利寺，并赐以金澜袈裟。其间，了庵常与宁波当地的士大夫交往。

就在这个时候，阳明来到了广利寺。在与学养深厚的了庵交谈以后，阳明还是很开心的。况且历史上，李白等人与日本留学僧晁衡的交往，还是一段流传不衰的佳话：“日本晁卿辞帝都，征帆一片绕蓬壶。明月不归沉碧海，白云愁色满苍梧。”（《哭晁卿衡》）

当时，在听说了庵很快就要启程回国后，阳明遂以一篇《送日本正使了庵和尚归国序》相赠。由于没有存稿，后来阳明的文集都没有将其收入，只是在日本方面才有收录。

一百年后，漂洋过海的阳明学开始在日本人那里受到高度的推崇，从此日本人便铭记了这次难得的会面。

寂寞滁州成了讲学首地

就在阳明赴滁州上任的路上，他途经江苏丹阳，走访了当地的一位老友，此人名叫汤云谷。

那还是弘治年间的时候，阳明还未中进士。有一次他西游句曲与丹阳，途中与汤云谷结识，二人结伴而行。云谷多年留意神仙之学，阳明当时正对此甚感兴趣，所以云谷为他大谈呼吸屈伸之术、凝神化气之道，盖无所不至。

后来两人相携登三茅山之巅，下探叶阳，休玉宸，一路玩得非常尽兴。有感于隐中君子陶渊明的遗迹，云谷遂慨叹世之秽浊，飘然有脱屣人间之志。弃世就像扔掉一双鞋子一样轻巧，怎么可能呢？阳明当时认为这并不是汤老兄的真实想法，已近知天命之年的云谷意不然之，道：“年轻人，难道你把我的心看穿了吗？”

“是的！你的眉间惨然，犹有忧世伤生的神色。你出世的想法，如果再迟上十年的话，估计就差不多了。”阳明直言道。

云谷还是有些不以为然：“你看重我的相貌神色，但我却相信我自己的心，咱们走着瞧吧。”

二人分别以后，云谷不久入仕做了给事中，又迁为右给事。他身为言官，殚心职务，驱逐瘁劳，最终以直道抵权奸被斥于外。

此时，阳明也因得罪刘瑾奔走谪乡，二人不相见十余年。当阳明这次途经丹阳拜访云谷时，他已家居三年。

汤云谷出迎阳明，笑道：“你还记得当年你的‘眉间’之说吗？我当初相信自己的心，却不相信你那般看重我的相貌神色，如今如何呢？果然我用了十多年而始出于泥涂，这回真信了。然而我想想古代的那些榜样，如今的我却貌益衰，年益逝，去道益远，我还远远没有尽善啊！”

阳明安慰他道："你如今已经近道了啊！今日我听了你的话，又见了你的貌，又见了你的屋舍，又看见了你的乡人，现在我已经相信了！"

"奇怪啊！你说我的相貌已经让我觉得有些远了，你又说我的屋舍与乡人，凭这些也能看出我的个人境界吗？"

"古代的那些有道之士，都是外槁而中泽，处隘而心广。他们多次放下而不会减了精神，把世俗抛到脑后又不与它抵牾，所以他的神色显得很愉快，他的居处很宁静！他的生活波澜不惊，就像清风吹过，别人也根本不知道他欲往何方……如今你步子慢了，头发白了，外在看去很疲惫，然而精气却藏住了。你言下意恳，而气力衰弱，可你的神气却守住了。你的室庐没有任何翻新，你却志意扩然，这就是多次放下的结果。你的乡人彼此相忘于贤愚贵贱，或者以慈母相待，或者以婴儿相待，这就是抛却世俗的结果……夫精藏则太和流，神守则天光发，多次放下便怡愉而静，抛却世俗心纯而一：这四者，就是得道的明证啊！夫道无在而神无方，安常处顺，这就是得道了，又何必一定要如扔掉一双鞋子那样弃世呢？"

阳明一番中肯之言说得云谷心境大开，他又不得不感叹道："真是有你的啊！这次我还是相信自己的心，却不如你那样看待我的屋舍与乡人啊！"

这一年，汤云谷已经七十岁了，他的乡人考虑着要为他祝寿，听闻阳明先生来了，大家便一齐跑来请阳明拿个主意。

阳明于是对大家说道："呵呵，你们的这位乡贤已经近于得道了，他大有离俗出世之心，怎么可能觉得自己的长寿是一件值得庆贺的事呢？所以你们不应当以祝寿的方式向他表达敬意！"

"那么请问王先生，我们应该怎么做呢？"

"你们乡里有像汤老先生这样的有道之士，你们应该让自己的子弟们都仿效他、学习他，如果出仕而事君，那么就学习汤先生如何以其道用世；如果入而家居，则师其道以善身。如此一来，就像射箭有了靶子一样，大家的心中也就有了方向。这个时候，再赶上汤先生的寿诞，你们就可以向他表示祝贺了……”

众人琢磨了半晌，最后方一齐说道：“好吧，王先生，我们今年就照您说的去做！”

到了第二年三月，阳明在南京任鸿胪寺卿，云谷的乡人又以书信来请教，于是阳明便写了一篇《寿汤云谷序》来回复他们。在这篇文章中，阳明详细地记载了此事的始末，以志其事。

正德八年（1513）十月，阳明终于来到了滁州就任太仆寺少卿一职。自接到任命之日，又是近一年快过去了。

想当年，龙飞淮甸的太祖朱元璋初创业之时，滁州正是他自攻克定远之后拿下的第二座城市，意义自然重大。这里地近大明祖陵所在地的凤阳，环境清幽。

滁州距离南京虽然不足两百华里，但它却在南京西北的方向，已经远离从北京到南京繁华的运河干线。由于没有太多的外界干扰，京中权贵对这个小地方也不会太多注意，这里倒确实不失为安心讲学的一处胜地。

何况阳明当年曾多次有意遁入深山，以讲学布道终了余生，而且滁州的山水也不错。想当年，欧阳修为滁州知府（太守），他的千古名篇《醉翁亭记》就是作于此地：“环滁皆山也。其西南诸峰，林壑尤美，望之蔚然而深秀者，琅琊也。山行六七里，渐闻水声潺潺而泻出于两峰之间者，酿泉也。峰回路转，有亭翼然临于泉上者，醉翁亭也……”

不过，欧阳修那种忘情山水、无所事事的劲头儿，却是阳明所不喜的，这种精神似乎太过消极，哪是圣贤该有的？因此，在阳明作于滁州的一干诗作中，他居然只字未提到这位享尽盛名的“醉翁”。

既来之，则安之。在阳明的整个讲学生涯中，滁州连同不久后的南京，竟都成了重要的一站，阳明晚年的掌门弟子钱德洪指出：滁州实为阳明先生的“讲学首地”。

当初，子路、曾皙、冉有、公西华侍坐于孔子旁边，孔子问他们道："因为我比你们年纪大一些，没有人用我了。平常你们说'没有人了解我呀'，假如有人了解你们，你们要怎么做呢？"

为人刚毅的子路不假思索，道："一个兵车千辆的国家，夹在大国中间，外受强敌的进犯，内有饥荒的威胁，让我治理这样的国家，只要有三年的时间，就可以使百姓有勇气且明白道理。"

孔子觉得他太不谦虚，所以笑了，然后又转身问道："冉有，你呢？"

"方圆六七十里或五六十里的小邦，要我去治理，只要有三年的时间，就可以使百姓富足。至于礼乐教化，就只有等待着贤人君子了。"

孔子觉得冉有根本就没有把方圆几十里的小邦真正视作一个国家，于是又问公西华。公西华回答说："我不敢说自己有能力，只是我愿意学习学习。在参加祭祀宗庙或诸侯会盟时，我愿意穿着礼服，戴着礼帽，做一个小司仪者。"

只做一个小司仪,那大司仪该谁做呢？孔子觉得他的志向实在有些小了，最后便又问曾皙。

当时曾皙弹瑟就要接近尾声，只听得"铿"的一声，他放下瑟，站起来回答说："我的志向和他们三个不太一样啊！"

"有什么关系呢？不过是各人谈谈各人的志向罢了。"孔子亲切地说道。

"暮春的时候，春服既成，约上五六个朋友，带上六七个童子，在沂河中洗洗澡，在舞雩台上吹吹风，然后一路唱着歌回家去……"

曾皙说完，孔子喟然叹曰："我与你的志向很接近啊！"

孔子对于曾皙的赞许，千百年来，人们为此争论不休。

有一次阳明的门人陆澄也就这一问题提问，阳明便说出了自己的观点："前面三位太着意了，太着意，必然会偏执于某一方面，能行此一事未必能行彼一事。曾皙的意思不着意，就是《中庸》中所谓'素其位而行，不愿乎其外。素夷狄，行乎夷狄；素患难，行乎患难。君子无入而不自得焉'。前三位是‘汝器也’的实用人才，曾皙却独有‘不器’的君子之风。然三子之才，各卓然成章，非若世之空言无实者，故夫子亦皆许之。”孔子也并非看不起其他三个人。

不过，阳明只是跟学生才那样说，他觉得孔子在当时已清楚地知道自己的道不能推行，而曾皙志在道而不在政，意在隐而不在出，便引起了孔子心灵上的共鸣。

阳明此时的心情，可以说是与孔子息息相通的，故他在滁州乐山乐水，并在游山玩水间点化学生。

钱德洪后来回忆说：“滁山水佳胜，先生督马政，地僻官闲，日与门人遨游琅琊、瀼泉间。月夕则环龙潭而坐者数百人，歌声振山谷。诸生随地请正，踊跃歌舞。旧学之士皆日来臻。于是从游之众自滁始。”

后来，阳明在《山中示诸生》五首中还曾赋道：

滁流亦沂水，童冠得几人？
莫负咏归兴，溪山正暮春。

阳明多庆幸自己摆脱了烦琐章句的困扰，能与诸弟子在幽静的山水之间从容地探讨学问，享受逍遥自在的乐趣：

路绝春山久废寻，野人扶病强登临。
同游仙侣须乘兴，共探花源莫厌深。
鸣鸟游丝俱自得，闲云流水亦何心？
从前却恨牵文句，展转支离叹陆沉！

阳明被琅琊山的秀色深深吸引，寄情于山水之间，怡然自得，乃至流连忘返。游山寻水是最能体会和复归人的真性的，而阳明学问的宗旨，就是要人涤除尘念、复归本心。

定论朱子再起波澜

自来到滁州，从阳明而学者日众，此时讲学，阳明最强调的是静坐。他后来回忆说：“吾昔居滁时，见诸生多务知解，口耳异同，无益于得，姑教之静坐。一时窥见光景，颇收近效。”

又说：“教人为学，不可执一偏。初学时心猿意马，拴缚不定，其所思虑，多是人欲一边，故且教之静坐、息思虑。久之，俟其心意稍定，只悬空静守如槁木死灰，亦无用，须教他省察克治。”

阳明教人静坐，所以往往被人视为禅学。但是他所倡导的静坐自是与禅定不同，禅讲究不起念——阳明认为那是不可能的，如果仅仅是守静，就会流入枯槁之弊，所以他只把静坐作为入门的途径。

心静才能止欲，欲止才便于见本心。

有一位学生叫孟源，有自以为是、贪图虚名的毛病，被阳明多次批评。有一次，阳明对孟源的提醒责备刚完，有一位朋友来谈近日功夫，想请阳明先生指正。孟源忍不住从旁插嘴道：“这正好找到我旧时的家当！”

“你的老毛病又犯了！”阳明当即告诫他道。

孟源色变，正要为自己辩解，阳明正色道：“你的老毛病又犯了！”

见孟源不作声了，阳明于是趁势开导他说：“这是你一生的大病根啊！比如一丈见方的土地上，种此一大树，雨露之滋，土脉之力，只滋养得这个大根。四傍纵要种此嘉谷，上面被此树叶遮覆，下面被此树根盘结，如何生长得成？须伐去此树，纤根勿留，方可种植嘉种。不然的话，任你如何耕耘培壅，只是滋养得此根。”

后来孟源也学习静坐，但他有所疑问：“先生，我在静坐中思虑纷杂，不能强禁绝，怎么办呢？”

阳明回道：“纷杂思虑，亦强禁绝不得。只就思虑萌动处省察克治，到天理精明后，有个物各付物的意思，自然精专无纷杂之念，《大学》所谓‘知止而后有定’也。”

阳明看重讲学却轻视著述，因为他认为自己的学问宗旨是非常简单的，根本不需要专门去阐述。

如孔子、陆子，皆述而不作，因为圣贤之道根本就不像朱熹等后儒所宣扬的那般复杂，“但致良知成德业，谩从故纸费精神”。相反，由于滥说、矫言纷杂，反而容易令人迷失本心，“句句糠、字字陈，君从何处觅知音”，世之学者不以书明心，反因书而丧心，这实在是令阳明痛心疾首的。

想当初，娄谅先生就感叹经典笺注太繁，容易使人迷惑乃至误入歧途，所以他不轻率著述。因此，在阳明自己，当每有“超悟独得”时，唯有笔之于论学的书信中，像后代所传诵的《传习录》，其中除了学生记录他的语录，就是他写给大家的书信。

显然，心学不是要人做学究，就如朱熹之学无形中所倡导的那样。在复见本心之后，人还是应该追求有为！圣人教人，立德为上，立功次之，立言最下。

当然，越是这样简易明了、直截了当，越是容易引起理解上的不同。但阳明宁愿自己的心学成为一种宗教式的东西，成为一种改造自我的精神利器，只要始终秉持住为善去恶的宗旨就好。

转眼之间，半年就过去了。吏部的同僚们并没有让阳明闲太久，正德九年（1514）四月，阳明就得以调任南京鸿胪寺卿。尽管这也是个闲曹，但办公地点却在繁华热闹的南京。

就在前几年，王华才以南京礼部尚书致仕，这样算起来他父子差点成直接的上下级了。鸿胪寺是礼部的分支机构，掌朝会、宾客、吉凶仪礼之事。

凡国家大典礼、郊庙、祭祀、朝会、宴飨、经筵、册封、进历、进春、传制、奏捷，各供其事……皆赞百官行礼。

鸿胪寺卿与太仆寺少卿的品级都是正四品，但是一个是副手，一个则是正官，这地位还是不一样的，而且在南京距离政治中心又近了一步。

作为弟子们，自然希望自己的老师能步步高升，也希望老师对自己的印象更深一些。因此，当阳明从滁州去南京时，在滁的弟子们一直送出四五十里，直送到乌衣渡，仍不愿离去。结果，这支数百人浩浩荡荡的车队又送出上百里，竟一气来到了长江北岸的江浦。到了这里就改上船了，再也无法送了。

这时夜幕已经降临，大伙便在江浦住了下来，次日又目送阳明先生过了长江。

对于如此盛情，一向喜简不喜繁的阳明心里倒很不爽快，他特以诗(《滁阳别诸友》)促之归曰：

滁之水，入江流，江潮日复来滁州。相思若潮水，来往何时休？空相思，亦何益？

欲慰相思情，不如崇令德。掘地见泉水，随处无弗得。何必驱驰为？千里远相即。

君不见尧羹与舜墙，又不见孔与跖对面不相识？逆旅主人多殷勤，出门转盼成路人。

五月，阳明来到南京。同时身在南京的徐爱，这时成了大家的学长，专门负责一般性的事务和教学工作。

徐爱所发挥的作用甚至胜过了当年的颜回，自徐爱来南都，同志日亲，黄宗明、薛侃、马明衡、陆澄、季本、许相卿、王激、诸偁、林达、张寰、唐俞贤、饶文璧、刘观时、郑骝、周积、郭庆、栾惠、刘晓、何鳌、陈杰、杨杓、白说、彭一之、朱篪辈，同聚师门，日夕渍砺不懈。

作为鸿胪寺长官的阳明，虽说日间多少有些公务要处理，但一旦无事之时，他便召集众人，讲论不休，往往至夜不散。朱子主张“存天理，灭人欲”，但在阳明看来，一个“灭”字，太过刻意，易令人急火攻心，还容易把人一些正常的欲求都去除掉，所以不如一个“去”字，只强调功夫，日久必见效力。

阳明南都讲学，主要就以“存天理，去人欲”为主。钱德洪回忆说：“先生自南都以来，凡示学者，皆令存天理，去人欲以为本。”

有一次，一位朋友自滁州来，他说当地的游学之士多放言高论，不少还已经背离了阳明的师教。阳明于是跟客人说道：“我这些年想要根除末俗之卑污，因而引接学者多就高明一路，以救时弊。如今见学习者渐有流入空虚的，他们喜作脱落新奇之论，我不免有些后悔了。所以自南京讲学以来，就只教学生存天理，去人欲，为省察克治实功。”

末俗的卑污在于“功利之毒沦浃于人之心髓，而习以成性”，故阳明教人静坐，以自悟心体。如今见静坐也易生弊端，所以阳明便不再那么看重静坐的功夫了。

陆澄在鸿胪寺暂住，这时他的家中突然来信，说他的儿子病危。

陆澄心甚忧闷，情不能堪，阳明便对他说道：“这种时候，你正应该用功，如果放过这时，平时学习还有什么用处呢？人就是要在这种时候去磨砺自己！”

“可是，先生，我方寸已乱啊！”

“父亲爱儿子，这本来是人世间最真切的感情，但是天理也有一个中和之处，一旦过分就是私意。人在这种境遇下，一般认为依天理就该忧愁，于是就一直愁苦，不知已经是‘有所忧患，不得其正’了……”

“先生，那我该怎么做呢？”陆澄问道。

“一般来说，七情感发，大多已经有点过分，较少不及的。只要一过分，就不是心的本体，必须调整适中才行。就像父母去世，做儿女的难道不想痛痛快快地一下子哭死？但《孝经》就说‘毁不灭性’，这并非是圣人强行制定的，而是因为天理本体就有一定限度，不能过分。人只要懂得心体，自然不能增减一丝一毫的。”

就是在南京时期，阳明完成了一项重要的学术工作，就是采集朱子强调涵养的若干书信，编为一册，名为《朱子晚年定论》，以示同好。

阳明倡为心学，这就不能不与朱子的理学相背离，因此被人视为“立异好奇”就在所难免了。为了融合与朱子的矛盾，阳明别出心裁地提出了一个“朱子晚年定论”的学说。

尽管阳明的这一创见有些牵强附会，甚至有些故意歪曲（有的言论根本不是出自朱熹晚年），但在他看来，人的观念确实不可能是一成不变的——如果一个人可以活几百年，那么他的观念一定与几十岁时相差很大。阳明自己一生求索，主旨数变，就是一个典型的例子。

《定论》首刻于南、赣，这已经是编定完几年后的事情了，有学生在跋中提到：朱子晚年病目静久，忽然开悟到圣学之真正渊薮，乃大悔中年注述误己误人，并将自己的错误遍告同志。阳明先生注意到了这一情况，为自己的学说与朱子相同而喜不自禁，于是便手录一卷朱子学说中类己的地方，令门人刊刻印行。

阳明自己在序言则交代说：

> 洙、泗之传，至孟氏而息；千五百余年，濂溪、明道始复追寻其绪；自后辨析日详，然亦日就支离决裂，旋复湮晦。吾尝深求其故，大抵皆世儒之多言有以乱之。
>
> ……
>
> 予既自幸其说之不谬于朱子，又喜朱子之先得我心之同，然且慨夫世之学者徒守朱子中年未定之说，而不复知求其晚岁既悟之论，竞相呶呶，以乱正学，不自知其已入于异端；辄采录而裒集之，私以示夫同志，庶几无疑于吾说，而圣学之明可冀矣！

按照黄绾在《阳明先生行状》中的说法：还在贵阳讲学时期，阳明就已经产生了类似的想法。他因取《朱子大全》读之，“见其晚年论议，自知其所学之非，至有诳己诳人之说，曰：‘晦翁（朱熹字元晦）亦已自悔矣。’日与学者讲究体察，愈益精明，而从游者众”。

门人们还特意交代说：从《朱子晚年定论》面世以后，关于朱子与阳明之学异同的争论就很少了。阳明先生于是感叹说：“无意中得此一助！”

然而，此文的编定，实在是阳明长期处心积虑的结果，他此时对于传播自己的学说，已由自发进到自觉——那么多人起来反对他，乃至友人反目，这实在是阳明不愿看到的。

“‘知我者谓我心忧，不知我者谓我何求’，盖不忍抵牾朱子者，其本心也；不得已而与之抵牾者，道固如是，不直则道不见也。”阳明坦言道。

阳明的聪明就在于，他能够对朱子的学说断章取义，以子之矛攻子之盾，这样就可以堵住一部分人的嘴，也便于对广大学子形成号召力。尽管如此，很多人还是看穿了阳明的“伎俩”，起而对他大加挞伐。

可是，如果能真正明白阳明的苦心，也就能明白他与朱子并无本质的不同。对于这一点，阳明自己看得是非常清楚的。有一个学生，在读书时多有摘议朱子的地方，以显示自己与他的不同。阳明见此情景，便道：“是有心求异即不是。我的学说与朱子之所以时有不同之处，只是因为在入门下手处有毫厘千里之分，不得不辨。可是我的心与朱子的心并没有什么不同，若是他有文义理解得明当处，我怎么能改动得了一个字？”

因此，黄宗羲后来才说，朱学与王学的不同，其实只是功夫的不同而已，而无关宏旨。

一介文儒竟被赋予巡抚重任

转眼就到了正德十年（1515），这一年是两京官员的考察年，四品以上的堂官可以采取“自陈”的方式。

阳明已于正月时来到了京师，湛若水此时已回乡葬母。当见过那些久别重逢的老友之后，大家又相伴着故地重游一番。阳明决定以退为进，于是他上疏自陈，要求朝廷准许他退休，以警戒为官不勤者，但朝廷却没回复。

也就是在这年八月，阳明又拟上《谏迎佛疏》。当时，正德皇帝在太监刘允等人的怂恿下赍幡供诸佛，奉迎佛徒，并许以盐七万引以为路费。杨廷和等与户部及言官各疏执奏，皇帝不听。

阳明为了表示关心国事也拟上疏，但见皇帝如此冥顽不灵，自己说话更没有什么分量，结果干脆打消了上疏的想法。鉴于阳明在南京讲学的巨大热情及声势，有位叫杨典的御史于是向朝廷建议，不如让阳明改任国子监祭酒，以满足他好为人师的愿望。

但是，在保守的当道者看来，阳明还不能脱掉一个“异端”的嫌疑，如果任用一个异端来主持国子监，那天下岂不要乱套？所以，对于这一提议，内阁都没有向皇帝上奏。

时政如此不堪，让阳明又不免心灰意懒，退隐的念头再次抬头，比如一首《书扇面寄馆宾》：

湖上群山落照晴，湖边万木起秋声。
何年归去阳明洞，独棹扁舟鉴里行？

转眼间又到了正德十一年（1516），阳明的祖母岑太夫人已经九十六岁。

阳明在南京已经待了一年多，如果没有什么特别的契机，看来他还得在南京待上几年。八月间，阳明考虑着乞求皇恩归家一见祖母为要旨，上疏以疾求养病，故言辞甚为恳切。可是这一次，朝廷没有同意他的请求。

然而，令阳明怎么也没有想到的是，就在一个月后，他居然接到了朝廷一项特殊的任命——升都察院左佥都御史，巡抚南安、赣州、汀州、漳州等处。

大明宣德时期开始向各省派遣中央巡视官员，被称为“巡抚”，他们的主要职责就是统一事权，以便处理地方上的军政紧急大事。后来地方多事，“巡抚”也因此逐渐制度化和地方化，乃至成为省级最高军政长官。既握有实权，又不乏机遇，是当时一切有才干、有抱负的官员立功扬名的最理想职位。

巡抚通常挂衔都察院，这样便有弹劾官员的权力。根据资历的深浅，分别为“佥都御史”（正四品）、“副都御史”（正三品）、“都御史”（正二品）。阳明因为是正四品官，所以初任巡抚时只能是“佥都御史”。但从实际权力和地位而言，无论何种级别御史的巡抚，其职权并没有多大差别，都相当于二品大员。

阳明的仕途就如此奇迹般地峰回路转，从正四品的闲曹一下子到正二品的封疆大吏，这简直就是破格提拔！

对阳明这匹“千里马”的破格任用，“伯乐”正是当时的兵部尚书王琼，这是一位才略与杨一清不相上下的能臣。

王琼，字德华，太原人，成化二十年（1484）进士。初授工部主事，后进郎中。曾出治漕河三年，后来他把自己的这段宝贵经验都记录了下来，继任者按照他的记述去做，果然不爽毫发，由此大家都一致称道王琼的敏练干才。

后王琼改任户部，历河南右布政使。正德元年（1506），擢右副都御史督漕运，次年入为户部右侍郎。尽管王琼其人富于才干，但他个人操守却很差，他曾仗势欺人、盘剥百姓，弄得怨声载道。正德三年春，朝廷要大家推举吏部侍郎，前后六人，皆没有批准，最后又推荐王琼才被许可。后来因户部的旧案牵扯，王琼被改调南京。正德八年，他又晋升为户部尚书，因才能突出，在正德十年代陆完为兵部尚书。

就是在这时，四方民乱四起，将士常常由斩下首级的多少论功，但是王琼心知很多人杀良冒功，于是决定革除旧弊：“此嬴秦弊政。行之边方犹可，未有内地而论首功者。今江西、四川妄杀平民千万，纵贼贻祸，皆此议所致。自今内地征讨，唯以荡平为功，不计首级。”此举受到朝廷上下的一致称道。

后来，赶上南赣地区发生民乱，朝廷无人可用。王琼已经耳闻阳明的逸事，早已注意到阳明先生的大志，心知他并非一介腐儒，还有兵部主事的履历，才决定破格起用阳明巡抚南赣。而且王琼的用意还不止于此，当时宁王朱宸濠反形已露，如果阳明能在南赣有所作为的话，那么就会在侧翼和背后牵制住朱宸濠。关键是，阳明是一位廉洁忠贞之士，他既不会被收买，也不会坐视观望，一定会奋不顾身地奔赴国难——这一点非常重要，有才但无德的人，比无才而有德的人更要不得！

再后来，王琼总督三边，人以比杨一清。他著绩边陲，有人伦鉴识，锄奸定难因以成功。只是为人过于权谲，为士大夫之流所不喜。

当甫一接到巡抚的任命时，阳明心底虽然有点窃喜，但并无多少受宠若惊的感觉。他更多的是担心和忧虑，毕竟自己过去没有过任何带兵的实际经验，自然心中没底。他是既惊喜又惶惑，还想推辞，然而“士为知己者死”，纵然身不由己，也只能硬着头皮顶了。

这时候，阳明的老相识王思裕便对人说道：“阳明此行，必立事功。”

“何以知之？”另一老相识季本疑问道。

“吾触之不动矣。”阳明外在表现得如此从容淡定，不能不叫人放下心来。

不管怎么说，这个任命对于阳明的一生来说，都是一个很大的转折，与贬谪龙场具有同样重大的意义。如果说贬谪龙场造就了思想史上的王阳明，那么南赣巡抚的任命则造就了政治史、军事史上的王阳明。

也正是这两个方面的相互激发、相互结合、相互促进，才造就了一个真正自我实现的、完整的、千古唯一的王阳明。

但是阳明还有一重忧虑：如果是太平盛世，自己绝对没有立功的机会；如果自己活得足够长，兴许最后倒可以做到高官，有机会处理军国大事，但这种可能性太小了。只是如今国家被弄到这个地步，皇帝的嬉游荒政已经是有目共睹的，人心尽失，民乱迭起，这不知是有志者的幸还是不幸。

常言道“国家不幸诗家幸”，今日看来，国家不幸似乎也是有志者、立功者之幸！疾风知劲草，动荡识诚臣。

十月，阳明归省至越。然军情紧急，他在次年正月便赶到了动荡不安的南赣，从此他的生命掀开了新的一页……

第六章 在南赣靖乱中一展长才

阳明不但在南赣使用民兵，后来在历次作战中也都大胆使用民兵，并取得了不错的效果。兵在精而不在多，为此当时的阳明特命四省兵备官，于各属弩手、打手、机快等项挑选骁勇绝群、胆力出众者，每县多或十余人，少或八九人。

这些人都要求是魁杰之士，从而建立起一支两千多人的精锐部队。他们都被集中到赣州城内，由阳明亲自对他们进行操练和教训，这就等同于阳明的亲军了。

惶恐滩前的牛刀小试

对于天下的丧乱，阳明当年在龙场时分明已经预见到了。

如今权阉刘瑾虽已就戮，可宦官势力的坐大却并无根本改变。有明以来，宦官势力越发膨胀，其对国家权力的染指及社会各方面的影响，已是尾大不掉。尤其是正德皇帝还高高在上，他不但不有所醒惕，其昏悖反而变本加厉了。

天下汹汹不宁早已人尽皆知，想阳明当初在庐陵知县任上时，就已耳闻目睹江西各地官民之间的严重对立。后来更听闻各地多有百姓占山据险、攻城掠府等事传来，无不令他忧心不已，长夜为之嗟叹。既出于对形势的绝望，也出于个人的志趣，阳明顿生归隐之意。

可是却不曾想到，当南赣地区出现棘手之局时，身为本兵的王琼竟敢于破格提拔自己出任巡抚一职。对于王本兵的才干，阳明已是久闻。后来有友人自京师来告知阳明，言及王本兵之慧眼：阳明早年的故事王琼早已听说，然阳明敢于以一身跟权威的理学叫板，足见其人之胆魄非凡！

知阳明者，诚王琼也！既然推辞不过，阳明只得以死相报。

当时，南赣地区的形势确实非常严峻，可谓四处烽火。

此地为江西、广东、福建、湖广四省接境地区，大山连绵，地理偏远，形势复杂，法制不行，民风剽悍，以致民乱迭生，且此起彼伏，互为应援，积重而难返。

其中有几股较大的匪患，他们分别是江西南安府的横水、桶冈、左溪等地的谢志珊、蓝天凤部，浰头地区的池仲容部，江西大庾的陈曰能、广东乐昌的高快马、湖广郴州的龚福全、福建南靖的詹师富等。谢志珊、池仲容等人且已称王，可见其志不小，一旦形成气候，后果不堪设想。前番官军数次进剿，多以失利而还，反而更加助长了其气焰。

那些占山据险者，称王称霸已有不少岁月，根基牢固，短时期内要予以平灭，确实并非易事。不过，在阳明看来，民乱其实一点不难平定！自古以来，民乱何止万千计，但真正成为朝廷心腹大患的草头王却屈指可数。尤其是只要书生不参与，造反者就绝不会成大器、成正果（其实朱元璋就是典型的草头王起家，但他却有幸借助了儒家所倡导的“华夷之辨”观念，所以很多读书人还是愿意追随这些草头王反元的）。

然而平乱之后，若不治本，必定死灰复燃——这倒是阳明深为忧虑的。

凡是喜欢读点史书的人，对于起码的镇压民乱都会有些经验认识，何况阳明还曾钻研过兵书，对付这些还未成气候的草头王自然不在话下。他们毕竟不是蒙古骑兵那种组织性强、机动性强、战斗力强的顽敌，甚至于明军轻易无法深入草原以进行犁庭扫穴式的沉重打击。但对付草头王作乱，只要官军能加强自身、严明纪律，战术运用得当，配合上有默契，定可收取全功。

阳明眼下真正忧虑的是自己会闹出些意外来，比如本来就糟糕的身体会吃不消，或者真会有些令自己百密一疏的情形等，毕竟他这也是大姑娘上轿——头一回！

到赣州上任的这一路上，阳明考虑的就是这些问题。他更明白，民乱不断，固然有些不逞之徒的作恶和煽动，但这其中的大部分人，还是那些因生计所迫才铤而走险的贫苦百姓。想当初自己在庐陵时，如果不能冷静处理，不能为百姓着想，动用强力胁迫百姓，必然也会激起民变。

所以，平乱之后，善后工作实为重中之重。

在兵部致阳明的公文中，提到都御史文森因迁延误事遭到处置，因此要求阳明“着上紧去，不许辞避迟误”，否则将步文森的后尘。

阳明一路上都是坐船，当行经江西万安的惶恐滩时，眼见凶险无比，又值正月枯水期，他委实为大家捏了一把汗。可是待得船过惶恐滩而惊魂稍定时，又眼见前方很多商船拥挤在水道上，令阳明等一行无法通过。

前往打探的人回复道：“大人，前方有流贼数百，他们沿途肆劫，故而前方的这些商船不敢通过。”

“哦，我才赴任巡抚，就遇上难题了，看来今日不能不牛刀小试一回了。”阳明心想。流贼向来没有组织性，只求苟且一时，官军一来，往往避居山泽。鉴于他们畏惧官军的心理，阳明于是心生一计。

当时，阳明并一干随从等人不过数十人，如果公然硬拼显然是不行的；假如要求当地官府派兵来驱散这伙流贼，又需些时日，阳明耽误不起工夫，所以阳明不得不兵行险招，要借用一下自己巡抚大人的威仪。

在阳明的号召下，所有的大型商船都被集合到一起，打出巡抚王大人的旗号。经过一番虚张声势，扬旗鸣鼓、结为阵势的船队已如趋战之状。当他们耀武扬威地行经流贼盘踞的河段时，那帮没见过世面的家伙果然被震住了，不但未敢加以阻拦，还跪在岸上一齐向阳明叩拜。

阳明出得舱来，只听那帮人呼喊道：“巡抚大人给小的们做主啊，我等本是饥荒流民，乞求官府赈济！”

阳明眼见如此，自不怀疑，于是他命人告谕那帮人道：“本院到赣州后，即差官来抚恤安插你等。则今后宜各安生理，毋作非为，自取戮灭。”因为他挂衔在都察院，所以自称“本院”。

在一般乡人的心目中，巡抚大人已如天人，今又见巡抚大人如此开恩，众人哪有不照办之理。于是这帮阻扼水道的流贼轻易就被阳明给驱散了，商船得以再次通行。

正月十六日，阳明等一行人终于到达了南赣汀漳巡抚衙门的所在地——赣州，随即开府办公。

治乱世当用重典

仔细说起来，赣州距离吉安地区并不是太远，相去不过两三百里，但是地位却悬殊得很。

赣州扼赣、闽、粤、湘四省要冲，素有“江湖枢键，岭峤咽喉”之称，是江西南部重镇。它南倚五岭，北俯全赣，发源于南岭的章、贡二水，在赣州汇合而成赣江。

从西汉初年此地立赣县始，此后它便成为郡、州、路、府的所在地。自成化以来，赣、闽、粤、湘接壤地区治安环境恶化，经常发生山民聚众抢劫过往商人的事件。当地官府派兵剿捕，往往收效甚微，山民或凭借地形潜逃，或对人数较少的官兵发起袭击。

时日一长，这里的盗匪形成气候，使得该地区已近于半独立状态。此地又为四省边境山区，形势交错，令四省皆有鞭长莫及之感。因此，为了加强对该地区的控制，明政府采纳了江西地方政府的提议，决定在该地区组建一个特别行政区。弘治十年（1497），在原有江西按察司岭北分司即岭北道的基础上，朝廷改置南赣汀漳巡抚，管辖江西南安、赣州，福建汀州、漳州，广东潮州、惠州、南雄，以及湖广的郴州，共七府一州。

本来，南赣汀漳地区经济文化落后，又地理位置偏远，是个法外之地。长期以来，在土著居民与客居侨民之间、家族与家族之间，因为各种纠纷而屡起争端，最后往往以械斗流血收场。故而此地民风强悍，不易管理。

这里的地方官员多由内地贬谪而来，百事敷衍，无所用心，除了搜刮百姓，一无长技。大明建国之初，为了强化对于地方的管理遂设立了里甲制度，但不过百年，这一制度已在南赣地区名存实亡。从弘治十年到正德十一年（1516），近二十年间，南赣巡抚换了数任，可是该地区的局面并无多大改观。相反，这里山贼与民乱越发难以收拾，大有向其他地区蔓延之势，如果不能及时遏止，到时必然会引发东南地区的震荡。

巡抚衙门修得相当气派，但阳明却无心欣赏，他初到赣州，百废待举，要做的事情实在太多了。可是，这第一把火究竟该如何烧起来呢？

做巡抚不比做知县，做这南赣汀漳巡抚又不同于他处巡抚，这第一把火必须用猛火，还要官、民、军都得烧，不然对久病之体就难见效。

其实，在来的路上，阳明已经想好了，那就是先对南赣地区大力整肃一番，使民有所畏忌。所谓“刑新邦用轻典，刑平邦用中典，刑乱邦用重典”，对于这种认识，经常读点史书的人都能体会到这一点。也就是说，不行法家之术、不用严刑竣法规正一下乱邦，那么局面就不容易从头收拾（法家之术其实也就适宜于乱世，它本身也是产生于战国争霸的特殊背景）。

这一点诸葛亮就是阳明可以效法的榜样，想当年刘备初定蜀地，诸葛亮便以法家之术治理蜀地。起初，士人百姓多有怨言，身为刘备重要智囊的法正于是向诸葛亮提出疑问说：“昔时高祖入关，与民约法三章，秦民遂感念高祖恩德。如今我们跨据一州之地，初有其国，还没有向百姓施加恩惠，却先让百姓尝到了严刑重法的苦头。而且我们（主公）是客，蜀人是主，本应该迁就才是，所以希望你能缓刑弛禁，以慰蜀人之望。”

诸葛亮高瞻远瞩，于是回答法正道：“君知其一，未知其二。秦以无道，政苛民怨，匹夫大呼，天下土崩，高祖因之，可以弘济。刘璋暗弱，自（刘）焉以来，有累世之恩，文法羁縻，互相承奉，德政不举，威刑不肃。蜀土人士，专权自恣，君臣之道，渐以陵替。宠之以位，位极则贱；顺之以恩，恩竭则慢。所以致弊，实由于此。吾今威之以法，法行则知恩，限之以爵，爵加则知荣。荣恩并济，上下有节，为治之要，于斯而著矣。”这正是一张一弛的道理。

后来，诸葛亮果然把蜀地治理得井井有条，令蜀民百代之下犹传诵其美名。

不过，用重典治乱邦的道理别人也不是不懂，只是有些人敢做而有些人却不敢做。那些不敢做的人，往往害怕因处置不当被弹劾，或者前怕狼后怕虎，以致不能勇于任事，而且也根本不愿替百姓着想，只是一味糊弄局面而已。

但是阳明却不怕罢官，更不怕承担责任，这就是他的胆魄，也是王琼赏识他的地方。而且他也早已置生死于度外，做事能够义无反顾。此外，阳明较之其他能臣，还有一项长处，那就是他明白风俗、教化的重要，不只是依靠严刑峻法威慑百姓。

通过健全基层社会组织、强化法制管理、加强军队的训练及统一指挥，有了这些，就足以破“山中贼”。可是，平定了匪患和民乱以后呢？能不能保证他们不再复起？阳明明白，不对百姓施以教化，不纠正文痞武嬉的习气，不破除“心中贼”，匪患和民乱也就不可能从根本上消除。而南赣乃至全天下都将永无宁日——其实他倡导圣学，也在于寄望天下学子都能够遵从圣贤的教导，发扬自己本心所具有的良知良能，在野做一个君子，出仕做一个好官！

破“山中贼”是治标，破“心中贼”才是治本。破“山中贼”只需要一时的工夫，这个比较容易，而破“心中贼”就需要大家穷毕生之力，这个相对就难得多了——这既是人性本身的问题，也是这种君主集权、官僚主义制度放大了人性的恶——身为有识之士，阳明尤其能够认识到这一点，所以他也只能尽力而为，毕竟他拿皇帝这个当家人无能为力。

如今挫折备尝的阳明，早已没有了少年时代的锐气和理想精神，他已经深知人力的微末，以及个人的渺小。是故君子行于世间，但求问心无愧而已。

正在阳明犹豫着该如何具体着手治理南赣之际，一件看似偶然的事情却让他有所触动。

当时，南赣百姓中多有与贼寇沾亲带故的，还有贼寇中专门布下的眼线，所以官府凡有什么举动，贼寇往往事先能够知悉，能够成功与官军周旋。在巡抚衙门中有一老吏，也是贼寇收买的重要眼线，其奸尤甚，可谓罪大恶极。有一次，这名老吏不慎东窗事发，于是阳明亲自讯问他，将其呼入卧室，使之自择生死。

一番软硬兼施后，老吏乃输情吐实，阳明许其不死。正是在这位老吏的密切配合下，阳明派出官军成功地剿灭了几支小股的贼寇。

经过老吏一事，阳明不能不想到：像这样的贼寇耳目，还有没有呢？肯定有！即便今天没有，明天未必没有，而且这些人数量庞大，又难以辨识，可谓防不胜防。

那么，究竟该如何防止机密泄露，从而保障军事行动的隐蔽性与有效性呢？看来办法只有一个，那就是彻底切断这些耳目与贼寇之间的联络，让贼寇变成聋子、瞎子。于是，一个综合治理方案在阳明的心中逐渐清晰起来，这便是“十家牌法”的出炉。

所谓御外必先治内，强化社会治安与对敌用兵，其实是一个问题的两个方面。具体到“十家牌法”，其实就是明初里甲制度的一个变种。

按照明朝的制度，县之下为都，都下面有里、甲，为基层政权组织。阳明仿照这种形式，特编十家为一牌，并开列各户籍贯、姓名、年貌、行业，日轮一家，沿门按牌审察，遇面生可疑人，即行报官究理。为了防止隐匿不报等情形出现，阳明不得已推行“连坐法”：或有隐匿，十家连坐。这样一来既便于互相监督，也要求百姓知法守法。

为免造成百姓误解，阳明还特别告谕父老子弟：“务要父慈子孝，兄爱弟敬，夫和妇随，长惠幼顺；小心以奉官法，勤谨以办国课，恭俭以守家业，廉和以处乡里；心要平恕，毋得轻易忿争；事要含忍，毋得辄兴词讼；见善互相劝勉，有恶互相惩戒；务兴礼让之风，以成敦厚之俗。”

但是“十家牌法”能否得到认真执行，也全在于各级官吏是否全力贯彻。阳明心知官吏们向来善于敷衍塞责，如不进行严厉申饬，他们必然会将“十家牌法”视为虚文。好在巡抚本就有弹劾督责职能，阳明一向又是以秉公执法、不讲情面闻名的，所以南赣的各级官吏都不敢怠慢。

地方基层组织完善了以后，就等于筑就了一道坚固的长城。但是要想肃清匪患，还需要有一支得力的军队。

由于长年的腐化堕落，官军已经不堪大用，尤其是内地的官军，简直成了一群只会扰民害民的废物。阳明从前对此体会还不够深，可自打来到南赣以后，耳闻目睹，真是不胜浩叹。

怪不得这些年来地方每每有事，总是向朝廷请兵。可是兵部请旨以后各部还要反复议论，等到朝廷真正调兵遣将时，一年恐怕都已经过去了，那时小乱也早已酿成大祸，实在是反应迟钝。

在当时的南方地区，地方每请兵，朝廷便多会派“土兵”“狼兵”甚至“达兵”前来。土兵主要来自湖广省湘西地区的永顺、保靖两个土司，狼兵则来自广西的东兰、那地、南丹等地，达兵则主要是一些回民，主要来自广东。这些地区民风剽悍轻死，又不治生产，所以很多人以当兵为业。

然而最让人头疼的是，官军一来，山贼便潜伏不出；官军一走，山贼便又活跃起来。如此劳师靡饷，却无济于事。特别是土兵、狼兵每到一地，当地政府和民众不但要提供食宿，还得捐赠财物，以事犒赏。若犒赏不及或不满意，他们便要大肆掠夺。因此当时有民谣说“贼如梳，兵如篦”，梳子刮一下还受得住，篦子一刮就干干净净了，实在害民匪浅。

阳明早已打定主意，绝不向朝廷请兵，更不会要求土兵、狼兵入境助战，因为请神容易送神难。阳明其实心里很明白，一帮草寇并不难对付，况且他们之间基本没有联合，只要成功地将他们彼此孤立起来，就可以各个击破。而且草寇本来也是民，那么何不以民制民呢？

所以，阳明决定在当地百姓中选练一支民兵来对付山贼。对此，他在公文中强调说：“夫事缓则坐纵乌合，势急乃动调狼兵，一皆苟且之谋，此岂可常之策？古之善用兵者，驱市人而使战，假闾戍以兴师。岂以一州八府之地，遂无奋勇敢战之夫？事预则立，人存政举。”如古之名将韩信，他驱使着一帮形同赶集的人，就打败了数倍于己的陈馀。再如秦将章邯，他率领着一帮民工、囚徒，就成功镇压了陈胜、吴广、项梁等人。

阳明本来就有兵农合一的军事理想，想当年王安石实行“保甲法”也是这一思想的体现。其实阳明的选练民兵、行十家牌法都是受到了王安石的启发。

只是真正的寓兵于农在古代行得通，在宋、明之世却已经行不通了。因为古人那种相对平均的土地分配制度已经遭到破坏，且越到王朝后期破坏越严重。不过起用民兵在军事上仍有一定的价值，它也为后人所沿用（比如曾国藩的湘军），因为民兵的素质与组织能起到关键作用。

阳明不但在南赣使用民兵，后来在历次作战中也都大胆使用民兵，并取得了不错的效果。兵在精而不在多，为此当时的阳明特命四省兵备官，于各属弩手、打手、机快等项挑选骁勇绝群、胆力出众者，每县多或十余人，少或八九人。

这些人都要求是魁杰之士，从而建立起一支两千多人的精锐部队。他们都被集中到赣州城内，由阳明亲自对他们进行操练和教训，这就等同于阳明的亲军了。

另外，就是在各省进行招募，大约江西、福建二兵备各以五六百名为率，广东、湖广二兵备各以四五百名为率，中间更有出众者，优其廪饩，署为将领。这样又建立了一支两千多人的常备军队，他们可以承担机动性作战任务。

对于先前的官军，除南、赣兵备自行编选，余四兵备官仍于每县原额数内拣选可用者，量留三分之二，委该县贤能官统练，专以守城防隘为事。其余一分，拣退疲弱不堪者，免其著役，止出工食，追解该道，以益募赏。

所募精兵，专随各兵备官屯扎，别选官分队统押教习之。如此，则各县屯戍之兵，既足以护守防截，而兵备募召之士，又可以应变出奇。盗贼渐知所畏，一干良民也就越发有所恃而无恐矣。

其实，阳明将精锐紧紧抓在自己手中还有几项好处。

就像五代时的周世宗组建禁军一样，既可以增强军队的战斗力，又可以巩固中央集权。在阳明则可以一面加强对军队的控制，一面强化自身的权威。

不过选练民兵容易，难的是筹集这支队伍所需的经费。阳明是在国家正式编制外建立起了一支队伍，朝廷是不可能负责军费开支的。而没有报酬，任阳明说破天，那些来当兵的百姓也是不会跟着他走的——不但辛苦，而且这还是玩命的事儿。何况还有一应粮草的供应和运输，就像孙子所说的，战争是最消耗钱财和物质的：“凡用兵之法，驱车千驷，革车千乘，带甲十万，千里馈粮，则内外之费，宾客之用，胶漆之材，车甲之奉，日费千金。然后十万之师举矣。”

阳明只得自筹经费，好在朝廷还可以通融，所以阳明便将筹款的重点放在疏通盐法、提留商税上[1]。但是这些经费也是有限的，不足以支持长期的开销，所以阳明必须迅速解决南赣的匪患问题。

上任还不到一个月，阳明的宝剑便出鞘了……

进剿漳南报捷音

想阳明少年时，就曾一度摩拳擦掌，要上疏朝廷，为朝廷平定民乱效力。如今三十年过去了，“有心栽花花不开，无心插柳柳成荫”，他竟然有了为国家效力和检验自身能力的机会。

当初，阳明在赴任中途时已经听闻漳寇方炽，所以他一面兼程至赣，一面即移文广东、福建、江西三省兵备，克期起兵。到赣州上任才不过十天，他就开始和有关方面协调进剿漳南一带贼寇的事情。

当时新兵还没有到位，主要依靠的力量还是此前的官军，这也是迫不得已。在进兵之初，阳明便告谕诸将说：“贼虽据险而守，尚可出其不意，趁其不备，则用邓艾破蜀之策，从间道以出。若贼果盘踞持重，可以计困，难以兵克，则用充国破羌之谋，减冗兵以省费。务在防隐祸于显利之中，绝深奸于意料之外，此万全无失者也。”

[1] 曾国藩的湘军也是依靠收取“厘金”来筹充军费的，它最初是地方筹集饷需的方法，又名“捐厘”。

想当年，邓艾率一支奇兵从阴平小道突入蜀地，一举灭蜀。赵充国系西汉名将，在对付羌人时首倡屯田，又裁汰冗余的官兵，这样既可以减轻百姓的负担，又可以支持军队的长期作战。就在进军途中，初涉战阵的阳明，内心难免有些起伏，于是作《丁丑二月征漳寇，进兵长汀道中有感》：

将略平生非所长，也提戎马入汀漳。
数峰斜日旌旗远，一道春风鼓角扬。
莫倚贰师能出塞，极知充国善平羌。
疮痍到处曾无补，翻忆钟山旧草堂。

不久，部队到达长富村，与一股盗匪遭遇。双方经过一场激战，官军占据上风，盗匪乃奔往象湖山拒守。官军遂追至莲花石，与盗匪对垒。

这时广东方面的援军到了，正欲合围象湖山之敌，敌人见状于是决定突围。由于广东方面配合不力，被眼前的小胜所迷惑，不从小道进攻，违背了阳明的命令，结果令这伙盗匪溃围而出。其中指挥覃桓、县丞纪镛由于马匹掉入陷阱，结果二人战死。

“大人，贼寇今已逃入老巢，以我军现有兵力，若想消灭这股贼寇，那是非常困难的！不如我们请调狼兵来援，待秋时再举，方为持重稳妥。”这时诸将纷纷上言道。

如今才是二月，要等到秋天再行动，那敌人早已恢复了元气，要想彻底消灭岂不更难？阳明当然不甘坐视贼寇嚣张，而且当时官军主力有两千余人，他也不相信以现有力量不能尽灭这伙贼寇。

阳明于是拿出自己巡抚的款儿来，对诸将斥责道：“一派胡言，以我现有之兵力，还愁灭不了这伙贼寇？还要等到秋时再举？荒唐！若不是你等贻误军机，令敌人得以突围，焉有今日之议？好了，今日先暂行记下你等失律之罪，务必立功自赎吧，否则休怪本院不讲情面！”

众人皆已知“阳明先生”大名，晓得他此言不虚，于是诸将很快就分成了两派：一派以福建方面为主，对巡抚大人的提议持赞同态度；一派则以广东方面为主，仍旧坚持原议。

一时间，讨论陷入了僵局，不少人心想，这位巡抚大人也忒难伺候了些，真是书生气十足。

见诸将议犹未决，阳明心里却早已有底，于是特以军事行家的口吻道：“用兵宜在随机随时，变数在呼吸之间，怎么能够坚持成说呢？如今福建诸军已经基本到位，大家皆有立功赎罪之心，利在速战。如果当初我们在开始包围这伙贼寇的时候就能趁其不备，一鼓作气，必能成功……如今我们的声势既已彰闻，各贼必联党设械，以御我师，此时倒正可示以宽懈。如果仍旧坚持乘机之说以张皇于外，那是只知道吾卒之可击，而不知敌之未可击也……”

“孙子说：‘知己知彼，百战不殆。’不要光想到自己的一面，还要综合考虑对方的形势变化。当己方力量强的时候，对方可能力量会更强；反之，当己方力量变弱的时候，对方力量可能会更弱。”

诸将听到这里，已颇感意外，没想到“阳明先生”居然对用兵如此内行，原来还以为朝廷只是看重他办事认真呢！

“广东之兵意在倚重狼、达、土军，然后举事，然而诸贼也等着看我们集结起土兵，以此预测战期，乘此机候，他们正可奋怯为勇，变弱为强。如果我们仍旧坚持这种所谓持重稳妥的策略，以坐失事机，那则是只知道我军不可出击，而不知道敌人正可被击的道理……善用兵者，因形而借胜于敌，故其战胜不复，而应形于无穷。胜负之算，间不容发，怎么可以拘泥于旧例呢？战场上形势千变万化，战机稍纵即逝，难道能拘泥于某种固定的策略、成例吗？”

诸将听完，无不叹服：“愿听大人调遣！”不过这些人嘴上虽已服了，但还是要看效验，到时就不见得会心悦诚服了。

别说诸将的态度尚有所保留，便是阳明自己也有些紧张。此役可谓自己树立权威的关键，只能成功不能失败，所以他必须全力以赴，不能有丝毫疏漏。于是阳明一方面亲率诸道锐卒进屯上杭，以便于随时展开行动；另一方面他却密敕群哨，四面放出口风要犒赏兵众，退回部队等秋天再卷土重来。

在这些基本的安排完成以后，阳明又密遣义官[1]曾崇秀去窥探敌人的虚实，以待敌人松懈下来。这帮家伙都是老油子了，根本没想到官军会给自己来这一手。

几天以后，曾崇秀那边就送来密报，告知阳明贼寇已经松懈，官军正有机可乘。

二月十九日，阳明选兵分三路，于此日乘晦夜衔枚齐头并进，直捣象湖。由于出其不意，官军一举夺占了隘口，以至于令敌人失去险要。贼寇不得已，又据上层峻壁，四面滚木垒石，以死拒战。

阳明指挥官兵奋勇鏖战，自辰至午，呼声震地。不过，一味蛮干是阳明所不取的，正面强攻其实只是为了吸引住敌人的注意力。阳明还有一手，那就是命一支奇兵从小道鼓噪突登，令贼寇闻风丧胆，竟不战自溃。

“以正合，以奇胜”，这正是兵家所倡导的。官军于是乘胜追剿，不久便传来捷报：福建兵攻破长富村等敌巢三十余所，广东兵攻破水竹、大重坑等敌巢十三所，斩首从贼詹师富、温火烧等七千多人，俘获贼属、辎重无算，而诸洞荡灭。

从阳明开始布置此役，到最终取得胜利，才不过三个月的时间。漳南地区的贼寇已经为患数十年，而一朝即被阳明荡平，他的威名算是就此传开了。

初战便取得大胜，这让阳明在军中树立起了威望，正利于他对军队进行适当的改革。

也是在这场平定漳南山贼的战斗中，阳明进一步发现了官军纪律性差、机动性差等弱点，所以在班师后的次月，他便决定立兵符，对军队组织体系来一次大的调整。“兵符”在战国时代就有了，因为它是君主发兵的凭据，别人无法染指，所以才有了“信陵君窃符救赵”的典故。

---

[1] 通过捐赠等方式得到的官阶，无实际权力。

阳明道："习战之方，莫要于行伍；治众之法，莫先于分数。"只有先把军队的组织问题解决了，才便于战斗力的发挥。为此，早年即精通此道的阳明特做出如下编制：每二十五人编为一伍，伍有小甲；五十人为一队，队有总甲；二百人为一哨，哨有长，有协哨二人；四百人为一营，营有官，有参谋二人；一千二百人为一阵，阵有偏将；二千四百人为一军，军有副将、偏将无定员，临事而设。

另外还做出规定：小甲于各伍之中选才力优者为之，总甲于小甲之中选才力优者为之，哨长于千百户、义官之中选才识优者为之。副将得以罚偏将，偏将得以罚营官，营官得以罚哨长，哨长得以罚总甲，总甲得以罚小甲，小甲得以罚伍众。

这样安排就是为了能使大军如同一个人那样易于指挥：上下相维，大小相承，如身之使臂，臂之使指，自然举动齐一，治众如寡，庶几有制之兵矣。

编选既定，为了便于士兵之间联络习熟，每五人给一牌，备列同伍二十五人姓名，谓之伍符。每队各置两牌，编立字号，一付总甲，一藏本院，谓之队符。每哨各置两牌，编立字号，一付哨长，一藏本院，谓之哨符；每营各置两牌，编立字号，一付营官，一藏本院，谓之营符。

凡遇征调发符，比号而行，以防奸伪。其他诸如养训练的方式方法，旗鼓进退的信号设定，阳明也全按照简单实用的标准而行。

阳明鉴于漳南山贼据险，久为民患，今幸而扫灭，须为拊背扼吭（指控制要害、制敌死命）之策，以防止其再起，乃奏请设平和县治于河头，移河头巡检司于枋头。

河头为山贼诸巢之咽喉，而枋头又河头之唇齿也。阳明在奏疏中指出："方贼之据河头也，穷凶极恶，至动三军之众，合二省之力，而始克荡平。若不及今为久远之图，不过数年，势将复起，后悔无及矣。盖盗贼之患，譬诸病人，兴师征讨者，针药攻治之方；建县抚辑者，饮食调摄之道；徒恃攻治，而不务调摄，则病不旋踵，后虽扁鹊、仓公，无所施其术也。"饮食调摄就是培植元气，元气足则人神气旺，神气一旺则邪祟难侵。

六月，阳明疏请疏通盐法得允。

九月，朝廷又改授阳明为“提督南、赣、汀、漳等处军务”，给旗牌，如此便获得了便宜行事之权，强化了他对军队的指挥。

旗牌又称“王命旗牌”，它是朝廷颁发给总督、巡抚、提督、总兵官等高级官员或钦差大臣的标志，用以表示其奉王命有便宜行事之权。历来南赣地区只是以巡抚莅之，至都御史周南会请旗牌，事毕缴还，不为定制。

此番阳明有鉴于自己的权限还不够大，不能有效地约束诸将，所以他也向朝廷要求旗牌（他后来能迅速平定宁王之乱，旗牌在手也是一大主因）。他知道，自己有了前次大捷的本钱，就足以向朝廷要求更大的权力，而且这也是办大事的前提——事权不大，事权不专，这是两宋的弊政，是其外战不断失败的惨痛教训。

而且兵无常势，水无常形，行军作战本没有固定不变的模式，全在于将帅因势利导、随机应变，即所谓“将在外，君命有所不受”。用兵重在便宜行事，这是历来兵家所重视的基本原则，朝廷不宜有所掣肘和遥控。

要在部属中树立更高的威望，也需要使他们认识到朝廷对自己的倚重，使得他们目中有“人”。阳明的请给旗牌的奏疏上陈以后，却不见朝廷回复，阳明心知此间利害还没有在奏疏中点透，于是又上一疏，其中道：“我国家有罚典，有赏格。然罚典止行于参提之后，而不行于临阵对敌之时；赏格止行于大军征剿之日，而不行于寻常用兵之际，故无成功。今后凡遇讨贼，领兵官不拘军卫有司，所领兵众，有退缩不用命者，许领兵官军前以军法从事；领兵官不用命者，许总统官军前以军法从事。所领兵众，有能对敌擒斩功次，或赴敌阵亡，从实具报，覆实奏闻，升赏如制。若生擒贼徒，问明即押赴市曹，斩之以徇，庶使人知警畏，亦可比于令典决不待时者。如此，则赏罚既明，人心激励；盗起即得扑灭，粮饷可省，事功可建。”

阵前要严明赏罚，阳明又进一步指出：“古者赏不逾时，罚不后事。过时而赏，与无赏同；后事而罚，与不罚同。况过时而不赏，后事而不罚，其何以齐一人心，作兴士气？虽使韩、白为将，亦不能有所成。诚得以大军诛赏之法，责而行之于平时，假臣等令旗令牌，便宜行事：如是而兵有不精，贼有不灭，臣等亦无以逃其死矣！”

不能使巡抚之臣有效地行使赏罚之权，那么即使他有白起、韩信那样的统帅之才，也是无济于事的。

阳明在奏疏中还提到，漳南的贼患既平，这不过是小股的山贼，接下来要征剿的山贼其势力更大、更不易对付。要平定横水、桶冈、浰头等处的两万多顽寇，按照传统的办法，朝廷需要调集十万人马，每天须耗费军费上千两，且不说这些军队扰民的问题，他们要获得成功，起码也得一年的时间。

可是，朝廷如果能给我王阳明足够的权限，又不急于求成、动辄掣肘，那么我王阳明既不需要朝廷兴师动众、糜兵费饷，百姓也没有运送粮草、横遭兵劫之苦。

这两种方法究竟孰优孰劣，难道朝廷还看不明白吗？不过阳明也知道，朝廷对于大臣、重臣的猜防态度是不易改变的。就像两宋那样，宁愿坐视外患扩大，也不愿看到用事之臣尾大不掉——想当年太祖皇帝只为着自己的疑心病，就杀掉了几乎所有的开国元勋（只保留了耿炳文和郭英两位），难道这不是很能说明问题吗？

但是阳明又不能不试图改变目前这种不利的局面，他觉得皇帝虽不负责，而杨廷和、王琼等人还是识大体的。果不其然，阳明对朝廷的“要挟”引来了众怒，诸臣自然是不乐意看到有人的事权如此之重，这是嫉妒。于是有人不满道：“这个王阳明，满嘴里都是圣贤道理，如今又怎么样？刚建立了一点功劳，就翘尾巴了，管朝廷要权，真是可恶！”

可是，毕竟有人还是能够明白阳明的苦心的，那些只会动嘴皮子吵架的臣僚，不过是些迂腐、狭隘之徒。所以当朝廷将此事的参议权下到兵部，身为尚书的王琼便建议朝廷同意阳明所请。不仅如此，在王琼的争取下，阳明得以改巡抚为提督，军法从事，钦给旗牌八面，悉听便宜。

王本兵对于阳明的支持，显然是非常重要的，当时镇守太监毕真谋于皇帝的近幸，请求到阳明军中去做监军。王琼于是上奏说兵法最忌遥制，若使南、赣用兵而必待谋于省城镇守，断乎不可，唯省城有警，则听南、赣策应。这样一来，毕真的企图才告落空。

阳明对于王本兵的赏识和支持，感动得真是无以复加，以至于他后来总是不自觉地将功劳归于王本兵一人，弄得杨廷和等大学士对阳明很是不满。

如今阳明既有了更大的权限，他的舞台也就更为广阔了。然而阳明也知道，自己这是立下了军令状，一旦事情办得不顺利，那么结局将会非常难看。可是，阳明哪是计较个人得失之辈，而且有了前番的胜利，他心底的一块石头也终于落了地。

他内心已经非常清楚：没有什么贼寇是不能平定的，也没有什么困难是他王阳明不能克服的！

成为终生之痛的祥符宫阴谋

平定民乱也好，征剿贼寇也好，不能只是一味地纯用武力，要剿抚两用，这也是朝廷一直以来的既定策略。

当时漳寇虽已平定，但乐昌、龙川一带还有不少啸聚山林的贼寇。对于自己辖区内的贼寇，阳明决定取先易后难之策，准备先将乐昌、龙川一带的贼巢扫除。不过在动用武力之前，阳明决定先用政治的一手。他一面让人带着牛酒银布到各山头犒赏，一面又抚谕这些人说："夫人情之所共耻者，莫过于身被为盗贼之名；人心之所共愤者，莫甚于身遭劫掠之苦。今使有人骂尔等为盗，尔必怫然而怒。尔等岂可心恶其名而身蹈其实？又使有人焚尔室庐，劫尔财货，掠尔妻女，尔必怀恨切骨，宁死必报。尔等以是加人，人其有不怨者乎？人同此心，尔宁独不知？乃必欲为此，其间想亦有不得已者。”

阳明还指出了他们不得已的苦衷，可见他还是能体察民情的：“或是为官府所迫，或是为大户所侵，一时错起念头，误入其中，后遂不敢出。此等苦情，亦甚可悯。然亦皆由尔等悔悟不切耳。”

阳明还做出保证，对于投诚之人，绝不会轻加屠戮，同时他也威胁道：“吾南调两广之狼、达，西调湖、湘之土兵，亲率大军，围尔巢穴，一年不尽，至于两年；两年不尽，至于三年。尔之财力有限，吾之兵粮无穷，纵尔等皆为有翼之虎，谅亦不能逃于天地之外矣。”

阳明既挟新胜之威，又怀爱民之情：“呜呼！民吾同胞，尔等皆吾赤子，吾终不能抚恤尔等，而至于杀尔，痛哉！痛哉！兴言至此，不觉泪下。”

最后，这帮贼寇被阳明的举动所感化，率众来投，愿效死以报。

通过与朝廷磋商，南赣地区的盐法、商税都得以疏通，这样一来，阳明在编练新军的经费上就有了保证。经过大半年的选练，这支新军也可以正式投入作战了。为此，这年十月，阳明特将兵锋指向横水、桶冈、浰头等地的顽寇。

南、赣西接湖广桂阳，有桶冈、横水诸贼巢，南接广东乐昌，东接广东龙川，有浰头诸贼巢。这一带多流民，很多人苦于生计不得不上山为寇。其中桶冈有一伙大贼的头目叫谢志珊，号“征南王”，他纠集了大贼钟明贵、萧规模、陈曰能等一干人，还约集乐昌贼寇高快马等大修战具，并造吕公车，试图攻取城池。谢志珊其志不在小，他听闻广东官军都调到了府江一带，所以打算先破南康，然后乘虚杀入广东。

先前，湖广巡抚都御史陈金题请求湖广、江西、广东三省夹攻谢志珊，但是阳明以为桶冈、横水、左溪诸贼荼毒三省，其患虽同，而事势各异。他为此给诸将仔细分析道：“以湖广地区而言，则桶冈为贼之咽喉，而横水、左溪为之腹心。以江西地区而言，则横水、左溪为之腹心，而桶冈为之羽翼。如今谋划此事者不考虑先去除腹心，而急于夹攻桶冈，这就是置大军于两寇之间，腹背受敌，势必不利。”

因此阳明主张，不如先进兵横水、左溪，两地的贼寇见我大兵没有集结，以为师期尚远，更会判断我将以大兵先征桶冈。他们观望而疏于防备，此时我军正乘此急击可以得志，到十一月初必破两地贼寇。然后移兵临桶冈，破竹之势成矣！

众人见提督大人说得有理，于是决意先攻横水、左溪。阳明分定哨道，指授方略，密以十月己酉进兵。

由于阳明方略得当且指挥有方，加上新军的可靠战斗力，结果不及一月，已破贼巢五十余，擒斩贼寇头目五十六，从贼首级二千一百六十八，俘获贼属二千三百二十四。

此时众将请求乘胜进兵桶冈，可是阳明却又提出了不同的看法。他以为桶冈天险，四塞中坚，其所由入，唯锁匙龙、葫芦洞、察坑、十八磊、新池五处，然皆架栈梯壑，于崖巅坐发垒石，可以防御官军。虽然有上章一路稍平，可是却需要迂回半月才能到达，湖广方面的人马已是有些拥挤，我们南赣方面若再加入，那就更不方便了。况且横水、左溪余贼悉奔入，同难合势，为守必力。善战者，其势险，其节短。如今官军想乘全胜之锋，兼三日之程，争百里之利，以顿兵于幽谷，所谓强弩之末，不能穿鲁缟矣。不如移屯近地，休兵养威，使人谕以祸福，彼必惧而请伏。或有不从，乘而袭之，乃可以逞。

除了极少数人，大多数山贼其实并不愿顽抗到底，他们希望朝廷能给自己一次新生的机会。只要阳明派人晓以利害，由此人心势必动摇。阳明总的破敌方略还是先以政治攻势为主，达到瓦解削弱敌人的目的，继之以军事手段，彻底解决问题。

俗话说："兵以诈立。"用兵本来就应该虚虚实实、先声后实，心理战、宣传战也是有效的军事手段，不能只是一味地硬打硬冲。相反，只要"诈"得巧，就可以收到事半功倍之效。

果然，当阳明派去的使者说明了来意后，谢志珊等人大喜，于是会集众人商议对策。横水、左溪来投的余众由于吃过了官军的苦头，又跟官军厮杀过一阵，他们唯恐朝廷不容，所以坚持顽抗态度。

也就是在桶冈众人往复迟疑、疏于防备之际，阳明派兵分道疾进，前后合击，大败敌人。此役，官军破贼巢三十余，擒斩大贼首谢志珊、蓝天凤等三十四，从贼首级一千一百四十，俘获贼属二千三百。

谢志珊是被官军生擒的，由于他在南赣地区声名显赫，阳明对他倒还有些兴趣。

“你的党徒如此之众，你是怎么做到这一点的呢？”阳明好奇地问道。

“其实也不容易啊！”谢志珊摇头感叹说。

“怎么个不容易法？”

“回大人，我平生见世上好汉，就像那贪财者看见财货，断不轻易放过，必然会想方设法将他收罗过来。或者请他任意吃酒，或者帮他解除急难，以道义与其相交，与之赤诚相见，如此才没有人能拒绝我的意思。”

后来，阳明便在私底下对自己的门人们慨叹说：“我辈儒士追求待友之良道，难道与这谢某人做的有什么不同吗？”可见无论是什么人，都希望结交到更多的同志。

阳明当初平贼的总体方略是先横水，次桶冈，再是广东徐图浰头。就在进攻横水之时，他唯恐浰头方面乘机配合，便派人前往告谕。

贼寇多有被感化者，以至率众来投，只有池仲容等人最为顽固，他对众人分析道：“我等做贼已经不是一年两年了，官府来招也不是一次两次了，此番告谕真的会兑现吗？不如我们等着看他们那些已投诚的无事，我们再降也不晚。”从他们后来的遭遇看，这种担心还是有一定道理的。

那些已经投诚的贼寇，阳明不仅释其罪，还推诚抚之。这些人各愿自投，于是阳明择其众五百人从征横水。当横水既破，池仲容等开始坐立不安，便先派其弟池仲安来降附，意为缓兵之计，也为打探官军的虚实。

阳明早已将池氏兄弟的如意算盘看在眼中，所以当进讨桶冈时，他内严警备、外若宽假，在各要道隘口布设人马以截断池仲安等人的归路，尤其防止池氏兄弟互通消息。那些曾经为池氏所害的人都说他们兄弟凶狡异常，朝廷两次夹剿无功。他们对付官军早已有一套经验，比如说狼兵，他们知道其调来须半年，坚持不过一月，所以很容易与其周旋。

池氏既久经战阵，又人多势众，所以很多人认为以官军现有兵力还不足以将其剿灭，他们一致建议阳明向朝廷要求增兵。但是阳明觉得没那个必要，他只是密画方略，使各归部集，候期遏贼。等到桶冈被破的消息传来，池仲容是真的坐不住了，于是暗中为战守之备。

这些年来，他们这帮兄弟之所以能闹哄起来，不仅在于南赣地区天高皇帝远，也在于各地可以遥相呼应，甚至有时会彼此策应。如今各处贼巢已多半被官军端掉，看来他池仲容的好日子到头了。

为了探察池仲容处的虚实，阳明特意派人前往赐予其牛酒。

池仲容心知此事已经瞒不过去了，于是诈称道："那龙川的卢珂、郑志高等人素来与咱不睦，近来咱听闻他们可能要来偷袭俺们，所以才预做防备。但请绝对放心，俺们可不是针对官军的。"卢珂是此前已向官军投诚的流寇首领。

池仲容既这样说，阳明便假装相信了这个借口，于是他佯怒卢珂等人擅兵仇杀，乃移檄龙川县令当地官军伐木开道讨伐卢珂。池仲容听说了此事，且信且惧，赶紧派来使者，明为酬谢，暗地里还是想打探一番。

就在这时，卢珂等人也急急忙忙地来了，他们还没摸清头脑便说："求提督大人做主，我们当地的官军无故要攻打小的们！"

阳明见他们来得正好，假戏正好真做，何不借着卢珂等此来演出戏给池仲容的使者看呢？于是阳明便将此事的原委说与了卢珂等人听，然后又密语道："你再重来一次我这里，我则假装要制裁你！我们演一出'苦肉计'，我要杖你三十下，关你几天，这样池仲容才能信以为真。"

卢珂明白了阳明的意思，便爽快地答应了。阳明又授意行刑人员，要他们下手时轻一点。当卢珂等人再次来到阳明当时所在的南康时，阳明一面假装开罪于卢珂，一面则暗中令其弟集结队伍，以便到时对池仲容等采取行动。

十二月，阳明下令班师回赣州。

阳明先期将巡捕官召来，佯道：“今大征已毕，时和年丰，可令民家盛作鼓乐、大张灯会乐之，亦数十年一奇事也。”

要营造出和平安乐的气象来，他还特意叮嘱道：“乐户多住龟角尾，那里有可能招来盗贼，不妨将他们迁入城来。”这样更显得乐呵。

于是整个赣州街巷一片华灯鸣鼓，烘托出了一派安乐祥和的气氛。眼看新年就要来到了，阳明便派出指挥余恩、黄表二人前往三浰向他们颁发正德十三年（1518）的年历。此前池仲容还对阳明有所猜疑，今他见来使如此推心招徕，还赐以年历，心下稍安。

见池仲容放松了心理设防，余恩、黄表二人便从容言道：“你等既是新民，礼节生疏，今我等来颁历，你等怎么可以高坐于此没有表示呢？”言下之意，就是让池仲容到赣州拜谢。

池仲容此时已经完全被表象迷惑，他觉得自己已经暂时向朝廷服了软，提督大人又是如此大度，应该不会对自己怎么样的。于是他毅然带着手下九十多名大小头目一齐来到了赣州，不过为防不测，他们还是先在城外的教场一带驻扎了下来。

次日，池仲容带着几个人入见提督大人。没想到阳明没给他们好脸色，当即呵斥道:“你等既为新民,不一齐入见而驻扎在教场,难道是怀疑本院吗？”

池仲容听完此言，内心顿时惶恐起来，他觉得自己大概是上了当了。但人在屋檐下，哪能不低头，先过了这关再说：“哪里敢怀疑大人，听大人吩咐就是！”

随后，池仲容等九十三人被带进了赣州的道观“祥符宫”安置，他们见此地物宇整洁，顿时喜出望外。

池仲容等入住祥符宫这天是十二月二十三日，阳明同时还派出参随数人做馆伴，又制作了青衣油靴赏赐给这帮人，还教之习礼，以察其志意所向。

根据众人多日来的情况报告，阳明觉得这帮家伙久为寇盗，习性难改，其贪残终不可化，一旦有什么风吹草动，他们还会再次啸聚山林。而一帮士民也批评阳明说："大人这是养寇贻害啊！"

为长远考虑，看来不得不背信弃义一回了，于是阳明才下定决心，要设计除掉池仲容等人！

几天后，池仲容等前来辞行，阳明挽留道："自此地到三浰有八九日的路程，如果你们现在就出发，年内恐怕是回不了家了。就算是回到了家，又该大正月忙活了，那该多辛苦啊！本院听说赣州今年有灯，你们何不等到正月里看完灯再走呢？"

池仲容等不好回绝，便又勉强住了几天。年关已近，他们又来辞行，阳明再次挽留道："大正月里还得犒赏你们呢，怎么可以现在就回去呢？"

眼见提督大人如此热情，池仲容等只好待到了正月，他们不知道一个阴谋已经围绕着他们展开了。

正月初二这天，阳明令有司在祥符宫隆重款待大伙，直把池仲容等人灌得一个个人事不省。于是这天晚上，阳明又派出一干甲士潜入祥符宫，神不知鬼不觉地结果了池仲容等人的性命，也算替南赣百姓解除了一大心头之患。然而，阳明一生行事光明，不轻然诺，祥符宫此举虽说出于大义，可终究是有伤个人信义乃至朝廷信誉。

此事过后，阳明对此多少有些悔意，还为此加重了病情。他已经切实地体会到：兵家确实不是名教中人能做得了的，为求成功就不能全照着圣人的教诲来。

再鼓余勇扫荡山中贼

就在上年十二月，当阳明率领凯旋之师到达南康一带时，百姓竟沿途顶香迎拜。

为了表达自己的敬意和酬谢灭贼之功，在阳明所经州、县、隘、所，百姓们遂为他各立生祠。远乡之民，则各肖像于祖堂，岁时尸祝。在这当中，最积极的自然是那些有产之士，从今以后他们可以暂时为自己的身家性命松一口气了。不过，很多百姓也是发自肺腑地赞同此举的，因为阳明在保障一方安定之外，也切实在维护他们的利益——就像诸葛亮那样，民虽死而无怨。

闰十二月，阳明鉴于横水、左溪、桶冈一带的无政府状态，乃奏设崇义县治，及茶寮隘上堡、铅厂、长龙三巡检司。

他在上言中说道："横水、左溪、桶冈诸贼巢凡八十余，界乎上犹、大庾、南康之中，四方相距各三百余里，号令不及，以故为贼所据。今幸削平，必建立县治，以示控制。议割上犹、崇义等三里，大庾、义安三里，南康、至坪一里，而特设县治于横水，道里适均，山水合抱，土地平坦。仍设三巡检司以遏要害。"

此外，"茶陵复当桶冈之中，西通桂阳、桂东，南连仁化。乐昌，北接龙泉、永新，东入万安、兴国，宜设隘保障。令千户孟俊伐木立栅，移皮袍洞隘兵，而益以邻近隘夫守焉"。

对于阳明的这些建议，朝廷一一采纳，并将新县命名为"崇义"。

转眼就到了正德十三年(1518),在消灭了池仲容等三浰地区的贼寇骨干后，就只剩下其余党了。于是阳明准备往征三浰，尽快安定南赣这块是非之地。

在去年的五月间，蔡宗兖、许相卿、季本、薛侃、陆澄等同举进士，阳明先生在信中特意叮嘱他们道："入仕之始，意况未免摇动，如絮在风中，若非黏泥贴网，恐自张主未得。不知诸友却如何？想平时工夫，亦须有得力处耳。"

他又听闻徐爱在霅上（浙江湖州）一带买田置地，以为诸友久聚之计，他日阳明先生致仕也就有了一处理想的去处。阳明高兴之余，特遗二诗慰之。

就在戎马倥偬之际，阳明还不忘致书薛侃道："即日已抵龙南，明日入巢，四路皆如期并进，贼有必破之势矣。向在横水，尝寄书（杨）仕德云：'破山中贼易，破心中贼难。'区区剪除鼠窃，何足为异？若诸贤扫荡心腹之寇，以收廓清平定之功，此诚大丈夫不世之伟绩。数日来，谅已得必胜之策，奏捷有期矣，何喜如之！梁日孚、杨仕德诚可与共学……”

阳明自是有感而发，经过这一年来的努力，确实验证了自己当初的那些基本判断：平灭山中之贼容易，可是若要平灭人人心中之“贼”，谈何容易！

此时的阳明不仅不为前些日子的胜利欢欣鼓舞，内心反而平添了更多的忧患。阳明的身体本来就很差，此一操劳更病得不轻，每次指挥作战时他都需要让担架抬着，实在不胜辛苦。

眼看南赣大局将定，已无多少悬念，所以他于这年三月上了一道乞致仕的奏疏，结果朝廷不允。朝廷明白，这王阳明的身体还没到实在撑不下去的境地，他肯定是想偷闲去讲学，而南赣的大局暂时还需要他的主持。

早在此前，阳明已经密遣千户孟俊督率着卢珂之弟等，布置好了人马以就近监视池仲容部。而就在祥符宫密谋当晚，为了防止有变，阳明遂自率军从龙南、冷水直捣池仲容部巢穴所在的下浰。

当时山路难行，贼众在此前已经于河水中放置了很多石头，以防止官军渡河。阳明见大家有所惧色，便先行长途跋涉以往，诸军继之，结果无一人被淹死。

由于出其不意且攻势猛烈，池仲容部的坚固寨门很快就被攻破了，时在正月初七。

势力最大的池仲容部一灭，三浰地区的其他贼寇就等着被官军秋风扫落叶了。到了这年三月，官军又破贼巢三十有八，擒斩贼首五十八，从贼二千余，余众则奔九连山商议对策。

九连山横亘数百里，四面陡绝，须半月始达，而贼已据险。阳明为了彻底扫清匪患，于是挑选精锐七百余人，都换上贼人的衣服，假装奔溃，乘夜逃至贼崖下。山上的贼众见势便下来接应，这样官军就轻易占据了一些山上的险要。到了次日，山上山下的官军里应外合，便一鼓作气将这伙余贼剿灭了。

后来，阳明又视地理险易，立县置隘，留兵防守而归。

就这样，阳明仅用了一年多的时间、以极小的伤亡代价，就基本平定了南赣地区的匪患。

想当初，阳明还没有到达赣州时，就已经先对赣州形势深入地研究了一番，所以当他听闻有三省夹攻之议，便道“夹攻大举，恐不足以灭贼”。于是他便以《攻治疏》上奏朝廷，提出自己的讨贼方略，希望能获得朝廷的采纳。

可是当阳明的《攻治疏》才上呈朝廷时，三省夹攻的成命已经下达。阳明就此对自己的门人高屋建瓴地指出：“这所谓夹攻之策，名虽三省大举，其实举动次第，自有先后。”

阳明为此仔细分析道：

> 江西之南安，有上犹、大庾、桶冈等处贼巢，与湖广桂东、桂阳接境，夹攻之举，止该江西与湖广会合，而广东止于仁化县要害把截，夹攻不与焉。赣州之龙南，有浰头贼巢，与广东龙川接境，夹攻之举，止该江西与广东会合，而湖广不与焉。广东乐昌、乳源贼巢，与湖广宜章县接境；惠州贼巢，与湖广临武县接境；仁化县贼巢，与湖广桂阳县接境；夹攻之举，止该湖广、广东二省会合，而江西止于大庾县要害把截，夹攻不与焉。……若不此之察，必欲通待三省之兵齐集，然后进剿，则老师废财，为害匪细。……旗并力于上犹，则姑遣人佯抚乐昌诸贼，以安其心。彼见广东既未有备，而湖广之兵又不及己，苟幸旦夕之生，必不敢越界以援上犹。及夫上犹既举，而湖广移兵以合广东，则乐昌诸贼，其势已孤。二省兵力益专，其举之益易。当是之时，龙川贼巢相去辽绝，自以为风马牛不相及，彼见江西之兵又撤，意必不疑。班师之日，出其不意，回军合击，蔑有不济者矣。

后来的形势发展完全符合阳明的这番洞见，当然也更得力于朝廷的支持及阳明的艰苦努力。

对于阳明的上疏，朝廷许以便宜行事，即改授提督一职。

由于阳明用兵神速，当桶冈之贼已灭时，湖广方面才开始按照早前约定的日期发兵来助剿。阳明唯恐湖广方面徒劳远涉，即奖励其统兵参将史春，使之即日回军，只是让湖广方面的官军来桶冈武装巡游了一番。

等到阳明计斩浰头贼首、一举剿灭三浰的时候，按照约定本该出兵相助的广东方面，此时竟然都来不及听说三浰的形势变化，可见阳明用兵之出神入化。

其实，阳明用兵的最大特点就是机动、灵活，尤其善于打政治牌，这才使得他能够在南赣地区如鱼得水。以后，随着国家一系列变故的发生，朝廷还将赋予阳明更艰巨的使命，而阳明凭借自身的这些优势，势必还将创造更多的奇迹！

阳明的军事天才自然不是凭空得来的，这与他多年的准备和努力分不开。他能深谙用兵之道，也实得益于他所一贯倡导的身体力行的精神，否则要么只会纸上谈兵，要么只能是一介腐儒。

而且，阳明与那些好战者及一般将帅不同的地方还在于，他不以战争本身为目的，而以安民保国为目的。因而他不轻于用兵、乐于杀人，甚至他也不会像一般主剿者那样，不择手段地去获取地方的安定，不但滥杀无辜，还以掠取民财激励将士。

《老子》说："兵者不祥之器，非君子之器，不得已而用之。恬淡为上，胜而不美。而美之者，是乐杀人。"阳明则说："兵凶战危，圣人不得已而用之者也。"因此，他用兵才追求像孙子说的那样不战而屈人之兵，最终也以极小的代价获取了辉煌的胜利。

如今"山中贼"已破，阳明的当务之急，就是要尝试着去破除人们的"心中贼"了。

阳明知道，民风不善，由于教化未明。如今盗贼稍平，民困渐息，一应移风易俗之事，既然还不能尽举，不如先就一些浅近易行的实施起来，以开导训诲百姓。

四月，待阳明班师回赣州，即行告谕，发南、赣所属各县父老子弟，互相诫勉，兴立社学，延师教子，歌诗习礼。所谓“社学”，始行于洪武八年（1375），当时明太祖朱元璋鉴于乡村偏鄙之地缺乏学校，于是诏谕全国，命各级官员在乡村兴建社学，经费由官民合出。后来虽然社学一度废弛，但朝廷还是比较重视的，如弘治十七年（1504）诏令民间十五岁以下的儿童必须送社学就读。

由于南赣地方动乱已久，社学也随之荒废。如今阳明将它恢复起来，首要的还是要营造出一番“礼治”的氛围：凡百姓出入街衢，见官长至，则须叉手拱立。阳明先生还对此加以赞赏训诱，久之，市民亦知冠服，朝夕歌声达于委巷，雍雍然渐成礼让之俗矣。

对于有些人的疑问，阳明特在《训蒙大意示教读刘伯颂等》中道：“今教童子，惟当以孝弟忠信、礼义廉耻为专务。其栽培涵养之方，则宜诱之歌诗，以发其志意；导之习礼，以肃其威仪；讽之读书，以开其知觉。今人往往以歌诗习礼为不切时务，此皆末俗庸鄙之见，乌足以知古人立教之意哉？”阳明先生偏重德教，于此可见一斑。

不过，阳明还注意到教学中方式、方法的问题，对于儿童要适当尊重其天性：“大抵童子之情，乐嬉游而惮拘检，如草木之始萌芽，舒畅之，则条达；摧挠之，则衰痿。……故凡诱之歌诗者，非但发其志意而已，亦以泄其跳号呼啸于咏歌，宣其幽抑结滞于音节也。导之习礼者，非但肃其威仪而已，亦所以周旋揖让而动荡其血脉，拜起屈伸而固束其筋骸也。讽之读书者，非但开其知觉而已，亦所以沉潜反复而存其心，抑扬讽诵以宣其志也。……若……责其检束，而不知导之以礼；求其聪明，而不知养之以善；鞭挞绳缚，若待拘囚。彼视学舍如囹狱而不肯入，视师长如寇仇而不欲见……求其为善也，何可得乎？”

灌输孝悌忠信、礼义廉耻等观念，这是老生常谈的教育内容。但是对于教育方法，阳明则根据自己不同的观感，提出了歌诗、习礼、读书三步并举，而且特别强调寓教于乐的重要性，这在当时不能不说是一大明智之举。

想当年孔子教学，既注重全面素质，以礼、乐、射、御、书、数六艺授徒，也注重寓学于乐，所以他才能够说出“知之者不如好之者，好之者不如乐之者”的观感。可惜后代儒者教人只知道逼迫学生死背经典，生吞活剥，致使学生全无学习兴趣，更无法培养出独立思考的能力。程颐当年曾教授过年幼的宋哲宗，阳明对于这对师生间发生的一件不愉快的小事深有感触。

程颐不愧为一代学问大家，他十八岁时进太学读书，即以一篇《颜子好学论》，博得了当时的太学教师、国子监博士胡瑗的赞赏。后来他专以讲学授徒为业，名气极大。宋哲宗即位后，身为执政的司马光便以程颐为崇政殿说书，给小皇帝授课。程颐平素就端着儒者的架子，做了帝师越加一本正经起来。这本无可厚非，可是有时候还是不能不考虑一下自己的身份和所面对的对象。

有一次，年仅十岁的小皇帝在课间休息时折了一根柳条，接着他便拿着它玩起了骑马游戏，开心得不得了。程颐见了，却一脸不高兴，他当着宫女和太监们的面，居然对皇帝教训了一番：“现在正是春天，是万物生长的时节，皇上您怎么能无故去摧残生命呢？草木其实和人是一样的，都是生命。皇上您今日不爱惜草木，日后亲政，怎能爱惜百姓呢？”

程颐大道理讲得不错，后来这件事被程颐的弟子们广泛传颂。但是一个十岁的儿童能明白这些吗？他愿意听这些说教吗？因此，小哲宗当时无法接受这种批评，他抛下柳条，转身便离开了。司马光本人已经够儒气了，可是他对程颐还是有很大的不满。司马光对自己的弟子们说：“君主之所以不愿意接近儒士，就是因为程颐这样的腐儒造成的。”

阳明赞成司马光的看法，假如程颐能够以一种积极、人性的方式来开导小皇帝，那么效果不是更好吗？甚至他可以与小皇帝一起做做游戏，再相机进行劝导，那小皇帝不是更能接受吗？何必弄得小皇帝对自己敬而远之呢！

五月，阳明又奏设和平县，以严控制。并改和平巡检司于浰头，以遏要害。

六月，为奖励阳明讨贼之功，朝廷特升其为都察院右副都御史，荫子锦衣卫，世袭百户。阳明上疏辞免，不允。

这一时期，阳明大致还是清闲的，所以他的学术活动也就多了起来。而且由于他政治影响力的扩大，他的学术声名也迅速传播开来。不过在阳明看来，学问与事功本不是两事，而是一个目标的两个方面，所以处理军政之余，他才对讲学投入那样大的热情和那样多的精力。

七月，刻古本《大学》。先前阳明忙于讨贼，无暇顾及讲学论道，但是他的门人薛侃、欧阳德、梁焯、何廷仁、黄弘纲、薛俊、杨骥、郭治、周仲等二十余人，依然在赣州讲聚不散。其中也包括阳明当年在龙场的学生冀元亨，他曾在阳明从龙场赴任庐陵知县时追随到吉安，当阳明北上时他不得已返回常德老家。如今他听说自己的阳明先生出任南赣巡抚，因此兴冲冲地赶来赣州相聚。

如今阳明暂时没了军务之扰，始得专意于朋友，日与发明《大学》本旨，指示入道之方。早在龙场之时，阳明便怀疑朱子《大学章句》非圣门本旨，遂手录古本，伏读精思，始信圣人之学本简易明白。“其书止为一篇，原无经、传之分。格致本于诚意，原无缺传可补。以诚意为主，而为格物致知之功，故不必增一敬字。以良知指示至善之本体，故不必假于见闻。至是录刻成书，傍为之释，而引以叙。”

也就是在这个时候，阳明又刻《朱子晚年定论》以广布天下。

满座皆贤能的巡抚衙门

单纯从讲学的角度而言，在赣州任南赣巡抚，显然比阳明在两京就职时要方便得多。而且巡抚还是封疆大吏，节制一方，有职有权，如果要扩大讲学场所、调拨钱粮经费均比较容易，基本没什么掣肘的力量。

特别是这南赣巡抚，远离江西省府，本省的镇守太监、巡按御史等也无法进行干预，司、道、府、县都是下属，更无从干预。

还有一点阳明不得不承认，中国向来政治权威独大，阳明自身政治地位的提高，对其扩大讲学声名，自然起到了不可取代的宣传作用。但是阳明也不能不承认，很多学子是奔着他“巡抚”的名头来的，所以学习者鱼龙混杂、泥沙俱下也就在所难免了。

由于学生越来越多，巡抚衙门容纳不了，所以阳明便于正德十三年（1518）在赣州建书院，以宋儒“濂溪先生”周敦颐之名，命为“濂溪书院”。当时聚集在赣州的王门弟子主要来自江西、广东二省，未来王门江右学派和粤闽学派的主要人物，已开始在赣州亮相了。

在江西籍弟子中，邹守益、欧阳德、何廷仁、黄弘纲是佼佼者；在广东籍弟子中，薛侃、薛俊兄弟及杨仕德（杨骥）、杨仕鸣兄弟则比较突出。

邹守益，字谦之，江西安福人。他的父亲邹贤是弘治九年（1496）进士，算是阳明的同辈人了。守益举正德六年会试第一，以廷对第三人授翰林院编修。一年后他告归还乡，听闻阳明正在赣州讲学，特前往拜谒。当时他的父亲死了，他本来是打算让阳明为父亲写墓表的。守益少年得志，眼界很高，一般学者并不在他眼中，虽然他请阳明写墓表，但并无入王门之意。

后来他无意中听了阳明的讲学，突然觉得有所感悟：程、朱补《大学》，先说“格物穷理”，而《中庸》却首列“慎独”，自己过去一直不理解为什么会是两般宗旨，总是怀疑自己感悟不透。如今听了阳明先生讲学，原来“慎独”便是“格致”的内容，看来不是我感悟不透，分明是程、朱错了！他们割裂了事物。

在体会出阳明先生的高明后，邹守益当即拜阳明为师。守益天姿纯粹，阳明曾评价他说：“有若无，实若虚，犯而不校，谦之近之矣。”出于器重，阳明也不止一次当着弟子们的面说：“以能问于不能，谦之近之矣。”

从后来的成就看，邹守益果然成为江右王门的第一号人物，后入《明史·儒林传》。

欧阳德，字崇一，号南野，江西泰和人。甫冠举乡试，当他正准备进京参加正德十二年的会试时，听说阳明正在南赣讲学，结果会试也不参加了，遂赶往赣州拜阳明为师。他是王门中最年轻且有功名的弟子之一，被阳明称为“小秀才”。阳明经常派给他差事，欧阳德欣欣恭命，虽劳不怠，阳明先生深器之。

欧阳德在阳明门下一直待了五六年，直到先生离赣回浙。在中进士后，欧阳德先后出任南京国子监司业、太常寺卿掌国子监祭酒事，专以讲学为事，致有“南野门人半天下”之说，成为王学的有力传播者，后入《明史·儒林传》。

何廷仁，初名秦，以字行，改字性之。黄弘纲，字正之。二人皆是江西雩都人。何廷仁性情和厚，与人相接，诚意盎溢。而黄弘纲则相反，人不易与之接近，他平素也不苟言笑。然而两人志行相准，皆以圣贤之道自期。

廷仁初慕陈献章之学，后在黄弘纲那里听闻到阳明之学，当阳明往征桶冈时，廷仁对家人说：“我恨不得为白沙弟子，如今阳明先生来了，我不能再失去机会。”遂诣军门谒见阳明，于是拜入了王门。嘉靖元年（1522）举乡试，后来他又跟从阳明到了浙江。

廷仁立论尚平实，阳明死后，有为过高之论者，辄曰：“此非吾师言也。”

黄弘纲与欧阳德同年中举，也是因为阳明到赣州而放弃会试。此后他一路追随先生到浙江，阳明死后，他又在王家居守三年，直到嘉靖二十三年，才出任汀州推官。

何廷仁、黄弘纲二人，后皆入《明史·儒林传》。

阳明在赣州的三年中，由于军务繁忙，实际上很少有时间与弟子们畅谈学问。当时从学者数百，阳明也不可能一一教授点化，所以凡有学子前来问学，都须先“接引”一番。越到后来，“接引”愈加成为一种正式的安排。

所谓“接引”，就是先让学问根基较深、悟性较高的弟子教授一番，然后视具体情形阳明再亲自接见。在当时有资格进行“接引”的弟子中，除了何廷仁和黄弘纲二人外，便是广东揭阳籍的薛侃及江西新建籍的魏良器。

方献夫是阳明第一位广东籍弟子，不过他是潜心读书的学者，不是设席宣讲的述者，所以他并没有把阳明的学说带入广东。方献夫之后又有郑一初，但可惜死得太早。而真正能够传播王学并使之在广东风行的，首推薛侃。

薛侃是广东潮州府揭阳县人，从小以孝知名。正德十一年（1516）他中了举人，次年又中了进士，尚未授官，他便要求回家乡侍奉老母，得到允准。在行经赣州时，听闻阳明正巡抚南赣，惊喜中他便直奔巡抚衙门，拜入阳明门下。

回到家乡后，薛侃仍是兴奋不已，他将自己入王门的事情告诉了兄长薛俊。薛俊也为此兴奋不已，随后便带着薛氏子侄一起来到赣州，拜阳明为师。不过论天资，还是薛侃最为出色，他后来成为阳明在赣州的首席弟子、王学在广东的传播者和权威解释者。

像薛氏兄弟这样举族入王门的事例，对于王学在广东的风行是起到很大的带动作用的，所以王学立即在广东盛行起来，专程来赣州拜师的就有几十人。杨仕德（杨骥）、杨仕鸣兄弟，也是几乎举族入了王门，令当地人津津乐道。

杨仕德本来是湛若水的弟子，后听了阳明的讲学才改入王门。阳明对杨仕德是非常器重的，有一次在与他的通信中，阳明便首次提出了“破山中贼易，破心中贼难”的观点。不过由于早死，仕德还没来得及承担起传播王学的使命，他的兄弟杨仕鸣承担起了这一任务。

杨氏兄弟同学王门时，十分用功。先生每有教诲，仕鸣总是原原本本地记录下来，然后再拿给先生过目。不过阳明总是对此不满意，说他没有真正理解自己的意思。仕鸣后来索性就不记了，而是边听讲边自己思考，然后把自己的心得记下来。当他再次拿给先生看时，没想到先生竟大加赞赏起来。

由此，仕鸣体会到了师门的真正精神，后来他便常对朋友和学生说道：“讲求功夫，只是各人依自己的良知所及，去其迷障，然后扩充，以尽其本体。”

在阳明的诸弟子中，还有一位非常特殊的学生，他便是罗洪先。

罗洪先，字达夫，江西吉水人。父亲罗循，进士出身，历知镇江、淮安二府，徐州兵备副使。

洪先自幼仰慕乡贤罗伦（明代理学家）的为人，他年十五，偶然中读到了《传习录》第一卷，心好之，欲往阳明先生处受业，但被他父亲制止了。后来他便师事同邑李中，得以入王学之门。嘉靖八年（1529）洪先中了状元，授修撰，他当即请求告归。他的岳父太仆卿曾直欢喜地说道：“幸吾婿成大名。”而洪先却不以为然道：“儒者事业有大于此者。每三年就会出一位状元，值得那么高兴吗？”确实，明朝有近百位状元，有几个青史留名的？

后来钱德洪主持修《年谱》，在考虑相关人选时，阳明先生在江西期间的言行便决定由罗洪先主笔。洪先由于未曾与阳明有一面之缘，故而在书稿中自称“后学”。

钱德洪见了，于是笑道：“你于师门不称门生而称后学，只是因为先生在世时没有行拜师礼罢了。可是如今你已得先生真传，难道古往今来的所谓门人，就只局限于那些行过拜师礼者？你当年就想投入师门，虽因老父的缘故未能遂愿，却仍然孜孜于师门意旨，三十年不懈。由此看来，你不仅入了师门，而且已经升堂入室……”

经钱德洪这样一说，罗洪先这才在《年谱》改称“门人”，他后被黄宗羲称为“江右王门”的四大传人之一，并被列入《明史·儒林传》。

黄宗羲后来在《明儒学案》中说：“阳明一生精神，俱在江右。”可见江西籍弟子在王门中的显著地位。黄宗羲又说：“姚江之学（王学），唯江右为得其传，东廓、念庵、两峰、双江其选也。”东廓是指安福邹守益，念庵指吉水罗洪先，两峰指永丰聂豹，双江指安福刘文敏。

这几个人全是江西吉安府人，他们不但是江右王门的代表人物，也可谓是有明一代的著名学者。

忙里偷闲游名胜

正德十三年（1518）八月，门人薛侃刻《传习录》。

此前，徐爱为了传布阳明之教，特将阳明与自己的一些对话记录下来，汇成《传习录》一卷，并作序二篇。可是徐爱还未来得及将《传习录》刻制成书，就已于当年亡故。

在得知徐爱的死讯后，阳明悲恸异常。徐爱入门独先，闻道亦早。徐爱曾游南岳，梦见一人抚其背曰："尔与颜子同德，亦与颜子同寿。"其丧，在阳明先生心底，确乎无异于孔子之失去颜回。

徐爱自南京兵部郎中告病以归，他与陆澄谋耕霅上之田以待阳明先生。其年仅三十一岁，正当风华正茂，阳明后来每言及他，无不伤感一番。

当初，阳明在开始听说编语录的事情时，曾经表示反对道："古代圣贤教人，就如同医生用药一样，必须根据各人不同的情况，下药或轻或重。如果不问青红皂白，死守药方，那就不是救人而是杀人了。我对弟子们的训导，也是因人因时而异，有感而发，当时就未必深思熟虑，何况时过境迁，事情变化无常，如果编成语录作为教条，岂不害人？"

这其中其实包含着阳明对《论语》与《朱子语类》的某种不满，尤其是对于后人泥古不化的不满。不过徐爱对此却有自己的认识，他不管先生的训导，也不管别人的劝阻，仍然执意要编辑语录传世。他解释说："如果因为先生有语录易成教条，便不再收集、编录先生的训导的话，那倒反而失去了先生的本意。当年，孔子曾对子贡说：'我不想多说话。'但没过几天，他却告诉别人：'我和颜回谈论了一整天。'这样看起来，孔子不是自相矛盾吗？"

正在众人疑惑之际，徐爱分析道："其实孔子并不是自相矛盾。子贡为人聪明机敏，善于谈吐，专门想在语言上追求为圣之道，所以孔子用不说话来提醒他，让他自己从内心深处去体验师门的精神。而颜回对师门的教诲却是心领神会，但不善于言辞，所以孔子和他谈论了一整天，让他将自己的体会都表述出来。所以，孔子对子贡不说话，话却不能算少；与颜回讨论一整天，话也不能算多。"

为此，他在《传习录》的序文中便这样专门交代说："如果人们对先生的教诲只是入耳出口，不去认真体会，不去身体力行，那么我编这《传习录》不但没有效果，可能反而成了师门的罪人。我所希望的是人人能以师门的精神去学习师门的教诲，得之于言表，行之于实践。如果是这样，那我编纂此书的目的也就达到了……”

阳明先生的社会影响扩大以后，四方学者辐辏，多至不能容纳，所以才于这年九月间，修濂溪书院居之。

有一天，阳明设酒食劳诸生，且曰：“以此相报。”

诸生不解，瞿然问故，阳明乃道：“我最初做这巡抚时，每有赏罚，不敢胡来，唯恐有愧于你们。等到与你们相处的时间长了，再回想先前的赏罚举动，于是感觉失当的就力求更改！直至登堂行事，与你们相处时再找不到自己赏罚失当的地方，如此心里才算踏实下来。这就是你们对我潜移默化的帮助啊，而不需要事事都动你们的口齿……”

原来先生是将大家视作畏友，众人感念之余，也颇受启发，于是一面反省自己，一面互相视作畏友。

十月，阳明举《南赣乡约》（乡规民约）。他认为自大征后，民虽格面，未知格心，所以需要再加一些督促，乃举《南赣乡约》告谕父老子弟，使相警戒。这既是提倡教化，也是为着加强民间自治。

其中言道：“今倡乱渠魁，皆就擒灭，胁从无辜，悉已宽贷。地方虽以宁复，然创今图后，父老所以教约其子弟者，自此不可以不豫。故今特为保甲之法，以相警戒。聊属父老，其率子弟慎行之。务和尔邻里，齐尔姻族，德义相劝，过失相规，敦礼让之风，成淳厚之俗。”

在这份南赣乡约中有很多具体的规定，要求民众遵纪守法、敬畏官府、克己奉公、纳粮复议、孝敬父母、尊重师长、罢争息讼、和睦邻里、有善必彰、有恶必改。如：“通约之人，凡有危疑难处之事，皆须约长会同约之人与之裁处区画，必当于理济于事而后已；不得坐视推托，陷人于恶，罪坐约长约正诸人。”“本地大户，异境客商，放债收息，合依常例，毋得磊算；或有贫难不能偿者，亦宜以理量宽；有等不仁之徒，辄便捉锁磊取，挟写田地，致令穷民无告，去而为之盗。今后有此告，诸约长等与之明白，偿不及数者，劝令宽舍；取已过数者，力与追还；如或恃强不听，率同约之人鸣之官司。”

再如：“亲族乡邻，往往有因小忿投贼复仇，残害良善，酿成大患；今后一应斗殴不平之事，鸣之约长等公论是非；或约长闻之，即与晓谕解释；敢有仍前妄为者，率诸同约呈官诛殄。”“军民人等若有阳为良善，阴通贼情，贩卖牛马，走传消息，归利一己，殃及万民者，约长等率同约诸人指实劝戒，不悛，呈官究治。”“吏书、义民、总甲、里老、百长、弓兵、机快人等若揽差下乡，索求赍发者，约长率同呈官追究。”

又如：“各寨居民，昔被新民之害，诚不忍言；但今既许其自新，所占田产，已令退还，毋得再怀前仇，致扰地方，约长等常宜晓谕，令各守本分，有不听者，呈官治罪。”“男女长成，各宜及时嫁娶；往往女家责聘礼不充，男家责嫁妆不丰，遂致愆期；约长等其各省谕诸人，自今其称家之有无，随时婚嫁。”“父母丧葬，衣衾棺椁，但尽诚孝，称家有无而行；此外或大作佛事，或盛设宴乐，倾家费财，俱于死者无益；约长等其各省谕约内之人，一遵礼制；有仍蹈前非者，即与纠恶簿内书以不孝。”等等。

这份《南赣乡约》明显带有强制执行的意思，是典型的由阳明所代表的官方制定的，具有一定的法律效力。不过，阳明的初衷无疑是极好的，也收到了一定的效果。所以后来随着他功业日隆、其学传播的日盛，南赣《南赣乡约》的影响也与日俱增，致使朝廷号召以南赣《南赣乡约》为范本在各地推行。

为了保障民生，十一月阳明再次上疏请求疏通盐法，朝廷从之。此后，这项惠及南赣军民的政策实行了数十年。

从四月回师赣州到次年六月，是阳明在江西相对悠闲的一段时光。

当时门人弟子云集赣州，阳明领着他们，或议论于巡抚衙门，或讲学于濂溪书院。有时他也会带领着大家出游赣州当时的名胜，通天岩就是这其中的一大去处。

通天岩位于赣州西北约二十里处，因悬崖上有一天然石洞，石洞上方有一圆孔，直透山顶，可以见天，所以得名“通天岩”。此地冈峦起伏，山不高而陡峭，地不大却奥奇。林木繁茂，洞壑幽深，既有悬崖梵宫之兴造，又有文人骚客之遗墨，自唐以来，这里就成为南方一大名胜。

阳明初来此地还是正德十二年（1517）的夏天，当时福建山贼刚刚平定，对桶冈和横水的用兵也在酝酿之中，阳明忙中偷闲，便领着几位弟子来了一趟通天岩。

根据自然分布与人工开凿，通天岩分为忘归岩、观心岩、龙虎岩、通天岩、翠微岩五大风景区，其中阳明情有所钟的又属忘归岩和观心岩。

忘归岩实为一块巨岩，它横空而出，在岩下构成一个几十见方的天然石洞。阳明等一行人初来时时值盛夏，赣州城内暑气逼人，可是他们一到通天岩景区便感到清凉无比。而到忘归岩，更觉洞中清风徐徐，沁人心脾，果然令人流连忘返。

后来阳明还曾作诗（《通天岩》）留念：

青山随地佳，岂必故园好？但得此身闲，尘寰亦蓬岛。
西林日初暮，明月来何早？醉卧石床凉，洞云秋未扫。

从此，通天岩就成了阳明和弟子们游览的绝妙去处，尤其是在夏秋暑热时节。忘归岩左侧是观心岩，这里更被阳明辟为讲学之所。

“观心岩”的命名其实就得自于阳明，阳明先生讲学从来离不开一个“心”字，而名曰“观心”，其意不言而喻。

在阳明与弟子们的讨论中，有一段对话一直引起后人的兴趣，据说就是阳明在畅游通天岩时留下的。

有一次，一友人指着岩中的花树问道：“先生常言天下无心外之物，而如此花树在深山中自开自落，于我心亦何相关？”

阳明思想的主旨是要人把一切同自己的心联系起来，人的本心是良知良能的，只有明心，人的所思所想才能超凡入圣。总之，心是唯一的实在，既是人用功的对象，也是人成圣成贤的保证，因此脱离心而存在的事物，也是没有意义的。因此，阳明才机变地回道："你未看此花时，此花与汝心同归于寂；你来看此花时，则此花颜色一时明白起来，便知此花不在你的心外。"

当正德十三年（1518）初夏时，阳明回师赣州，途经龙南，小憩于玉石岩，居然意外地在山间发现两处山洞极似自己家乡的阳明洞。面对这两处绝奇的山洞，阳明居间感受良久，徘徊不忍去，遂将它们取名为"阳明别洞"。为了纪念此事，他还留诗三首，其中道："甲马新从鸟道回，览奇还更陟崔嵬……他日巾车还旧隐，应怀兹土复乡间。"

转眼间到了正德十四年，这时阳明已经四十八岁了，闻听已近百岁的祖母病重，他再次上疏乞致仕，再遭朝廷拒绝。

当时湖广的郴州、衡州诸处贼寇漏网尚多，这都是由于湖广官军不甚用命、广东官军防夹稍迟的缘故，这是阳明下一步需要解决的问题。可就在这时，又传来了福建方面兵变的消息，福州三卫军人进贵等胁众谋叛，朝廷遂命阳明奉敕勘处福建叛军。

阳明眼见时局非但没有改观，反而每况愈下，亦心生悲观。乃致书王琼，推辞道："将来之祸，不可胜言，固非迂劣如某所能办此也。又况近日祖母病危，日夜痛苦，方寸已乱。望改授，使全首领以归。"

可是圣命难违，阳明只得于六月初九启行前往福建。十五日他到达丰城，知县顾佖出迎。顾知县不暇寒暄，当即告知阳明一个震惊的消息："宁藩已反，望大人速起义兵勤王！"

这是意料之中的事，却也在意料之外，阳明实在想不到，宁王朱宸濠会赶在自己前往福建的途中发兵谋反，乃至令自己有些反应不及。形势紧急，阳明不须多言，遂返舟前往江西吉安，因为那里距离朱宸濠的大本营南昌很近，阳明从那里正可以牵制朱宸濠的后背。

这场变乱来势汹汹，不仅对阳明本人是个极大的考验，也令整个大明王朝的命运发生了不小的变化。

第七章 在平叛宁王时费尽周旋

不仅如此，阳明几乎将平生所学到的阴谋诡计全用上了，务必令朱宸濠因顾虑后方而一时不敢南下。比如他命参谋雷济等人连夜赶写南赣汀漳巡抚属下南雄、南安、赣州等府调兵的报帖，并让人带出城去，然后假装是该府派来的使者，每日摆到吉安知府衙门的阳明处，然后再派间谍送到南昌及江西各府：一来控驭动摇叛军的军心；二来也可以鼓舞吉安等地居民全力起兵支援平定叛乱。

朱宸濠的仓促起兵

宁王朱宸濠谋反实在不是他一时的冲动，而是在朱元璋时代就已经种下了祸根，经过后来几代人的发酵，终于酿成难以收拾的局面。

第一代宁王名叫朱权，他是朱元璋分封的二十余王中的一个，是其第十七子。宁王的封国本来在大宁，那里是塞外重地，东接辽东、西接宣府，是明初在北方的一处重镇。宁王麾下有精兵数万人，兵车数千乘，骁勇的蒙古朵颜三卫骑兵也隶属其麾下。宁王的实力自然不可小觑，他还曾一度与其他诸王受命讨伐蒙元残部，并以善谋著称。

“靖难之役”起，朱棣为了能使宁王部为己所用，便用计挟持了朱权。为了安抚这位小弟，朱棣许诺事成之后与之平分天下。可是待朱棣成功以后，鉴于藩王尾大不掉的事实，他不仅没有兑现承诺，反而迁朱权至南昌，处处予以限制，并加以严密监视。

朱权本是个文武全才，他对于四哥的不满，后来多半被他长期的文艺消遣所化解，这个朱权竟一口气活到了百岁高龄。经过朱奠培、朱觐钧两代，三传就到了新一代的宁王朱宸濠。由于受加强中央集权政策的影响，宁王的权限及势力不断被压缩，宁王本人的活动也受到诸多限制，这都是朱宸濠对朝廷产生不满的因由。

宸濠是正德的叔伯辈，所以他根本不会把正德放在眼中。他生于成化十三年(1477)，弘治九年（1496）继承王位，其人善以文行自饰，外表很能迷惑人。他从小长于文学，自命不凡，所以为人也就愈加不安分。加上正德的种种荒诞表现，更令他觉得有机可乘，就像当初的安化郡王那样。

正德初年时，朱宸濠竭力与刘瑾结纳。他还常发动南昌诸生吹捧自己的孝行，令有司上奏朝廷予以表彰，以张声誉。正是在刘瑾的帮助下，宁王府恢复了天顺时期被削去的王府护卫，但刘瑾死后，护卫又被夺去。朱宸濠要图大事，就离不开军队，所以他不惜花费重金，买通了兵部尚书陆完及正德的亲信钱宁等人，得以重新恢复王府护卫。

安成举人刘养正是宸濠的党羽，素有词文之名，跟宁王很合得来。他屈致鼓众，株连富民，朘剥财产，纵大贼闵廿四、凌十一等四出劫掠，以帮助主子筹集起家经费。还有退休在籍的都御史李士实，也是朱宸濠的亲信谋士。上清山的江湖术士李自然、李日芬二人，如蚁附膻，投宸濠所好，经常谀赞他具有雍容豁达的帝王风度，不愧天人之表，功业无可限量，这让朱宸濠更加得意和自负。后来李自然、李日芬二人为了鼓动宸濠，还编造说南昌城东南有天子气（这类记载正史上非常多，所以很能蛊惑人心），还说什么天意昭垂、机不可失，这些都令朱宸濠日生蠢蠢欲动之心。

正德一直无子，宸濠便试图阴入自己的第二子为正德的子嗣，事情败露以后，由于宸濠花重金买通了正德的左右，结果朝廷只是给了他很轻的处罚。这令宸濠愈加放肆，其不轨之心已令路人皆看在眼中。

胡世宁首揭宁王阴谋，他曾任江西副使，当是时，宁王宸濠骄横有异志，众人莫敢言，世宁愤甚。胡世宁也是一位干才，他在江西缉捕盗贼的过程中，渐渐发觉江西的一大乱源便是宁王，因此才毅然挺身而出。他于正德九年（1514）三月上疏指出："宁府威日张，不逞之徒群聚而导以非法，上下诸司承奉太过。数假火灾夺民廛地，采办扰旁郡，蹂籍遍穷乡……"

王琼代陆完做了兵部尚书以后，他已经料定宸濠必反，乃申军律，督责抚臣修武备，以待不虞。而诸路戒严，捕盗甚急。包括阳明在江西的一些安排，也是王本兵刻意所筹划。当时凌十一系狱劫逃，王琼责期必获。宸濠眼看纸将包不住火，于是便加快了谋反的步伐。

宸濠为了掩人耳目，再次令诸生称颂自己贤孝，以此要挟当道的大臣为自己上奏。只是没想到，事情却弄巧成拙。不乏聪明的正德见了这道奏书，颇感奇怪，道："保官好升，保宁王贤孝，这是何缘故？"

当时江彬受到皇帝的宠幸，太监张忠欲依附江彬以倾轧钱宁。他见皇上这样说，于是偷偷跟皇上说："钱宁、臧贤交通宁王，其意未可测也。"

太监张锐起初也交通宸濠，后来他听取了南昌人张仪之言，于是依附张忠、江彬以自固。御史熊兰家在南昌，他素来仇视宸濠，身为朝廷主脑的少师杨廷和也想革除宁王护卫，以绝后患。

另外，正德皇帝还注意到一个事实，那就是朱宸濠派到京城的密探人员太多，非常惹人注意。从江西南昌到北京一路三千多里，几乎都有宁王府的密探在侦察朝廷的动静。京师的任何一点动作、一项决定都会很快地通过这个长达数千里的热线传到宁王府，那里再根据这些谍报采取对策和行动。但是朱宸濠派到京城的密探卢孔章等人，因事机不密被锦衣卫拿获，这个谍报组织也就被暴露出来。

正德虽然整体上不务正业，但也并非已昏聩到万事不顾，何况他身边的辅臣都不是吃素的。于是正德下令从京城驱逐所有的宁王府人员。不久，正德又下定了决心，要再次革除宁王护卫，于是便命太监韦霖到南昌传旨。

就在这时，宁王在京的耳目觉察到形势有变，便怂恿御史萧淮上疏，指出只宜拨乱反正而不宜令宁王来京谢罪。

对此，众人出于各种居心也皆表赞同，如此正德即又派太监赖义、驸马都尉崔元、都御史颜顾寿往谕宁王，想将宁王的事当作家事来处理。驸马爷崔元等即将启程，杨廷和又令兵部发兵观变。王琼认为此举反而容易激变，于是道："此事不可泄露。最近给事中孙懋易建议派兵控驭长江，以防备江西流贼东下。这道奏疏已经上了，但是留中日久，我觉得不如试着实行一下，备兵防贼的方法没比此举再好的了。”在长江下游操练水师以挡住宸濠东下、北上的去路，倒不失为一条良计。

杨廷和默然，发兵之事遂不了了之。这个时候，宸濠在京搞刺探的耳目林华，听闻到各种不利于宁王的消息，于是连夜向南昌告急。事发突然，来不及一一核实消息，如此也便令狗急跳墙的宸濠，最后不得不跟朝廷撕破了脸。

那一天，正值朱宸濠的生辰，他正在府中大宴诸司。当听到京师方面传来的消息后，魂儿都丢了半截。由于消息不够确切，朱宸濠判断，传递皇帝诏书的使节此来，必用昔日蔡震擒荆藩故事。而且旧制凡抄解宫眷，始遣驸马亲臣，固不记赵王事也。

蔡震是驸马，娶明英宗女淳安公主为妻，曾参与削藩。“赵王”则指汉高祖刘邦的女婿张敖，张敖袭父张耳赵王爵，后被刘邦削去王爵——总之，皇帝之所以会将削藩当作家事一样处理，无非就是为了掩人耳目。

宸濠故作镇定，直到将自己的寿宴办完，然后密召党羽来商议对策。刘养正建议道：“如今情势危急，明早诸司入谢还礼，我们即可行事！”朱宸濠赞同此议，于是当夜便集结军队以待有变。

次日早晨，诸司入谢，朱宸濠出立露台，向大家高声说道：“你等可知大义吗？”

这一句话说得大家面面相觑，好长时间没反应过来。只有右副都御史孙燧站出来说道：“不知！”

“实不相瞒，太后有密旨，令我起兵监国，你等愿意为我保驾吗？”

狐狸尾巴终于彻底露出来了，孙燧一贯反感宁王的行径，他于是大声怒斥道：“天无二日，民无二王，此是大义，不知其他！”

宸濠见此人不买账，顿时恼羞成怒，令人先绑起来再说。不过按察司副使许逵接着又站出来大呼道：“朝廷所遣大臣，反贼敢擅杀耶！”

许逵骂不绝口，朱宸濠见既已撕破了脸，于是便将孙、许二人当场杀掉，以胁迫众人就范。

孙燧首先站出来反对朱宸濠，其实并不是偶然的。前文已经交代过，此人是阳明的浙江同乡，且同科中举，不过他是弘治六年（1493）中的进士，后被擢升右副都御史，巡抚江西——朝廷这样安排的用意，便是由于看重孙燧一贯反对朱宸濠的坚定态度，希望他能够在江西钳制一下朱宸濠。

当时，鉴于宁王朱宸濠外结群盗、内通权佞，挟持群吏、逆谋反叛，不肯附从者，多遭暗害，孙燧决心“生死以之”，乃遣妻、子还乡，独携二僮入南昌。

起初，孙燧向宸濠陈说大义，试图说服他回头，可是不仅遭到拒绝，朱宸濠反而派遣耳目安插在孙燧左右以监视他。为了应对将来的事变，孙燧在江西地区做了一些适当的布置，后来趁江西大水之际，宸濠党羽凌十一、吴十三、闵廿四等流扰鄱阳湖，孙燧便计划从江外围捕。三贼后逃入宸濠祖墓间失踪，于是孙燧密疏宸濠必反，称宸濠“不愿做藩王，甘去做盗魁，想是做藩王的趣味，不如盗贼为佳”。可惜他一连七道上疏都被宸濠同党中途缴截，宸濠极为恼怒，设宴试图毒杀孙燧，一时未成。

本来孙燧也没有想到事发如此突然，朱宸濠在朝廷的逼迫下竟然如此迫不及待，以致他身陷宁王府之中。关键时刻，孙燧只得挺身而出，最终不幸遇害。

这天下午，天气忽然转阴，宸濠决定孤注一掷，遂命手下劫镇巡诸司下狱，夺其印。其中在押的人有太监王宏、御史王金、公差主事马思聪、金山布政使胡濂、参政陈杲和刘斐、参议许效廉和黄宏、佥事顾凤，以及都指挥许清、白昂等，马思聪、黄宏最后绝食而死。

宸濠乃伪置官属，以吉暨余钦、万锐等为太监，迎党羽李士实为太师，并先期迎刘养正、南浦驿为国师，闵廿四等各为都指挥，参政王纶为兵部尚书，季敩暨佥事潘鹏、师夔辈俱听役。他们还挟制江西布政使梁宸、按察使杨璋、副使唐锦、都指挥马骥，移咨府部，传檄远近，革年号，斥乘舆；又分遣所亲娄伯、王春等四出收兵。

六月十九日这天，朝廷得悉了宁藩叛乱的消息。此时朱宸濠已经通过拘护卫、集亡命、括丁壮等方式组建起了一支号称十万的大军，他们抢掠大量的船只，准备沿长江而下袭取南京以为根本，进而北上。

当时，朱宸濠在向自己的属下讲解战略意图时说："南京龙盘虎踞，位处长江天堑，尽得山川形势之利，是帝王兴起之地。我朝太祖高皇帝就选定它作为首都，永乐北迁以后，仍然作为留都。一直设有依照中枢各部门的官衙和职官，人才和资源都厚积于此。本王率师东下攻占南京，一切都可取为我有。据大江南北，进可北伐幽燕，退可割据东南半壁，与正德伪朝对峙，立于不败之地。"

属下们对此无不赞同，这也是大家早前已经谋划好的。于是叛军一部先是袭击南康，知府陈霖等逃走。几天后再袭九江，兵备曹雷、知府汪颖、指挥刘勋等逃走，属县闻风皆溃。

当时江西主官被一网打尽，导致局面大乱，长江一带尚疏于防备。南京的兵力也不强，北京也没做出什么适当的防备，形势相当危急，真正考验王阳明这个封疆大吏的时刻到了！

一番虚虚实实让宁王方寸大乱

阳明在前往吉安的过程中，时值南风正急，船行艰难。阳明焦虑之余，于是焚香泣告天曰："天若哀悯生灵，许我匡扶社稷，愿即反风。若无意斯民，阳明无生望矣。"

须臾，风渐止，北帆尽起，真是上天垂怜，阳明才算顺利起航。可是他事先已经被宁王的人盯上，所以叛军东下以后，朱宸濠为了防止后方出事，便派出人马追杀阳明等一行人。阳明乘夜与幕僚萧禹、雷济等潜入渔舟，才得以脱身。

阳明经过四昼夜赶至吉安，他考虑到两京仓促无备，必须在江西拖住叛军才好，使朝廷及沿江各地能有十天半个月的准备时间。于是阳明故布疑兵，命人假为两广机密大牌，备兵部咨及都御史颜咨云："率领狼达官兵四十八万江西公干。"

不仅如此，阳明几乎将平生所学到的阴谋诡计全用上了，务必令朱宸濠因顾虑后方而一时不敢南下。比如他命参谋雷济等人连夜赶写南赣汀漳巡抚属下南雄、南安、赣州等府调兵的报帖，并让人带出城去，然后假装是该府派来的使者，每日摆到吉安知府衙门的阳明处，然后再派间谍送到南昌及江西各府：一来控驭动摇叛军的军心；二来也可以鼓舞吉安等地居民全力起兵支援平定叛乱。

朱宸濠本就有文人习气，做事缺乏果断，所以当他得知此事后，开始疑惧不安，乃至其主力人马迟延未发。阳明一面上疏告变，一面与吉安知府伍文定等计议，传檄四方，大肆揭发逆濠罪状，传檄列郡起兵以勤王。

为了把戏演足，让朱宸濠有后顾之忧，阳明又命巡按御史谢源、伍希儒等大张疑兵于丰城，又故意大张接济官军公移，备云兵部咨题，称："准令许泰、郤永分领边军四万，从凤阳陆路进；刘晖、桂勇分领京边官军四万，从徐淮水陆并进；王守仁领兵二万，杨旦等领兵八万，陈金等领兵六万，分道并进，克期夹攻南昌。且以原奉机密敕旨为据，故令各兵徐行，待其出城，遮击前后以误之。"

如此一番虚虚实实、虚张声势还不够，阳明还要朱宸濠彻底失去判断力。

阳明命人仿照李士实、刘养正二人的笔迹伪造他们想做内应的书信，又仿照贼将凌十一、闵廿四二人的笔迹伪造他们想投降的密状，令人辗转交到朱宸濠的手上。阳明又录假文书一份，分头送往各地，其中道："李士实、刘养正等被宁王胁迫，其心本不想背叛，故各有密书寄来；贼将凌十一、吴十三、闵廿四等，因为官府追捕，不得已才藏入宁王府，如今也想洗心革面，得到朝廷的宽赦，故各遣心腹来吉安，希望立功赎罪。可见宁王已是众叛亲离。”

此举不但令朱宸濠有所疑虑，李士实、刘养正等人之间也开始互相猜疑起来。然而阳明觉得这些还不够，于是又与参谋龙光商议，假写了一封回报李士实的书信。在信中，阳明写道：“老先生的亲笔信已收到，足见老先生报国之本心，本院也知老先生从贼之事实为不得已。老先生虽身在罗网之中，却无时不思为朝廷效力，实为朝廷之幸……老先生在信中所教的计策，也只有您能够思虑得到。望老先生严守机密，待机而发……昨天凌闵诸将也遣人密传消息，说是皆出于老先生与养正兄之开导，此又朝廷一大幸！”

此信写完后，阳明又如法炮制，也给刘养正写了一封。这些假书信、假情报铺天盖地而来，虽然朱宸濠越发不敢轻信，但是太多的虚虚实实，也确实严重干扰了他对真实情报的判断，以致他一时失了方寸。

直到七月三日，朱宸濠得到间谍的回报，才确信朝廷必无防备。于是他一面留兵万余守南昌，一面遣潘鹏持檄游说安庆，季斅游说吉安，而自己与宗支朱栱栟、李士实、刘养正等率军东下。

当时叛军有六万人，号称十万，以刘吉为监军，王纶参赞军务，指挥葛江为都督，总一百四十余队，分五哨。他们出鄱阳湖，过九江，一面令人留守九江，一面直趋安庆。

安庆是长江沿线重地，当时叛军已经连续攻打了十几天，可是知府张文锦、守备都指挥杨锐、指挥使崔文同还在坚守着。

在得知宁藩叛乱的消息后，身为本兵的王琼遂召集众人于左顺门商讨对策。很多人对此持观望态度，不敢站出来怒斥朱宸濠谋反。但王琼却胸有成竹地说道：“竖子素行不义，今仓促举乱，殆不足虑。都御史王守仁据上游蹑之，成擒必矣。”

由于王琼素来与身为首辅的杨廷和不睦，大家见他说得如此肯定，却仍然没人愿意给他帮腔。王琼虽富于干才，可为人险忮，和人很难处好关系，所以少有人买他的账。于是王琼首请下诏削朱宸濠属籍，正其贼名，又请命将出师，趋南都（南京）。再请命王守仁率南赣兵由临、吉，都御史秦金率湖兵由荆、瑞会南昌，克嗣镇镇江，许廷光镇浙江，业兰镇仪真，以遏制叛军的攻势。

接着，又请传檄江西诸路，但有忠臣义士，能倡义旅以擒拿反叛者，封侯。再请南京守备操江武职，并五府掌印佥书官各自陈取上裁，务在得人，以固根本。

王本兵的一系列建议都得到了朝廷的采纳，这样一来就等于一张无形的大网开始向朱宸濠张去，他的失败似乎已经注定。但是，要令叛藩迅速束手就擒，将战争的灾难降到最低限度，却是阳明首要考虑和落实的问题了。

这更是他能力的一次难得体现，也是他一生功业的顶峰！

吉安当时地近南昌，防守单薄，阳明身在此地还是相当危险的。

一天，门人邹守益对阳明说道："先生，我听说叛贼朱宸濠引诱叶芳所部要来夹攻吉安。"

叶芳是先前曾向朝廷投诚的贼寇，阳明断言道："叶芳必不叛！诸贼从前以茅草为屋，一旦反叛就会把屋子烧掉，以示决心！先时我经过其巢穴，许其伐巨木造屋万余，如今其党徒各千余，却不肯焚烧屋子……"

"这伙人若是从了叛贼，都指望着将来能封侯拜将，怎么能以寻常之心看待他们呢？"

阳明知道守益说得有道理，他默然良久，最后方道："就算是天下尽反，我辈固当如此做！"

守益闻之惕然，他受先生感染，一时胸中利害如洗。

朱宸濠此前曾热衷于搞行刺，很多站出来公开反对他的人，都遭其毒手。就在次日早晨，阳明见到邹守益，对他说道："我昨天晚上想了一宿，如果叛贼挟持老父奈何？所以今早我已派人前往报信，令老父急避他所。"

不过，此时已经迁居绍兴的王华早已有了心理准备，他根本不把叛贼放在眼中，他已经想好了，危急时刻，自己就是一死，也不会拖儿子的后腿。

当初鉴于形势紧急，阳明未奉成命已先起兵。也就是在这个时候，祖母过世，阳明思亲情切，于是上疏朝廷，请求便道省葬。阳明的意思是：本来接到祖母死讯，无论于情于理以及朝廷成例，自己都是应该回家归葬的。可是遭此变故，只得暂留，姑为牵制攻讨，一旦朝廷征讨大军齐集，自己就应该回家了。

阳明知道形势紧急，江西大局一刻也离不开他的主持。可是孝乃人伦之本，自己又不能不有所表示。好在朝廷倚重，圣旨道："著督兵讨贼，所奏省亲事，待贼平之日来说。"阳明只得一意讨贼。

六月二十二日，此前被朱宸濠擒获的、原江西参政季斅同南昌府学教授赵承芳旗校十二人，携带着伪檄前往榜谕吉安府，到达墨潭时，被领哨官捉拿住，缚送至阳明处。阳明将这些伪檄封存起来向朝廷转送（其中多是痛斥正德失政的言辞），他心知天下乱局如此，全由正德皇帝的荒诞所致，所以他希望皇帝能够有所悔改。

阳明在上疏中痛陈道："陛下在位一十四年，屡经变难，民心骚动，尚尔巡游不已，致宗室谋动干戈，冀窃大宝。且今天下之觊觎，岂特一宁王？天下之奸雄，岂特在宗室？言念及此，懔骨寒心。昔汉武帝有轮台之悔，而天下向治；唐德宗下奉天之诏，而士民感泣。伏望皇上痛自刻责，易辙改弦；罢出奸谀，以回天下豪杰之心；绝迹巡游，以杜天下奸雄之望；定立国本，励精求治。则太平尚有可图，群臣不胜幸甚。"

可是，身为臣子也只能尽心如此，至于能不能令皇帝有所醒悟，那就要看天意了。当时的阳明其实很明白：皇帝放荡不羁了那么多年，怎么可能说悔改就悔改呢？况且他的身边是一群佞幸小人，天下动荡如此，能让他稍微收敛一下就不错了，其他的都是奢望！

果然，阳明很快就得知，爱玩爱闹、迷恋武事的皇帝在那群小人的怂恿下要领军南下，御驾亲征——这无异于动摇国本的儿戏！

不久之后，各地义兵会集于吉安，并于樟树誓师。

阳明既已得知朱宸濠率领主力叛军离开了南昌，乃促列郡兵克期会于樟树，自督吉安知府伍文定等及通判谈储、推官王玮，以十三日甲辰发兵于吉安。

于是临江知府戴德孺、袁州知府徐琏、赣州知府邢珣、瑞州通判胡尧元、童琦、南安推官徐文英、赣州都指挥余恩、新淦知县李美、泰和知县李楫、宁都知县王天与、万安知县黄冕，各以其兵赶来会合。

阳明的意图是先端了叛贼的南昌老巢，以令朱宸濠进退失据。不过当时安庆被围，情况紧急，很多人建议去解安庆之围。然而阳明为大家分析说："今南康、九江皆为贼据，我兵若越二城，直趋安庆，贼必回军死斗，使我腹背受敌也。莫若先破南昌，贼失内据，势必归援。如此，则安庆之围自解，而贼成擒矣。"

阳明此举颇有点批亢捣虚、围魏救赵之意，关键是若前往救安庆，则远水难救近火，还容易陷自己于死地。结果大家便采纳了阳明的计策。此时间谍来报，有一股贼兵，设伏于新旧厂，以为南昌之应。于是阳明便命奉新知县刘守绪领兵从间道夜袭此贼兵，结果大破之，扫清了前往南昌的障碍。

征讨大军在南昌附近的信地集结，本来南昌城中防备甚严，等到新旧厂残余贼寇逃入城后，一城皆惊。南昌留守人马又见朝廷征讨之师骤集，益夺其气。

见敌方军心不稳，阳明乘机令大军攻城，众人呼噪梯缒而登，遂顺利杀入南昌城，结果生擒南昌留守朱栱橪、万锐等上千人。朱宸濠所遗下的宫眷大部分自焚或遭其手下人纵火烧杀，场面惨不忍睹。

阳明入城以后，乃抚定居民，把胁从之人予以甄别释放，封府库，收印信，人心始宁。接着，叛党胡濂、刘裴、许效廉、唐锦、赖凤、王玘等都来向官军自首。

形势已大大有利于朝廷一方，不过困兽犹斗，接下来才是真正的殊死搏斗。

惊心动魄的鄱阳湖决战

在拿下南昌以后，阳明开始率军追击朱宸濠。

此前，朱宸濠听闻南昌告急，打算回救南昌，于是解了安庆之围，移兵沅子港。他先是分兵二万做先头部队赶往南昌，自己作为后援。

阳明侦知了这一消息，于是便同大家商议对策。很多人都认为贼势强盛，宜坚壁观衅，徐图进止。为谨慎起见，不如先解了南昌之围。不过阳明为大家分析说："贼势虽强，然而他们还没有遭遇过大敌，只要我们拿出高爵厚赏激励将士，也许并不难挡住其攻势。一旦贼兵进不得逞，退无所归，士气必然消沮。这时我们若再出奇击惰，贼兵必然不战自溃，所谓先人有夺人之气也。"

众人见军门大人分析得有理，况且还有他昔日的威名，便振作士气准备同叛军决一死战。官军配备了先进的火器，这也令他们对胜利多了一分信心，而且这种先进装备在战斗中也确实发挥了重要作用。

这时，抚州知府陈槐、进贤知县刘源清也率军赶到。阳明于是派出伍文定、邢珣、徐琏、戴德孺各领兵五百，分道并进，击其不意；又遣余恩以兵四百，往来于鄱阳湖上以引诱敌兵来攻；陈槐、胡尧元、童琦、谈储、王暐、徐文英、李美、李楫、黄冕、王轼、刘守绪、刘源清等，则各引兵百余，四面张疑设伏，到时与伍文定等合击敌军。

分布既定，遂乘夜急进。在鄱阳湖同敌军遭遇后，伍文定以正兵当贼锋，余恩随后，邢珣则绕出贼后，徐琏、戴德孺张两翼以分其势。

第一天交战胜负未决，次日贼兵鼓噪乘风逼黄家渡，气焰极为嚣张。伍文定、余恩佯装向北逃窜，贼兵见状赶忙急追，以致队形大乱。邢珣见机从后横击贼兵，以至于直贯其中。伍文定、余恩乘机杀回，夹以两翼，四面伏起。贼兵顿时军心大乱，无心恋战，遂溃逃至八字脑以自保。

朱宸濠眼见形势不利，开始恐惧不安，于是他一面厚赏勇者，一面且令尽发九江、南康守城之兵来援。

这一天，建昌知府曾玙也率兵赶来，眼见生力军来到，阳明对于破敌更有把握了。此时，他认为如果拿不下九江，就等于鄱阳湖内的官军得不到有力的外援。如果不收复南康，那么官军就很难对贼兵跟踪追击。

鉴于此，阳明便派出陈槐领兵四百，会同饶州知府林瑊所部攻取九江，而广信知府周朝则佐取南康。

几天后，贼兵再出并极力挑战，他们激烈地作困兽之斗，这一次官军难敌开始少却。阳明知道，关键时刻绝不能有所松懈，如果不能在气势上将敌人压倒，就只能眼睁睁地看着敌军将自己压倒！

“现在贼兵还憋着一口气，要把他们这口气给打散，我们坚持住，哪怕付出再大的代价！一定要坚持住，成败就在此一举！”阳明召集众人动员道。

于是人人振奋，和贼兵再次展开激烈的交锋。只见伍文定立于铳炮之间，火燎其须而不觉，只知道指挥部下殊死决战。

在这千钧一发之际，火炮击中了朱宸濠的副舟，贼兵军心顿时动摇，于是大败，被擒斩二千余，溺死者无数。宸濠乃召集众人于樵舍，一面连舟为方阵，一面尽出金银赏士，希望最后能够挽回败局。

“绝不能给贼兵喘息的时间！”于是阳明乃密为火攻具，使邢珣击其左，徐琏、戴德孺击其右，余恩等设伏，只等军门大人这边火炮一响，便合力杀贼。

次日清早，朱宸濠会集群臣，责不用命者，将要拉出来杀掉，但又有人站出来为其求情。正在贼兵为此争论未决之际，官军四面杀来，火炮再中朱宸濠副舟，众遂奔散。朱宸濠的妃嫔与之泣别，大多投水自尽，其中包括娄谅先生的女儿。

经过这场最后的决战，叛军被擒斩三千，落水二万余，衣甲器械财物与浮尸横十余里。不仅朱宸濠本人与其世子眷属被生擒，还包括其党羽李士实、刘养正、刘吉等数百人，另胁从官王宏、王金、杨璋等也被生擒。

不过，另有余贼数百艘逃溃，阳明乃命人分兵追剿。当到达昌邑时，再次大败敌军，至吴城，复斩擒千余，死水中殆尽。几天后，阳明又得捷报，江西境内叛军已基本肃清。这时已是七月底。

就这样，在叛藩起兵不过月余的时间里，在众人的齐力协助下，阳明便成功地镇压了这次朱宸濠叛乱。官军立功人员达到了一万一千有余，其中伍文定论功为第一，他本有强吏之名，后官至兵部尚书。

所谓“上兵伐谋”，世人但见阳明成功之易，而不知其伐谋之神也。

在阳明大张疑兵、广布疑云之际，他手下的幕僚雷济有些怀疑此举的效用，道：“大人，在下听说宸濠从小就好阴谋，您的这些布置能瞒得了他吗？”

阳明一笑道：“我知道他从小好阴谋，所以才将计就计，用这些阴谋迷惑他。”

“不过，在下还是认为宸濠肯定不会相信。”

“虽然不会尽信，但是怀疑、犹豫总会有吧？”

“这倒是不可避免的。”

阳明最后拊掌大笑道：“既然起兵反叛，就要毫无顾虑，速战速决，只要一怀疑，一犹豫，他就会失去先机，形势就不妙了！”

后来阳明还为此专门总结道：“用兵何术？但学问纯笃，养得此心不动，乃术尔！凡人智能相去不甚远，胜负之决，不待卜诸临城，只在此心动与不动之间。”

除了用间，阳明虚虚实实、真真假假的功夫还做了很多，以至于连他左右的人都难辨真伪。比如阳明为了申明军纪，在出兵誓师大会上斩失律者殉营中，乃至于军士股栗，不敢仰视。可是大家却不知道，其实这些被杀的人都是朱宸濠派往江西各处传檄的。

阳明还颇有谢安处变不惊之风采，也甚有“谈笑间，樯橹灰飞烟灭”的豪杰之气。在入南昌以后，阳明日坐都察院，开中门，令可见前后。值此大战之际，阳明却同一干士大夫、友朋等论学不辍，每有疏报至，他即登堂做出处理。如此显得超迈不群，实际上也有稳定人心的用意。

当来人报知伍文定部小却、文定焚须之状，阳明暂如侧席，遣牌斩杀退却之人。在他还坐以后，众人皆带着恐怖、吃惊的神色来发问，阳明淡然道：“刚才听闻部队在作战中有所退却，此兵家常事，不足介意。”

当朱宸濠就擒的消息传来时，在吩咐下众人应得的赏赐后，阳明还坐，众人又都带着惊喜的表情来发问。只见阳明略显低沉地回道：“适闻宁王已擒，想是不假，但可怜死了太多的人。”

的确，“一将功成万骨枯”，虽然这场劫难被控制在了极小的范围内，可是仍不免让人几多伤感。而且祸乱的根源并未消除，唯有尽人事听天命而已。千秋事大者，也许只有承继圣人之学，于是阳明接过此前的话头，继续跟大家讲圣人之学，乃至旁观者无不服其学。

朱宸濠就擒之后，乘着马来见阳明，他望见南昌远近街衢行伍整肃，不禁苦笑道：“此我家事，何劳先生费心如此？”

在他见到阳明后，不禁说道：“当初李士实让我防备你和孙燧，那姓孙的冥顽不灵，让我给杀了！我原本以为你王先生是聪明人，所以一直犹豫着没有加害于你，可是没想到最后居然是你王先生在背后捅了本王的刀子……”

阳明淡淡一笑道：“孙大人固然死得其所，换作是我王守仁，也不会苟且一时的！”

“呵呵！难道你们都那么心甘情愿为那个混账的正德卖命？”

阳明略一沉吟，乃道：“食君之禄，为君分忧，皇上固然有错处，我辈也只有劝谏的理，而没有背叛的理！”

“你们这群迂书生，就眼睁睁地看着我大明江山毁在正德这小子手上吗？你王先生在赣州坐壁观望就好了，何苦逼煎如此之急？本王到底怎么得罪你了？再说这也是朱家的家事，你为何这般上心呢？”

“不忍见生灵涂炭、社稷陵夷，故尔！”

“唉，成王败寇，本没什么好说的！想那永乐何尝不是以藩王起家，才夺了天下！只可惜我朱宸濠才能不及，时运不济，才有今日这番下场……”

阳明心知朱宸濠说得有些道理，但不能不最后表态道：“吾皇是天命所归，你这等小丑只是戏耍一时罢了，终究是玩火自焚……”

宸濠明知必死，他只提出请求道：“娄妃，贤妃也。自我生反心到如今，她一直苦谏，可惜我一直都没有听进去！如今为我投水而死，希望王先生能帮本王厚葬她！”

“这个不难！娄氏之父娄谅先生也曾与我有过师生之谊，如今三十年过去了，娄先生仍然活在我的心里。”

想当初，鉴于事发突然，江西全省并无一主持大局之人，阳明遂自作主张动员各州县起兵勤王，图为牵制攻守，以俟命师之至。然而他的上疏还未见朝廷回复，他就已经将捷报送入京师。

只是，这个时候正德皇帝正兴冲冲地走在南下的路上，虽然阳明等人冒着性命之忧帮他解除了大患，可是这皇帝非但不嘉奖，还深以不能亲自参与平叛为憾，还要来找阳明等人的麻烦呢！

正德御驾要南征

正德皇帝喜欢到处嬉游，一年倒有大半年不待在北京城。即便是待在北京，也只会待在豹房等地方，而不会待在皇宫里。

江彬、许泰等人原本是边将，由于武勇受到尚武皇帝的青睐。正是在这些人的蛊惑下，一向不喜欢拘束、好舞枪弄棒的皇帝便经常到边塞出游，还试图建立一番“功业”。

就在正德十二年（1517）十月，当阳明用兵横水、桶冈时，正德皇帝也没有闲着，他居然在大同一带亲自指挥军队同一帮蒙古人较量了一番。虽然没什么战果，但还是令皇帝兴奋不已。

当时，蒙古小王子部侵掠应州，驻跸顺圣川的皇帝乃亲督诸军前往抵御，双方交战五日，蒙古军队见无利可图，不得不引去。在此战中，皇帝表现得相当勇敢，明军士兵也受此鼓舞，一时士气大振，但是其战斗力毕竟稍逊一筹。结果共斩获蒙兵首级十六颗，己方阵亡的却有五十余人，伤五百余人。

皇帝亲身搏战，自然不成体统。为了显得“名正言顺”，皇帝还别出心裁地给自己起了一个新的名号“威武大将军镇国公太师总兵官朱寿”，还要“岁支禄米五千石”，显然这是皇帝要玩分身的游戏。皇帝要内阁拟旨批准此事，可是眼见如此荒诞之举，自然没人敢批准此事。

正德十四年年初，皇帝又突发奇想，想到江南游玩一番。江南乃国家财赋重地，容不得半点差池，所以百官都极力阻止此事。在将上百官员廷杖、当场杖杀数人以后，正德有感于文官们的执拗和不怕死的精神，不得不暂时打消了南巡的念头。所谓“武死战，文死谏”，正德算是真正领教了一回文官的迂忠精神。

可是当宁藩叛乱的消息传来以后，正德再次蠢蠢欲动，并在众人的怂恿下决定御驾亲征。

当年汉王朱高煦谋反，身为其侄子的明宣宗曾御驾亲征，平定了此次叛乱。既然有先例可循，百官也就没话可说了。这次“总督军务”的还是威武大将军朱寿，尽管内阁拒不拟旨批准，但是皇帝也不在乎，毅然点起数万边军、京军于八月二十二日踏上了南下之路。

阳明预感到大事不妙，于是上疏谏止皇帝亲征。其中道：“今宸濠已就擒，谋党已擒获，从贼已扫荡，闽、广赴调军士已散还，地方惊搅之民已抚帖……逆料大驾必将亲征，先于沿途伏有奸党，期为博浪、荆轲之谋。今逆不旋踵，遂已成擒。法宜解赴阙门，式昭天讨……”

阳明说路上有刺客，分明有恐吓皇帝的意思，希望他能够知难而退。可是他对于皇帝还不够了解，这是一位不怕死的主儿，他敢于同蒙古人肉搏、敢于同老虎等猛兽搏斗，就已经说明了他的轻率个性，但阳明却没有充分重视起来。

此时阳明再上疏乞便道省葬，仍未获批准。他在与友人王晋溪的书信中说："始恳疏乞归，诚以祖母鞠育之恩，思一面为诀。后竟牵滞兵戈，不及一见，卒抱终天之痛。今老父衰疾，又复日亟，而地方已幸无事，且蒙朝廷曾有贼平来说之旨，若再拘缚使不获一申其情，后虽万死无以赎其痛恨矣！老先生亦何惜一举手投足之劳，而不以曲全之乎？"

钱德洪后来收集阳明先生的奏疏，他发现《便道归省》与《再报濠反疏》两疏同日而上，心里有些疑惑，觉得当此国家危急存亡之日，先生怎么可以顾念自己的家事呢？可是等到后来，阳明先生倡义兴师，宸濠旦夕成擒，先生仍然上疏请求朝廷命将出师，好像自己没有参与过平叛一样。

现在，当看到先生所上的《谏止亲征疏》时，钱德洪不得不感叹古人处成功之际是那样艰难！而先生始终能够化重为轻，不愿居功，实在是用心良苦！

不过，朝廷始终不批准阳明还乡，还是有些道理的，其实皇帝此来，如此兴师动众，江西方面总要有人应付一下。况且叛乱是阳明迅速镇压下去的，他总要跟皇上有个交代。此后朝廷又命他兼巡抚江西，也是防止有变，有他在才更放心。

陪同皇帝前来的还有太监张永和张忠、安边伯许泰、都督刘晖等人，皇帝未选择走水路而走不便的旱路，于八月二十六日到达涿州。

原来这涿州是太监张忠的家乡，为了在家乡人面前显示皇帝对自己的恩宠，就跟当年的太监王振一样，张忠才特意请求皇帝到涿州走一遭。

就在这时，阳明的报捷文书也传到了涿州。叛藩既已平定，皇帝便没有了南下的借口，在京的杨廷和及随行的大学士梁储等人便力劝皇帝回头。可是皇帝不但觉得阳明搅了自己的好事，就是那班底下人，也不甘空手而回，他们听说宁王出手阔绰，一定有油水可捞，绝对不能便宜了别人。

很快他们就找到了借口，原来这王阳明不但与朱宸濠的重要党羽刘养正非常熟识，他还曾一度派遣门人冀元亨出入宁府讲学，所以此间一定有不可告人的勾当。另外，朝廷是命王阳明前往福建处理军队哗变的，并没有授命他处理江西事务，他能如此神速地平定宁王叛乱，只能说明一点，那就是他眼见宁王不能成就大事，于是中途变卦，便在宁王背后神不知鬼不觉地捅了一刀……

这一次皇帝总算抓到了难得的借口，“元恶虽擒，逆党未尽，不捕必遗后患”，所以仍然坚持南下。

原来阳明与刘养正的确是非常熟识的，而且是几十年的交情，此前刘养正还曾一度前往赣州向阳明请教心学。宁王后来并未对阳明的家属下手，也是刘养正从中斡旋的结果。

刘养正者，少有辞藻，能谈性理，自少年时代与阳明相交。阳明非常看重他，常说：“这是我辈的同道中人啊！”后来刘养正赴宁王朱宸濠之聘，遂成了宸濠的谋主。刘养正恭维宸濠为汤武等圣王一样的人物，宸濠听了非常受用。

刘养正正常的仕途走不通，无法做到“学成文武术，货于帝王家”，但他又不甘寂寞与贫贱，自然就幻想通过另外一种渠道博取富贵，甚至可以青史留名。这样的人是不少见的，比如唐朝有位名叫高尚的读书人，其自视天下奇才，但正常的仕途却容不得他。后来他在激愤之中立誓，宁为贼死，也不愿苟且余生。于是他北走燕云，投入安禄山幕中，与严庄等人成了安禄山的谋主。

据说唐朝著名诗人皮日休投奔黄巢也是出于此意，不过也有些人根本就不屑于走寻常之路，他们雄心勃勃，唯恐天下不乱，就如战国时期的纵横家一样。这些人大多有真才实学，常以帝师自期，希望辅佐一位明主夺得天下。朱棣的谋主姚广孝（道衍和尚）就是这样。

刘养正也有一定的抱负，而且他对时世也很绝望，后来的《讨正德檄》便出自他的手笔。他是铁了心要追随宁王造反，所以阳明根本无法劝说他反正。

当阳明来到南赣时，刘养正极为称道他的表现，是故二人极相慕重，馈遗不绝。阳明之所以这样做，是想从刘养正处探听消息，因此他才派遣门人冀元亨前往，以探其所为。

冀元亨一向为阳明所赏识，他还是阳明养子正宪的老师，其人忠信可托。当他与朱宸濠论学时，宸濠有感于元亨的“迂腐”，于是感叹道：“人痴乃至此耶！”当即遣回了元亨。当元亨回到赣州，告知自己在宁王府的遭遇时，阳明不由得叹息道：“大祸将要由此引发啊！”看来这个宁王是铁了心要造反了。

不过，朱宸濠、刘养正却都以为阳明待自己甚厚，所以才对他疏于防备，未料义兵迅速兴起，最终招致失败。刘养正被擒后，阳明一面答应照顾其母，一面令其自杀。直到后来刘母病故，阳明将其厚葬，并祭之以文，其中道：“君臣之义，不得私于其身；朋友之情，尚可申于其母。”

可是令阳明怎么也想不到的是，自己当初的良苦用心，现在却都成了自己的罪名，还连累了冀元亨等一干人。

正德皇帝等一行人走走停停，于九月初七到达山东境内的临清，此地为大运河沿岸城市。临清是个热闹的地方，结果皇帝在这里一玩就是二十天。正玩到兴头上，这个时候皇帝突然又想起自己的宠姬刘氏来了，于是又派人前往接刘氏来会，一来二去便到了十月中旬。

显然，皇帝能够如此拖拖拉拉，他的手下人却没有这样的好耐性。如果大家都依着皇帝这南下的速度，等到了南昌的时候，估计汤水都没得喝了。因此，在皇帝的首肯下，有两路人马做了先锋。

一路由提督军务太监张忠和安边伯许泰率领，他们经由水路直趋南昌；另一路则由太监张永率领，沿运河下浙江，在杭州驻扎下来，时在九月中旬。

阳明在得知相关消息后，自然心急如焚，个人的利害是小，沿路百姓尤其是江西百姓要惨遭官军蹂躏，已经不难想见了。此时此刻，阳明何去何从呢？怎样才能将危害降到最低限度呢？

阳明首先想到的，便是从张永与张忠、许泰等人的矛盾入手。根据阳明的了解，这老太监张永为人还能顾全些大局，当初他联合杨一清扳倒刘瑾，也并非完全出于私心。张永与张忠因争权夺利长期不和，张忠与许泰等人关系密切，常在皇帝面前诋毁阳明。两害相权取其轻，阳明决定将朱宸濠押往浙江交到张永手中，并争取让他在皇帝面前替自己美言。

九月十一日，阳明带着朱宸濠从南昌出发东下，张忠、许泰等人见势不好，便想派人将阳明等追回。张忠、许泰等人的来使在广信追上了阳明，他对阳明说道，皇帝很想在军事上有一番作为，所以阳明必须成全他。

阳明有些纳闷，这叛乱都已经平定了，还怎么成全？

来使道："可以考虑将朱宸濠放归鄱阳湖，令他召集自己的残余人马，直等着皇帝到来亲自与他大战一场，将其制伏，而后奏凯论功。"

天哪！这个想法也太荒诞了吧！阳明根本不敢想象，这竟然是皇帝自己的意思，否则谁敢提出这种"石破天惊"的设想？但是放虎归山是不可行的，国家社稷不是儿戏，绝不能由着皇帝的性子来。

阳明乘夜过玉山、草萍驿，张永此前已经得到了消息，所以专候阳明于杭州。

当阳明见到张永后，诉苦道："江西之民，久遭宸濠的荼毒，如今经此大乱，继以旱灾，又要供给京军、边军的粮饷，困苦既极，必逃聚山谷为乱。过去他们帮助宸濠只是胁从，如今若为穷迫所激，必定导致乱贼群起，天下遂成土崩之势。到时候再要兴兵定乱，不是很困难吗？"

张永对此深以为然，于是缓缓地说道："我这次出来，只是见群小在皇上身边，我想调护左右，以默辅圣躬，并不是为了抢夺功劳而来。但皇上顺其意而行，犹可挽回，万一若逆其意，徒激群小之怒，无救于天下大计矣。”

张永也是无奈，他太熟悉皇帝的个性了，所以希望阳明能够尽量顺着皇帝的意思来，这也算是对阳明的一个善意提醒。阳明只得听天由命了，他什么都不想管了，他的心有点累了，所以他在将朱宸濠交给张永之后，遂称病西湖净慈寺，以观时变。

但他的心情可想而知，于是作《宿净慈寺四首》：

百战西江方底定，六飞南向尚淹留。何人真有回天力，诸老能无取日谋？

百战归来一病身，可看时事更愁人。道人莫问行藏计，已买桃花洞里春。

……

百般周旋送瘟神

其实早在南昌时，皇帝就曾以“威武大将军牌”派一位锦衣卫千户前往南昌索取朱宸濠。

阳明有鉴于“威武大将军”乃儿戏之名，便不肯出迎来使。三司苦劝，阳明道：“做儿女的对于父母胡乱下的命令，首先应该进行适当的劝告，如果无效就应该哭泣着去执行命令，怎么忍心再虚心假意地阿谀父母呢？”

由于迫不得已，阳明才令参随人员负敕同迎来使。有司向阳明询问慰劳来使的礼仪，阳明说：“只给他五两银子就好了！”才区区五两银子，太看不起人了，那锦衣卫千户于是怒而不纳。

次日那来使来向阳明辞行，阳明却一反常态，亲切地拉着那人的手道：

“我在正德间下锦衣狱甚久，认识了不少锦衣卫人员，却从未见过像你这样轻财重义的。昨天那点微薄之物只是小小的心意，只求备礼。听说你不纳，令我惶愧。我无他长，只是善作文字。这样吧，改日我必定上表章一份，令天下人都晓得锦衣卫中有你这样的人物！”每个人都想得到一个好名声，也喜欢被人恭维，所以阳明的这一番话说得那千户格外受用，算是暂时打消了对阳明的不满。

在杭州称病期间，心灰意懒的阳明本来打算坚卧不出，可是当他听闻圣驾已到扬州时，群奸在侧，人情汹汹，阳明担心形势会变糟，迫不得已，准备经镇江前往扬州见圣驾。

张永受张忠等人的排挤，权势大不如前，连累得杨一清也被迫致仕。一清致仕后一直在镇江养老，作为前辈老臣和国家柱石一样的重臣，阳明便在面圣之前准备先征求一下杨一清的有关建议。

杨一清对皇帝还是比较了解的，他知道皇帝就爱找些乐子和刺激，遇上王阳明这样的正直老先生，二人一定会闹得不欢而散。到时候事情不但不会改观，也许还会恶化，所以一清力止阳明见圣驾。

“伯安哪，你在江西干得不错，无论是朝廷上下，还是作为我个人，都是非常欣慰的！时世艰难，如果没有像你这样的干臣，局面真不知道要如何收拾！不过，皇上的性子估计你也知道一些，你是个正经人，不会轻易低头，到时候说不定就会触犯龙颜，反而把事情弄糟！依我看，你不如到江西待命，去应付一下张忠、许泰等人，事情或许还能有一线转机！何况，他们要在江西胡闹，你怎么可以坐视不管呢……”杨一清语重心长道。

皇帝后来行经镇江，也临幸了一下杨一清的府邸，二人在一起乐饮两昼夜，赋诗赓和以十数。一清把皇帝哄得很高兴，于是他适机从容讽止，皇帝这才打消了原先拟订的浙江之行。王华死后，也是一清作的墓志铭。

就在这时，朝廷令阳明兼巡抚江西的圣旨下到了，阳明于是听从一清的劝告，经湖口返回了南昌。当时张忠、许泰等人已经率军到了南昌，他们打着搜罗朱宸濠余党的旗号，四处敲诈勒索，其军马屯聚，靡费不堪。可是令他们失望的是，大灾大乱之后的南昌地区竟如此穷困，也没想到朱宸濠的财宝被藏得那么严实！

阳明回到南昌后，这些北方来的军士都把怨气撒到了阳明头上，他们或肆坐谩骂，或寻衅滋事。但阳明不为所动，仍旧待之以礼。不过为了应对当前糟糕的局面，阳明却不能不有所对策。

他先是动员南昌市民暂时到乡下避下风头，而留下老弱病残应付北军。显然北军士兵不拿点甜头不会轻易罢休，所以阳明准备犒赏北军。许泰等人自然看不上这些小恩小惠，他们认定自己想象中朱宸濠的巨额财富都落到了阳明的腰包里，所以他们禁止手下士兵私自接受阳明的犒赏。

许泰等人就是准备让阳明把吃进去的都给吐出来，所以他们就赖在南昌不走。

当将官的不走没关系，阳明可以想办法让军士们动起思乡之念，让他们不想走也得走。

于是阳明传示内外，谕北军离家苦楚，居民当敦主客礼。除此之外，每次阳明自己出行，凡遇北军有丧，必停车问故，厚与之椋，嗟叹乃去。久而久之，阳明这种关怀、亲和的态度终于感化了北军士兵，他们开始推服起阳明来。

为了再加上一把火，阳明便来了这么一招：眼看冬至将近，阳明下令南昌全城为在宁王之乱中的死难者举奠。因为宁王之乱，南昌地区的死难者不下万计，一听到王巡抚下令祭奠那些死难者，加上近来百姓对北军士兵的不满，于是众人将一切悲伤都发泄了出来，乃至哭亡酹酒者声闻不绝，那场面自是感人肺腑。

如此一来，阳明的目的也就达到了——目睹此情此景，北军士兵无不动容，人人无不备感思念家乡，都哭着向许泰等人请求北归。

可是张忠、许泰等人还不死心，他们不能拿阳明怎么样，于是将所有不满都发泄到了冀元亨头上。他们逮捕冀元亨，对其重加炮烙毒刑，要他一口咬定自己是阳明与宁王的牵线人。可是冀元亨丝毫不为所动，任凭严刑毒打，最后只剩下一口气，也坚决不去诬陷恩师。

不得已，张忠、许泰只得向阳明挑明："王中丞，咱们明人不说暗话，只要你把收缴的宁王的财物通通上缴朝廷，咱们这就起驾回京！""中丞"是巡抚的别称。

"呵呵，"阳明冷笑道，"宁王被收缴的财物都已封存，也请二位过目了，哪里还有什么财物啊？"

"王中丞，您就别跟咱兜圈子了，宁王那么多年的家底，难道就区区这点财物，谁相信啊？"

"呵呵，说句实话，宁王的财物确实不止这些。"

二人听阳明已经吐口了，很兴奋地道："那就请王中丞交出来吧，我们也好回京复命。"

"呵呵，二位误会了。宁王的确很阔绰，也很大方，其实他的财物多半都被他拿去贿赂皇帝身边的人了，连他身边的人看着都心疼。可是二位猜猜宁王是怎么说的？"

"哎哟，王中丞，您就别卖关子了，我们哪知道这些啊。"

"宁王说，自己不过是让那些接受贿赂的人替自己暂时保管一下而已，待将来他夺位成功，就管这些人一一索回，而且要变本加厉。为此，宁王还专门列了一张名单，上面列的就是那些接受过他贿赂的人，名单现在就在我手上，二位要不要过目？兴许二位也可以照宁王说的做。"

阳明话音刚落，二人已吓出一身冷汗，他们也曾接受过宁王的重贿，想必那名单上也有他们的名字。假如这份名单落到朝廷手上，那后果岂堪设想？就算是皇上有心保自己，可是铁证如山，难保没有麻烦。

"既然是这样，名单我们就不看了，那王中丞您想怎么办？咱们都是聪明人，还是大家相安无事的好。”二人放低了姿态请求道。

阳明故做为难之状，乃道：“既然二位这样说了，我不妨对二位交个底，其实名单我还没有过目，我是准备直接呈交皇上过目。既然二位担心再节外生枝，那么依我之见，不如我就当着二位的面把它给毁了，如何？”其实阳明哪有什么“名单”，不过都是他自己瞎编的，但他知道宁王此前肯定贿赂过这二人。

“好！皇上身边的人哪个是好惹的，这样最好，最好！王中丞果然不凡！”张忠、许泰二人，最后看着阳明把那“名单”给烧毁了。

看来宁王的确是没什么多余的财物了，这王守仁说得还是有道理的。如今他们已经领教了阳明的厉害，再待在南昌也已经无益了。不过这“名单”王阳明指定是看过，也许还有备份，所以二人就此记了仇，必欲将阳明除之而后快。

就在张忠、许泰等人率军北归的当日，阳明带领南昌的众官员为他们送行。张忠、许泰就是因惯于骑射才得到皇帝宠幸的，如今他们自居所长，拉着阳明来到教场要比赛射箭，想让阳明出丑。你王守仁不过一介书生，侥幸平定了宁王之叛，可是有真功夫的还是我们！

阳明装作很勉强的样子，最后只得接过了箭，虽然很多年没有碰过这东西了，自己的力气也已衰退得不堪，可是学到的技巧还在，当年学箭的情景仍历历在目——但见阳明三发三中，每一中，北军在旁哄然，举手啧啧。

张忠、许泰面面相觑，嗫嚅道：“咱们北军的人心，可是都跑到他姓王的那边去了啊！”

看来班师确实是宜早不宜迟，要有效地抑制这个王阳明在北军中的影响，就只有让大伙见不着他！于是，张忠、许泰二人赶紧率军踏上了东归之路。

嬉游天子在归途中乐极生悲

转眼到了正德十五年（1520），此时的皇帝已经到了南京。

张忠、许泰进谗言说阳明必反，只有张永在旁持正保全。皇帝耐不住他们的絮叨，于是问张忠、许泰道："你们既说这王阳明会反，那怎么检验呢？"

"皇上如果召他，他肯定不会来，因为他心虚。"张忠回答道。

皇帝见他说得这样肯定，于是便下诏要阳明来南京见驾，皇帝也确实想见见这位能文能武的老先生。阳明得旨后，不得不立刻动身。可是张忠等人担心到时候皇帝会责怪自己诬陷大臣，于是就设法在芜湖将阳明强行挡了半个月。

阳明不得已，便上了九华山暂住。此时，无论是阳明的自尊心，还是他对时局的隐忧，都令他再次感到心灰意懒。他每日只是枯坐草庵中，默对着满山的春色。有一天深夜，月色明朗，阳明见水波拍岸，汩汩有声，心里不禁想到："我以一身蒙谤，死即死耳，只是我还放不下家中的老父啊！"

次日，阳明不得不对自己的门人说道："此时若有一孔可以窃父而逃，吾亦终身长往不悔矣。"

王华此时已经七十多岁了，阳明知道父子此生能在一起的时间已经不多了，甚至自己能活到哪一天都很难说。况且他已经三年多没有回家了，自是思亲情切，黯然之余，常常情不自禁地便要举头东望：

莫怪乡思日夜深，干戈衰病两相侵。
孤肠自信终如铁，众口从教尽铄金。
碧水丹山曾旧约，青天白日是知心。
茅茨岁晚饶风景，云满清溪雪满岑。

别看正德皇帝整天不着调儿，其实也是个极聪明的人，一般人想骗他还真不容易，他不过是睁只眼闭只眼罢了。

为了不冤枉好人，皇帝便绕过一干手下，偷偷地派人来阳明这边刺探。最后皇帝得出结论道："王阳明学道人也，召之即至，安得反乎？"于是又下旨令阳明返回江西。

原来，张忠等人屡矫伪命，令阳明前去见驾，但阳明因为事先得到了张永的可靠消息，所以一直未予理睬。当皇帝真的下旨时，张永又派手下飞速来报，阳明这才不得已起程。

看来自己当初主动交好张永的确是没有白费功夫，虽然交结阉竖实为正人君子所不齿，但人有时又确实不能不向现实低头。在回程时，阳明途经庐山开元寺，他心里自然有些愤愤不平，于是留了一副石刻于读书台，上书平定宸濠之乱的过程及随征功臣的姓名，以垂诸久远。后来，他又游览了著名的白鹿洞书院，"悠悠万古心，默契可无辩"。

回到江西后，阳明见皇帝的车驾迟迟不北返，心怀忧惶。他生恐有变，于是在二月的时候前往九江阅兵。为了调解一下自己近来的紧张、焦虑情绪，阳明还顺便游览了东林、天池、讲经台诸处。不过，由于让阳明挂怀的事情太多，他的心情还是没能放松。

江西自去年三月到七月，连月不雨，乃至于禾苗枯死。随后又是朱宸濠的叛乱，很多小民的生计都出现了问题，所以不免乘隙为乱。好在阳明尽心安戢，向朝廷许乞优恤，才避免了局面的进一步恶化。

到了这年三月，阳明又上书请宽民租。他与巡按御史唐龙、朱节还上疏指出用宁藩变产官银代民上纳，如此才令民困稍苏。

可是祸不单行，去年没雨，今年却又下个不停。四月，江西大水，漂溺公私庐舍，田野崩陷。阳明上疏自劾四罪，且道："自春入夏，雨水连绵，江湖涨溢，经月不退。自赣、吉、临、瑞、广、抚、南昌、九江、南康沿江诸郡，无不被害。黍苗沦没，室庐漂荡，鱼鳖之民聚栖于木杪，商旅之舟经行于闾巷，溃城决堤，千里为壑，烟火断绝，惟闻哭声。询诸父老，皆谓数十年来所未有也。……伏惟皇上轸灾恤变，别选贤能，代臣巡抚。……即不以之为显戮，削其禄秩，黜还田里，以为人臣不职之戒，庶亦有位知警，民困可息，人怒可泄，天变可弭，而臣亦死无所憾。”

当时皇帝仍旧在南京滞留嬉游，阳明进谏无由，只好走曲折路线，姑叙地方灾异以自劾，希望皇帝有点良心从而关注民瘼。此时阳明能做的，也就这些了。

六月，阳明前往赣州。

十四日，从章口入玉笥大秀宫。十五日，宿云储。十八日，至吉安，游青原山，和黄山谷诗，遂书碑。

当他行至泰和时，赶上吏部侍郎罗钦顺以书问学，他在信中表达了自己对阳明前番刊刻古本《大学》的质疑。阳明于是以书信回复道：“来教谓某‘《大学》古本之复，以人之为学，但当求之于内，而程、朱格物之说，不免求之于外，遂去朱子之分章，而削其所补之传’。非敢然也。学岂有内外乎？《大学》古本乃孔门相传旧本耳。朱子疑其有所脱误，而改正补缉之。在某则谓其本无脱误，悉从其旧而已矣……凡某之所谓格物，其于朱子‘九条’之说，皆包罗统括于其中；但为之有要，作用不同，正所谓毫厘之差耳。然毫厘之差，而千里之谬实起于此，不可不辨。”

阳明到达赣州后，大阅士卒，并教以战法。江彬遣人来观动静，试图为再次诬陷阳明寻找口实。很多人都站出来请求阳明回省，以免自蹈危疑。阳明不从，作《啾啾吟》解之，其中道：

知者不惑仁不忧，君胡戚戚眉双愁？信步行来皆坦道，凭天判下非人谋。用之则行舍即休，此身浩荡浮虚舟。丈夫落落掀天地，岂顾束缚如穷囚！千金之珠弹鸟雀，掘土何烦用镯镂？

君不见东家老翁防虎患，虎夜入室衔其头？西家儿童不识虎，执竿驱虎如驱牛。痴人惩噎遂废食，愚者畏溺先自投。人生达命自洒落，忧谗避毁徒啾啾！

只要自己不拿此事当回事，它也就困不住自己。阳明且道："我在此与童子歌诗习礼，究竟有什么可疑的呢？"

门人陈九川等也站出来劝说先生，阳明道："大家何不凑在一起讲学呢？我昔日在省城，处权竖，祸在目前，但内心帖然，纵有大变，亦避不得。我所以不愿轻动，还是有自己深层次的考虑的，这些你们就不用替我担心了……"

担心也没有用，不如顺其自然吧！如此大家也都活得轻松些、坦然些。

截止到这年夏天，皇帝仍旧逗留于南京未归。

一方面皇帝确实留恋这里的繁华，他还是生平第一次到江南来；另一方面也是感觉没有脸面回去，自己当初的确太冲动了，南下的理由实在不充分。

就在去年的七月三十日，在平定叛藩以后，阳明曾经连续上了两份奏疏：一份是《江西捷音疏》，内容很简单；一份是《擒获宸濠捷音疏》，报告了自己起兵的详细经过，以及文武官员在平乱中的功绩。

两份报捷疏送出以后，阳明听说皇帝仍在调动兵马南下，于是又于八月十七日上了那道《请止亲征疏》。两份捷音疏都被皇帝"留中不发"，没有交给有关部门处理，好像若无其事。但是这么大的事情即使朝廷不予通报，一年之后肯定也会在整个天下传开。

正德其实是个很爱面子的人，在不能给京中文武一个很好的交代之前，他是不会轻易北返的。就在这个时候，皇帝手下的群小欲自献俘袭功，想将阳明等人的功劳据有己有。在他们看来，什么王阳明、伍文定，不过都是皇帝的臣子，君要臣死臣尚且不能不死，出让点功劳又算得了什么？

这时，张永不得不站出来阻止道："此举不可啊！想当初咱们未出京时，朱宸濠已经成擒，后来王守仁又押着他过玉山，渡钱塘，这是人们有目共睹的。咱们还要献俘北上，将功劳据为己有，这不是掩耳盗铃吗？"

众人无法反驳，只得作罢。但是皇帝还是不甘心就这样回去，那些大臣哪个是好缠的？所以他最后突发奇想，拿着大将军钧帖找到阳明，要他重上捷音，尽量把功劳都说成是这位"大将军"的。

一人饰二角，皇帝确实已经习惯了这种剧情安排。

身为一国之君，久不在京城，难保有个三长两短，这是令阳明深感忧虑的。他已经看明白了，这皇帝分明就是个小孩子嘛，必须得哄，而不能与他龃龉，拂了他的性子。因此，阳明必须给皇帝一个台阶下，要再上一份捷音疏，尽量把功劳都归之于皇帝本人——当然，那位子虚乌有的"大将军"，也是要买账的。

不过，阳明明白，即使自己有千般万般的委屈，而一旦上了这道捷音疏，必然会引起他人的诟病，使他难脱谄媚皇帝的嫌疑！可是，纵有千难万难，除非自己不处在这个地位，否则就得忍辱负重，授人以柄总是难免的！

总之，有那么一个使性的皇帝在上面，自己不能不把这杯苦酒生生地吞咽下去……

于是阳明乃节略前奏，入诸人名于疏内，再上之。这时已经是正德十五年（1520）七月，在这份平乱后整整一年再上的奏捷疏中，阳明不仅将"奉旨起兵"说成是实有其事，还把一切都说成是皇帝的布置，那位按照皇帝意旨行事的"总督军务威武大将军总兵官都督府太师镇国公"，自然也是功不可没：

"照得先因宸濠图危宗社，兴兵作乱，已经具奏请兵征剿。间蒙钦差总督军务威武大将军总兵官彼军都督府太师镇国公朱钧帖，钦奉制敕……

"又蒙钦差总督军门发遣太监张永前到江西查勘宸濠反叛事情，安边伯朱泰，太监张忠，左都督朱晖，各领兵亦到南京、江西征剿。

“续蒙钦差总督军务威武大将军总兵官后军都督府太师镇国公朱统率六师，奉天征讨，及统提督等官司礼监太监魏彬，平虏伯朱彬等，并督理粮饷兵部左侍郎等官王宪等，亦各继至南京……”

朱泰就是许泰，朱彬就是江彬，他们都被皇帝赐姓朱氏，以示恩宠。阳明也不能不给他们点面子，小鬼也难缠。阳明的奏疏上呈以后，皇帝这回总算是满意了，始议北旋。

就在离开南京的前夕，正德等一帮人匆忙为自己举行了一个名为受俘的隆重典礼。

那天早上，大校场上聚集了数万戎装整齐、全副武装的士兵，在校场正中的高台上，在大红绛帐中间，端坐在虎皮交椅上的，正是皇帝本人。在他的左右，环列着江彬、许泰等人，张忠侍立身后，大学士梁储、蒋冕及南京各官则按照序列一一站定。

阳明的好友、身为南京兵部尚书的乔宇，则手持令旗站立于阅兵台上，扮演着自己都觉得好笑的角色。当乔宇令旗挥过，校场上一阵炮响之后，但见鼓角声中一将拍马持枪，杀气腾腾地冲入了阵中！他还做了几个充满挑衅性的动作，不过他的表情却看不清楚。

只见乔宇令旗又一挥，一位头戴紫金冲天冠、手舞金背大砍刀的将军也策马冲入阵中。在他的身后，还有一将高举大纛旗，上书一行大字“总督军务威武大将军总兵官都督府太师镇国公”，中间还有更大更鲜明的一个“朱”字！

在众人雷鸣般的喝彩声中，只见那“朱大将军”策马杀向刚才闯入阵中的那人，只一回合即将那人刺于马下，此时整个校场上是一阵欢腾！原来那被刺于马下的不是别人，正是被饿得有气无力的朱宸濠；那“朱大将军”也不是别人，正是皇帝本人——当这场由皇帝自编自导自演的闹剧收场以后，他终于心满意足了，决定凯旋北归！

正德十五年（1520）闰八月十二日，皇帝等一行人起驾南京。

他们沿途行行止止，吃喝玩乐，经扬州、淮安、东昌到达临清，直到十月间才到达天津。

正当阳明为皇帝的北返如释重负的时候，突然又传来了皇帝病重的消息，阳明的忧虑便又添了一层：这诚然是一个不称职、不够格的皇帝，但国家正当多事之秋，一旦皇帝故去，群小左右了朝廷，到时局面又将如何收拾？

原来，皇帝在九月时曾行经淮安的清江浦，此地为一水乡泽国，皇帝玩兴大起，于是独自驾着一条小舟来到运河西岸的积水池捕鱼。皇帝独自驾着小舟，像一位渔翁那样兴奋地撒着网，没想到乐极生悲，居然一个不小心就将船倒扣了过来，自己也不慎落入水中。由于呛水和惊吓，再加上平时放纵过度以致身子虚弱，结果皇帝竟一病不起，才三十岁的年纪就已经走到了人生的末路。

一朝天子一朝臣，眼看一个崭新的时代就要来临了，大功初建的阳明的命运又将如何呢？

第八章 致良知，打开了学至圣贤的门径

由于不为政事所累，阳明在这一时期的闲暇颇多，他的生活也比较单纯。他的主要精力就放在光大心学上，除了常与门人相聚外，阳明还经常以书信与顾璘等众友人相往还，重点自然还在于学问上的辩难与切磋。学问也像刀子一样，不常磨它便要生锈或变钝，而他人的非难倒像是一块磨刀石那样。

来自泰州的狂徒

张忠、许泰等人当初虽然不得已离开了南昌，可是他们也气急败坏地将冀元亨给带走了，他们对阳明仍然余怒未消。

阳明为此自是心急如焚，遭此厄运，再遭劳碌之苦，如果阳明不能及时将冀元亨救下，他必死无疑。于是还在八月的时候，阳明便将冀元亨的事情上诉状给都察院，希望借助都察院的力量替元亨洗刷冤屈。

元亨是个举人，其学以务实不欺为主，而谨于一念，阳明将正宪拜托给他并不是偶然的。他在监狱中时，视诸囚不异一体，把大家看成兄弟一般。诸囚整日哭哭啼啼，元亨便为他们讲论心学，大家心里这才稍稍感到一些安慰，就如同阳明当年在锦衣卫狱中的表现一样。

当官府派人前往缉拿元亨的家属时，他的妻子李氏和女儿都毫无惧色，李氏道："我丈夫平生尊师讲学，难道还有其他愧疚的事情吗？"后来，母女在狱中时仍然劳作不辍，闲暇时则诵《书》歌《诗》，不愧是儒生之家。

监狱的看管人员为她们的这种精神所感动，想要释放她们。可是李氏却说道："不见我的丈夫，我能往哪里去呢？"李氏在监狱中也把生活安排得井井有条，有人向她请教，她回答说："我丈夫的学问不出闺门衽席间。"听者无不赞叹。

尽管有科道等监察官员的上疏，但是冀元亨的冤狱还是拖到了正德死后。嘉靖登基后，为元亨平反，下诏予以释放。可是元亨久在牢狱，又曾身受酷刑，身体早已垮掉，出狱后才不过五日，便不幸辞世。同门陆澄、应典等人帮着制备了棺殓，阳明得到噩耗后，为此恸哭了一场。为了有所表示，阳明又请求当地官府对冀元亨家进行抚恤。

闰八月的时候，阳明第四次上疏省葬，朝廷仍不允。

起初，阳明在赣州听闻祖母岑太夫人讣告，又听说父亲也病了，欲上疏乞归，但赶上了福州的任命。后来又突然遭遇宁王之叛及皇帝南下，事情才一直拖延了下来，朝廷当时许以“贼平之日来说”。

如今江西的局面已经稳定下来了，没想到第四次上疏又遭驳回，阳明很是气愤。看来自己是招惹了杨廷和了，之前阳明就听说，自己在奏疏中往往把功劳都归之于王琼，这令杨大学士很是不快，因此他肯定是借着此事来压自己一头。

不久之后，阳明又听说了父亲病危的消息，自是惶惶不可终日。他欲弃职逃归，什么都顾不得了，只愿此生能见上父亲最后一面——祖母已经错过了，老父不能再错过！幸好几天后又得报父亲已经康复，阳明这才打消了那个冲动的念头。

一天，阳明问大家道：“我欲逃回，何无一人赞行？”当时你们怎么没有一个人站出来帮我的场。

门人周仲答说：“先生思归一念，亦似著相。”“著相”是佛家之语，有“挂碍”之意。

良久，阳明才不得不坦言道：“此相安能不著？”孝乃人伦之本，是天理，如今有人偏与自己为难，不许自己尽孝，难道自己就该忍气吞声、消极等待？

九月，阳明从赣州回到了南昌。

当时皇帝车驾尚未还京，而江西百姓如婴儿般嗷嗷待哺，阳明乃兴新府工役，传檄各院道没收朱宸濠各地的土地财产，或改造或出售，以赈济百姓并代为各地的赋税。有了这番举措，才使境内稍苏，民困稍解。

后来他在给门人邹守益的信中说道：“自到省城，政务纷错，不复有相讲习如虔中者。虽自己舵柄不敢放手，而滩流悍急，须仗有力如吾谦之者持篙而来，庶能相助更上一滩耳。”

愈是在艰难中，大家才愈是渴望得到同志之助。不过就在这个时候，南昌来了一位怪人，他慕名来见阳明。正是这一次会面，心学中一个重要的学派便诞生了——这就是未来的“泰州学派”。

来人名叫王银，江苏泰州人，年纪快四十岁了，此人一身打扮甚是古怪：着古冠服，手执木简。他以自己作的两首诗为见面礼。阳明异其人，乃降阶出迎。

阳明请他上坐，王银也不跟巡抚大人客气，便安然就座。阳明还真没见过有人这番穿戴，不免好奇，于是问道：“先生所戴何冠？”

“呵呵，不瞒诸位，这是有虞氏冠。”有虞氏是指上古圣王之一的舜，怪不得自己没见过，原来这王银是根据传说弄的这身行头。

“那先生所穿何服？”

“老莱子服。”

老莱子是出了名的孝子，阳明会意：“看来先生是要学老莱子了！”

“然也。”

阳明自然晓得，自己的老父就是一位活生生的“老莱子”，但是不知道这王银真的能做到如此至孝吗？阳明于是又问道：“先生是只学老莱子的服装，还是连他上堂诈跌、掩面啼哭的举动，也一块学了呢？”

王银本来只是一种外在的标榜，尽管他有些孝名，但毕竟没到老莱子那种地步。经阳明这么一说，他倒觉得有些心虚了，不免色动，坐得也没那么坦然了。

王银既是慕名而来，自然是要向阳明讨教学问的，他一向自视甚高，从不将时人放在眼中。他在二十多岁时，曾梦到自己将塌陷下来的天给举了起来，从而救助了天下百姓；还将错乱的日月星辰的位置给摆正了。因为这个奇怪的梦，王银更以“圣贤”自负。

王银向阳明讨教格物致知等论题，二人谈论了半天，王银突然开悟道：“吾人之学，饰情抗节，矫诸外；先生之学，精深极微，得之心者也。”他最终折服于阳明之学，遂反服执弟子礼。阳明见他心诚，便接纳了这位新弟子。

有鉴于王银狂傲的个性，阳明于是易其名为“艮”，字以“汝止”。“艮”为八卦中的一卦，代表山，其巍然挺拔，傲然独立，这很符合王银的个性；所谓“知足不辱，知止不殆”，凡事自当适可而止。

王艮出身一盐户家庭，家境不是太好，他七岁受书乡塾，却因贫不能竟学。

他父亲怕冷，大冬天的早晨还要为官府服役。王艮鉴于父亲的苦况，于是哭道：“为人子，令父至此，得为人乎？”当时他才十一二岁，乃出代父役，回家后还是一番恭谨的孝顺样子。不过王艮并没有彻底放弃学业，他读书仅限于《孝经》《论语》《大学》，他信口谈说，却很是入情入理，慢慢地他便开始了自己的讲学生涯。

后来，由于王艮父子的努力经营，他的家境也变得越来越好了，而此时王艮的名声也传开了——在不自觉中，王艮往往以“心”来体验万物，也以“心”来教人。他的讲学对象多是一些目不识丁的劳苦大众，但是由于他讲得浅显易懂，又颇能感染人，如此他在民间的名气也就越来越大，而他的怪癖和傲气也随之增加了。

有一次，有一位来客听了王艮的讲学，觉得非常诧异，不禁感叹道：“先生讲的怎么跟王中丞讲的如此相似呢？”

王艮一听这话顿时觉得好奇，平时与他打交道的多是社会下层人物，对于士林中人人熟知的“阳明先生”，他虽偶有耳闻，但并不知晓其为学的宗旨。如今经这来客一点拨，王艮遂决定前往江西拜谒阳明。

不过有趣的是，王艮前一日折服拜为阳明的弟子后，到了次日，他经过一夜的反思，突然有些后悔了，又开始找阳明辩论。经过再三讨教，王艮最后终于彻底心折，卒称弟子。后来，王艮追随阳明回到浙江，有一天他突然感慨说：“吾师倡明绝学，何风之不广也！”为了光大先生的学问，王艮于是决定为光大师门而努力奔走。

王艮还家后，乃制小车（蒲轮车）北上，车上还挂着“天下一个，万物一体，入山林求会隐逸，过市井启发愚蒙，遵圣道天地弗违，致良知鬼神莫测”等宣传标语。所过之处王艮都要召集、邀请当地人士，告以阳明先生之道，聚集来观看他讲学的人往往成百上千。当他抵达京师后，鉴于他的过分招摇，他在京的同门无不感到骇异，于是把他的车给藏匿了起来，又劝说他南归。阳明听说此事后，也颇为不悦，因为他不想让人将自己的学问视为哗众取宠、华而不实的东西。王艮往谒先生，阳明拒而不见。王艮长跪谢过，阳明这才原谅了他。

王艮不过一介布衣，但是他讲学的名声，却远在阳明诸弟子之上。王艮弟子遍天下，而且有不少高官厚爵的，气势非凡。然而正如阳明生前所忧虑的，王艮本系一介狂士，往往凌驾师说而上之，持论益高远（而不着实际），出入于佛、老二氏。黄宗羲在《明儒学案》中指出：“阳明先生之学，有泰州、龙溪而风行天下，亦因泰州、龙溪而渐失其传。”

有弟子如王艮，不知道是阳明的幸还是不幸？

圣门正法眼藏——致良知

王艮拜师的经历显然并不是个例，很多人都有和他一样的经历，他们由挑衅的姿态慢慢到心悦诚服。

江西进贤人舒芬本在翰林院供职，后被谪官市舶司，其人自恃博学，见到阳明后，便向他请教“律吕”的问题。律吕就是中国古代的礼乐，舒芬想凭借自己的博学将阳明压倒。可是阳明却笑而不答，反问舒芬“元声”的问题。元声是指十二律中的黄钟，舒芬答说：“元声制度颇详，只是还需要置于密室进行一些实验。”

阳明则对此议论道：“元声岂是得之于管灰黍石之间的吗？心得养则气自和，元气所由出也。《书》云‘诗言志’，志即乐之本；‘歌永（咏）言’，歌即制律之本。永言和声，俱本于歌。歌本于心，故心也者，中和之极也。”

舒芬是从纯粹实用的角度来谈论这一问题的，可是阳明却将它与“心”联系了起来，因为礼乐本就是为人而设，心自然是它最高的标准和检验。对于阳明这番突出根本的言论，舒芬当即就觉出了高妙，遂跃然拜为弟子。

此时在南昌，阳明的门人并不算多，只有陈九川、夏良胜、万潮、欧阳德、魏良弼、李遂、舒芬及裘衍等人日侍讲席。巡按御史唐龙、督学佥事邵锐，他们仍旧坚守旧学，向阳明提出质疑，唐龙还以彻讲择交相劝，要阳明放弃自己的主张。

阳明回答说：“我是真的感觉良知人人所同，只是天下学者未得启悟，才甘愿随俗习非。我如今真的是这种见解，也为此弄得一身疑谤，可是如果要我不说出自己心中的想法，于心何忍？求真才者，譬之淘沙而得金，非不知沙之汰者十去八九，然未能舍沙以求金为也。”

如此一番肺腑之言，还是没能换来唐龙、邵锐等人的同情和理解，可见传统观念的深入和顽固。

正当唐、邵等人质疑阳明之学时，很多学子为了避嫌未敢轻易登阳明的门，反倒他们见同门方巾中衣而来者，竟俱指为异物。只有王臣、魏良政、良器、钟文奎、吴子金等挺然不变，不少人受他们感召，这才打消了先前的疑虑，于是相依而起者日众。南昌因此也慢慢再现了赣州的繁盛景象，阳明的内心也安慰了许多。

阳明算是陆象山先生的隔代知音了，有感于象山先生在后世的不公遭遇，阳明觉得凭着自己现在的能力应该做点什么了。

由于象山学术久抑而未彰，所以他也不能像朱熹那样得以配享孔庙，享受崇高的礼遇，子孙也未能沾褒崇之泽。可是在阳明看来，象山先生才是孔、孟正传，自己不能坐视他的冷遇。

于是在自己的职权范围内，阳明乃发牌行抚州府金溪县官吏，将陆氏嫡派子孙，仿各处圣贤子孙事例，免其差役；有俊秀子弟，具名提学道送学肄业。另外，有鉴于陆九渊与朱熹同时讲学，可是自天下崇朱说，而陆学遂泯。阳明为了光大象山之学，遂刻《象山文集》，为序以表彰之。

转眼便到了正德十六年（1521），阳明已经到了知天命之年。也就是在这朝局大变的一年，阳明先生始揭“致良知”之教。

当时阳明闻听圣驾已回宫，始舒忧念。自经朱宸濠、张忠、许泰之变，阳明在心态上也有了一点微妙的变化：他越发相信人的“良知”，此真足以忘患难，出生死——所谓考三王，建天地，质鬼神，俟后圣，无弗同者。

“良知”便是天下万事万物存在和行为的基本准则，也没有什么不同，是心的本体。所谓“致良知”，便是根据良知的要求去为人处世，不但不去违背，还要极尽良知的要求。只有这样，人才算真正步入了圣人之门。只是良知最容易为人的外欲所遮蔽，须“时时勤拂拭”，下到功夫让自己的良知彰显出来。

阳明在随后致邹守益的书信中便这样写道：

> 近来信得致良知三字，真圣门正法眼藏。往年尚疑未尽，今自多事以来，只此良知无不具足。譬之操舟得舵，平澜浅濑，无不如意，虽遇颠风逆浪，舵柄在手，可免没溺之患矣。

人有了良知，才算在心性上立住了。可是阳明仍不免疑惑，为什么这么简单的道理大家就想不明白呢？又为什么自己到如今才弄明白呢？为此，阳明不禁喟然发叹。

陈九川见先生叹息，于是便来问先生缘故。阳明道：“此理简易明白若此，乃一经沉埋数百年。”近来阳明讲的都是“致良知”，所以不用多解释，九川就明白先生“此理”指的是什么理。

“亦为宋儒从知解上入，认识神为性体，故闻见日益，障道日深耳。今先生拈出‘良知’二字，此古今人人真面目，更复奚疑？”九川将责任都归给了故作高深的宋儒们。

“然譬之人有冒别姓坟墓为祖墓者，何以为辨？只得开圹将子孙滴血，真伪无可逃矣。我此‘良知’二字，实千古圣圣相传一点滴骨血也。”阳明是如此自信自己开启了真正的圣人之门，对于“朝不谋夕，恬不知耻”的世风，也只有去唤醒心底的良知，用良知去矫正它。

说到这里，阳明动了感情，于是他又强调说：“某于此良知之说，从百死千难中得来，不得已与人一口说尽。只恐学者得之容易，把作一种光景玩弄，不实落用功，负此知耳。”

道理虽然简易，但最怕学者不肯下到功夫，最终有负自己的良知。

其实，阳明的“致良知”之教的产生也是有个过程的，可谓是他在艰难困苦中的顿悟。

自从南京讲学以来，阳明先生凡示学者，皆令存天理去人欲以为本。有人问何谓天理，阳明则令其自求之，未尝指天理为何如也。这时阳明也无法具指“天理”是什么，只是含混地意指人的本心。

其间他曾对门人们说道：“近欲发挥此，只觉有一言发不出，津津然如含诸口，莫能相度。”就如同有东西卡在了喉咙里，就是吐不出来。

久而久之，阳明只得无奈地承认：“近觉得此学更无有他，只是这些子，了此更无余矣。”

即便如此，那些门人仍旧对阳明先生充满了仰慕之情，可是越是如此，越叫阳明心里不安。他知道自己的学术还不够完善，学问的基础还不够牢固，理论上还有漏洞，所以他又不禁感叹道：“连这些子亦无放处。”

如今经宸濠、忠、泰之变，虽频遭艰险，却因祸得福，一时心灵，始有良知之说。看来“艰难困苦，玉汝于成”的确不是虚言，人也须“在事上磨砺”，方可使自己的心体有所澄明。

这年的三月，荒唐了半生的正德皇帝一病归西。

由于他生前没有子嗣，经过一番讨论，朝廷上下经皇太后的同意，便迎奉正德的堂兄弟、十五岁的兴王朱厚熜从湖北安陆到京城，入继大统。朱厚熜便是在位四十五年的明世宗，年号嘉靖。

这场君位更迭还算顺利，阳明虽然一面是担忧，一面却也对辞旧迎新充满了希望。正德的表现实在是叫人太失望了，新皇帝根基不稳，即便是正德第二，也不可能胡来的，只要朝廷中的正直大臣齐心协力，短时间内朝政必然会有所改观。

阳明也可以暂时舒一口气了。五月，阳明集门人于白鹿洞，此地位于九江庐山东北玉屏山南，白鹿书院曾是北宋六大书院之一，诸多文化名人都曾来此讲学。值此新旧交替之际，阳明顿起归去之意，他欲同门久聚，共明圣学，所以才相中了白鹿洞。当时南昌府知府吴嘉聪想编修府志，阳明的门人蔡宗兖作为南康府教授，正主持白鹿洞事，这样阳明才得以开史局于洞中，借着编修府志的便利，把夏良胜、舒芬、万潮、陈九川等都召集到了一块。

阳明还专门写信催促邹守益来白鹿洞：“醉翁之意盖有在，不专以此烦劳也。区区归遁有日，圣天子新政英明，如谦之亦宜束装北上，此会宜急图之，不当徐徐而来也。”

阳明为自己的未来做好了规划，但是计划不如变化快，身在庙堂，身不由己。这年六月十六日，一道圣旨突然下到了南昌：“尔昔能剿平乱贼，安靖地方，朝廷新政之初，特兹召用。敕至，尔可驰驿来京，毋或稽迟。”

原来，新皇帝对阳明的大名早已有所耳闻，很想见见这位了不起的阳明先生，看样子还会加以重用。新皇帝如此看重自己，这让阳明不免振奋了一下，圣旨中还明确指出要阳明“驰驿来京”，一应旅途供给都由朝廷代劳，这可是难得的待遇。在接旨六天后，阳明便从南昌出发了。

不过阳明并未直接奔赴北京，而是想先回家乡一趟，他对于亲人的思念已经不可遏止了，于是他便向皇帝上了一道《乞便道归省疏》：

臣自两年以来，四上归省之奏，皆以亲老多病，恳乞暂归省视……复以权奸当事，谗嫉交兴……身罹暧昧之祸……故其时虽以暂归为请，而实有终身丘壑之念矣。

既而……天启神圣，入承大统，革故鼎新，亲贤任旧，向之为谗嫉者，皆已诛斥略尽，阳德兴而公道显。臣于斯时……若出陷阱而登之春台……岂不欲朝发夕至，以一快其拜舞踊跃之私，归戴向往之诚乎？

顾臣父既老且病，顷遭谗构之厄，眷疑震恐，汹汹朝夕，常有父子不及相见之痛。今幸脱洗殃咎，复睹天日，父子之情，固思一见颜面，以叙其悲惨离隔之怀，以尽菽水欢欣之乐。况臣取道钱塘，迂程乡土，止有一日。此在亲交之厚，将不能已于情，而况父子天性之爱，重以连年苦切之思乎？

……

然不以之明请于朝，而私窃行之，是欺君也；惧稽延之戮，而忍割情于所生，是忘父也。欺君者不忠，忘父者不孝……故臣敢冒罪以请。

阳明相信新皇帝一定能体谅自己的苦衷，所以不待皇帝批准，他便往浙江而去。他当时作的《归怀》诗显露了他激动的心情：“行年忽五十，顿觉毛发改。四十九年非，童心独犹在。世故渐改涉，遇坎稍无馁。每当快意事，退然思辱殆。倾否作圣功，物睹岂不快？奈何桑梓怀，衰白倚门待。”

不久，他还兴致勃勃地与陆澄畅论养生之道：

“赍奏人回……闻以多病之故，将从事于养生。区区往年盖尝弊力于此矣。后乃知……养德、养身只是一事。元静[1]所云‘真我’者，果能戒谨不睹，恐惧不闻，而专志于是，则神住、气住、精住，而仙家所谓长生久视之说，亦在其中矣……老子、彭篯之徒，乃其禀赋有若此者，非可以学而至。

“后世如白玉蟾、丘长春之属，皆是彼学中所称述以为祖师者，其得寿皆不过五六十。则所谓长生之说，当必有所指也。元静气弱多病，但遗弃名声，清心寡欲，一意圣贤，如前所谓‘真我’之说。不宜轻信异道，徒自惑乱聪明，弊精劳神，废靡岁月。”

此时，阳明早已对仙家的那种长生之道丧失了兴趣，而且也已经有了不同的认识：他只坚信“养德、养身只是一事”，君子自不应旁求别道，否则便要徒费心力。

可是，那些对长生不死之术执迷不悟的还大有人在，嘉靖便是明朝十六帝中最痴迷此道的，并因此贻误了不少国事。如果阳明的这番心得能为朱厚熜之流所理解，那实为大明之幸。

可是没想到的是，新皇登基，朝政瞬息万变，就在阳明的奏疏发出以后，京城的情况又出现了一些不小的变化。当时主政的内阁大学士杨廷和、蒋冕等人都是信奉旧学的，而且他们也是王琼的对头。王琼此前已经升任吏部尚书，可是不久后还是在权力的争斗中败下阵来，被发配戍边。在一时炙手可热的杨大学士看来，阳明就是王琼的人，所以不能把他弄到京城来，否则不仅阳明可能要被重用，甚至王琼也会复起。

而且当时“大礼议之争”已经初露苗头，为了不增加反对派的力量，杨廷和、蒋冕等人也不能把王阳明这种举足轻重的人物弄到皇帝身边来。因为从学术倾向上讲，阳明必然是要倾向同情皇帝的。

杨大学士等一干人遂暗中阻拦阳明入京，他们潜讽科道建言，以为“朝廷新政，武宗国丧，资费浩繁，不宜行宴赏之事”——王守仁来了，就得大

[1] 大概指佛门的玄静，为避康熙玄烨之讳，清人将其改名为元静。后面“丘长春”则指长春真人丘处机。

行封赏，而且也不能不对那些追随他的平乱功臣有所表示，这可是一笔不小的花费。

可是朝廷现在拿不出这笔钱来，给正德发丧已经掏空了国库。皇帝无奈，只得一面准令阳明归省，一面又升他为南京兵部尚书，参赞机务。在当时，能负有实际权责，又在名义上是升迁，又不需来京的差遣，似乎也只有南京兵部尚书一职最合适了。

阳明入京面圣的希望就这样泡汤了，假如他能以心学影响皇帝，不知那又将是一番什么光景。

八月，阳明终于回到了他一直魂牵梦萦的浙江绍兴，见到了老迈的父亲。九月，又回余姚省视祖茔。

瑞云楼是阳明出生的地方，在这里他徘徊不已，又指藏胎衣地，收泪久之，盖痛母生不及养，祖母死不及殓也，真是“树欲静而风不止，子欲养而亲不待”。

在余姚，阳明整日与宗族亲友宴游，且随地指示良知。就是在这个时候，钱德洪拜入了王门。

德洪早已听闻了阳明先生的讲学之名，久思要拜入师门。当时乡中故老仍然对于阳明之学有所怀疑，可是德洪却暗地里一个人潜心研究，越发深信不疑，乃排众议，请亲命，率领自己的两个侄子钱大经、钱应扬及郑寅、俞大本，通过别人引见来拜。

就在次日，夏淳、范引年、吴仁、柴凤、孙应奎、诸阳、徐珊、管州、谷钟秀、黄文涣、周于德、杨珂等凡七十四人，又一起来拜，阳明的影响日益扩大。

阳明之门，从游者恒数百，浙东、江西尤众。但是善推演师说者，除了江西的何、黄二人外，便是浙江的钱德洪和王畿了。

心怀不平辞封爵

对于平定宁王之乱，如此巨大的事功，朝廷总应该给天下人一个交代，所以在这年十月，才姗姗来迟地封阳明为新建伯。

这样阳明便成为大明有史以来以文臣封伯爵的区区数人之一，实在是光宗耀祖的一件大幸事。在皇帝的制诰中提到："江西反贼剿平，地方安定，各该官员，功绩显著。你部里既会官集议，分别等第明白王守仁封伯爵，给与诰卷，子孙世世承袭，照旧参赞机务，钦此。"王守仁封新建伯，奉天翊卫推诚宣力守正文臣，特进光禄大夫柱国，还兼两京兵部尚书，照旧参赞机务，岁支禄米一千石，三代并妻一体追封，钦此。正德十六年十二月十九日，准兵部吏部题。

朝廷除了差行人赍白金文绮慰劳外，还下温旨存问其父王华于家，赐以羊酒。

好消息传来，这时正赶上王华诞辰，亲朋咸集，阳明捧觞为老父贺寿。面对此情此景，已经成为新建伯之父的王华老先生不免有些蹙然，他不禁对儿子说道："宁濠之变，大家都以为你会遇难，却得大难不死！都以为难以平定祸乱，而得以迅速平定！谗构朋兴，祸机四发，前后二年，当时大家都为你悬着一颗心。好在天开日月，显忠遂良，你才得以穹官高爵，滥冒封赏，我父子复相见于一堂，兹非其幸欤！然盛者衰之始，福者祸之基，虽以为幸，又以为惧也。"

所谓"福兮祸之所倚，祸兮福之所伏"，阅尽人事的王华有些乐极生悲。阳明体谅老父的苦心，乃洗爵而跪道："父亲大人之教，儿所日夜切心者也。"

在场的人无不感叹会遇之隆，感盈盛之戒。

对于朝廷的论功行赏，其实还有很多美中不足的地方。除了阳明之外，原南京兵部尚书乔宇、南京守备太监黄伟等，也在受封赏之列。原吉安知府伍文定已经升为江西按察使，后来再升为都察院左副都御史，前往京师赴任。

可是，除了伍文定，其他追随阳明平乱的官员，朝廷却都没什么表示。而且，对于冤死的冀元亨也没有抚恤，对阳明“岁支禄米一千石”的待遇后来也根本没有兑现，该有的“铁券”甚至也没有。

赏罚不公绝不是一件小事，就如同科举一样，国家绝不能丧失起码的公心，不然无以感召来者。阳明对于朝廷当然会有所不满，个人的事情是小，朝廷不应该委屈大家。为了表达自己的不满，阳明特于嘉靖元年（1522）正月上了一道措辞虽然委婉，但态度十分强硬的《辞封爵普恩赏以彰国典疏》。

其中道：“殃莫大于叨天之功，罪莫甚于掩人之善，恶莫深于袭下之能，辱莫重于忘己之耻，四者备而祸全。故臣之不敢受爵，非敢以辞荣也，避祸焉尔已。”责己“袭下之能”是虚，责人“掩人之善”才是实。

其实朝廷如此不公，都是杨廷和等人对阳明的不满和嫉妒所致。他们为了压制阳明，只得先从他左右的人员下手，于是将纪功册改造，务为删削。

杨大学士这样做，明显是私心自用，阳明对此悲愤地感叹道：“册中所载，可见之功耳。若夫帐下之士，或诈为兵檄，以挠其进止；或伪书反间，以离其腹心；或犯难走役，而填于沟壑；或以忠抱冤，而构死狱中，有将士所不与知，部领所未尝历，幽魂所未及泄者，非册中所能尽载。今于其可见之功，而又裁削之，何以励效忠赴义之士耶！”

正在朝廷为回复阳明而犯难时，没想到一桩突如其来的变故帮他们化解了这场尴尬的局面——龙山公王华病故了！

大概真的是回光返照，大病初愈的王华又遇爱子回乡、三代封赏之喜，没想到一下子就耗尽了元气，于这年二月十二日病卒。

王华晚号“海日翁”，身为一代帝师的他实在多有可圈可点之处，也算为儿子做出了不凡的表率。当宁王之叛初起时，有人传言阳明已经遇害，很多人劝说王华到他处避祸，可是王老先生却一副大义凛然状：“我儿能弃家讨贼，我怎么可以先行逃避，叫大家失望呢？祖宗功泽在天下，贼行且自毙。我本是国家的大臣，恨年老而不能亲自上阵杀敌！假如有不幸，我愿意与乡里子弟共死此城！”

接着，王老先生又让人赶紧赶到府县，建议急调兵粮为备，且禁止谣言，以免动摇人心。此时，惶惶不安的人们见王老先生安如常时，也就稍稍安定了心志。

就是在二月十二日这一天，朝廷正式封爵的文书下到了王家，王老先生闻使者已在门，便催促阳明兄弟们出迎，他道：“虽仓遽，但怎么可以废礼呢？”

当得知儿子们已经按照礼节接待了朝廷使者之后，王华方瞑目而逝。

待到举哀之时，阳明一下子就哭得人事不省，病不能胜。他的门人弟子便帮着操办起丧礼来，阳明按照个人的才能进行了不同的分工。

其中金克厚为人谨恪，阳明命他监厨。克厚出纳品物唯谨，有不慎者追还之，内外井井。这一年克厚与钱德洪同贡于乡，连举进士。他于是很感慨地对德洪说：“吾学得司厨而大益，且私之以取科第。先生常谓学必操事而后实，诚至教也。”看来他很得益于先生当初的那番安排，眼高手低是读书人的大病。

阳明不拘于俗礼，务使丧事从简，一般吊客都没有肉食，只有高年、远客才在素食中间摆上两道荤菜。阳明为此解释道：“斋素行于幕内，若使吊客同孝子食，非所以安高年而酬宾旅也。”后湛若水前来吊唁，出于对他的尊崇，阳明特在他的餐桌上备了肉食，可是若水对此却很不满。后来他还写信谴责阳明，阳明引罪不辩。

阳明不久后便卧病不起，四方的学习者日至，阳明乃揭帖于壁曰：“某鄙劣无所知识，且在忧病奄奄中，故凡四方同志之辱临者，皆不敢相见，或不得已而相见，亦不敢有所论说。各请归而求诸孔、孟之训可矣。夫孔、孟之训，昭如日月，凡支离决裂，似是而非者，皆异说也。有志于圣人之学者，外孔、孟之训而他求，是舍日月之明，而希光于萤爝之微也，不亦缪乎？”

此时的阳明对于讲学论道已感到力不从心，但是越是这样，他才越是号召大家去接触圣人之学的本来面目。

虽然朝廷对阳明的辞封爵疏没有回复，但是阳明不能就此罢休。

当国者不明军旅之赏，而阴行考察，或赏或否，或不行赏而并削其绩，或赏未及播而罚已先行，或虚受升职之名而因使退闲，或冒蒙不忠之号而随以废斥——对于这些，阳明感到痛心疾首，他又不禁长叹道：“同事诸臣，延颈而待且三年矣！此而不言，谁复有为之论列者？均秉忠义之气，以赴国难，而功成行赏，唯吾一人当之，人将不食其余矣。”从正德十四年（1519）到嘉靖元年（1522），已经整整三年过去了。

于是这年七月，阳明再上疏辞封爵。这一次，他对朝廷的乖张举措直接提出了批评。疏上仍不报，到了十九日这天，吏部才有了短短的回复：“钦奉圣旨：卿倡义督兵，剿除大患，尽忠报国，劳绩可嘉，特加封爵，以昭公义。宜勉承恩命，所辞不允。”

但是杨廷和等人也不能那么被动，他们对于阳明的事功已不能再有所贬损，于是便针对阳明的学术展开了一场围剿。秉承着宰辅们的意愿，御史程启充、给事毛玉倡议论劾，以遏阳明之学。当时陆澄为刑部主事，他上疏为先生辩解。

可是阳明闻知此事后，却写信制止他：“‘无辩止谤’，尝闻昔人之教矣。况今何止于是。四方英杰，以讲学异同之故，议论方兴，吾侪可胜辩乎？惟当反求诸己，苟其言而是欤，吾斯尚有所未信欤，则当务求其是，不得辄是己而非人也……”

无招胜有招，不去理会别人的诽谤，或许才能更好地证明自己的清白。而且有则改之，无则加勉。尤其要通过政治途径分出学术上的是非，那是不可行的。

钱德洪要往省城杭州去，辞行时特向阳明先生请益。先生送给他一句话："胸中应该常有舜、禹怀有的那种天下不与气象。"

德洪有点不太理解先生的意思，先生解释道："舜、禹有天下而身不与，又何得丧介于其中？"舜、禹对待天下是一种主人翁的态度，但是他们又不自恃拥有天下，所以个人的得失才不令他们挂怀。

师生热议乡愿与狂狷

按照成例，阳明要在家为父亲守制二十七个月，这样他也就不能不乖乖地待在浙江，从而被动地接受朝廷上下对他的打压。

嘉靖二年（1523），会试的主考官是大学士蒋冕和掌制诰吏部尚书石瑶。当时的阳明已是树大招风，天下迟早要面临他的"心学"问题，所以这科会试策论的题目便是对阳明之学进行一番评论。蒋冕等人的用意大概是要士子们同阳明划清界限，因为当政者的态度是非常明显的。

二月，当会试举行的时候，阳明的很多门人都参与了这科考试。当门人徐珊读到策论的题目时，他长叹道："我怎么可以昧着自己的心来取媚当道呢？"于是不答而出，很多人都向他投去赞许的目光。

相反，同门的欧阳德、王臣、魏良弼等，则直接毫不避讳地阐发师旨，更毫无顾忌地发挥师说，这也是意欲向天下人有个交代。可是离奇的是，在考官中还是有一些同情阳明并心仪心学之人的，所以欧阳德、王臣、魏良弼等竟皆得高中——识者以为进退有命，不是人力可以扭转的。

倒是钱德洪却不幸落第，大概是遇上了不喜心学的考官。他深恨时事之乖，心里有些不是滋味。当德洪见到先生后，阳明欣喜地接待了他，并预言道："圣学从兹大明矣。"

德洪不免疑惑："时事如此，何见大明？"

阳明解释说："吾学恶得遍语天下士？今会试录，虽穷乡深谷无不到矣。吾学既非，天下必有起而求真是者。"

他的识见自然高出一筹，虽然当道有意以此贬抑心学，可是效果却可能适得其反，也许倒会大大利于心学的传播，弄得天下皆知。而且阳明坚信，自己掌握的才是不惧推敲、千秋不易的真理。

有一天，邹守益、薛侃、黄宗明、马明衡、王艮等陪在阳明身边，突然他们谈到了自己对于谤议日炽的隐忧。

"诸君且说你们对此的看法吧。"阳明道。

"如今先生势位隆盛，是以忌嫉谤。"宗明道。

"依我看来，如今先生之学日明，为宋儒争异同，则以学术谤。"守益道。

"依艮看来，天下从游先生者日众，与其进不保其往，又以身谤。"既然不能制止天下学子投奔阳明，自然要向他展开攻击，以使人对他退避之。

"呵呵，你们三位说得恐怕都有道理，不过你们也有考虑不到的地方。"

"那请先生示下。"众人道。

"吾自南京以前，尚有乡愿意思。在今只信良知真是真非处，更无掩藏回护，才做得狂者。使天下尽说我行不掩言，吾亦只依良知行。"过去阳明还有些妥协性，有点要做老好人的意思，担心得罪人，不敢太过于坚持自己的主张。可是如今不同了，自己的"良知"要求做什么，阳明就会义无反顾地去做，就像一位狂士那样不恤人言，仿佛目空一切。

不过对于先生说的，大伙还有点不太明白，于是疑问道："这乡愿、狂者到底是怎么一回事呢？"

孔子常言"乡愿，德之贼也"，所以阳明道："乡愿以忠信廉洁见取于君子，以同流合污无忤于小人，故非之无举，刺之无刺。然究其心，乃知忠信廉洁所以媚君子也，同流合污所以媚小人也，其心已破坏矣，故不可与入尧、舜之道。"

至于那"狂者"，固然有轻率的一面，但也有坚持自我的一面："狂者志存古人，一切纷嚣俗染，举不足以累其心，真有凤凰翔于千仞之意，一克念即圣人矣。唯不克念，故阔略事情，而行常不掩。唯其不掩，故心尚未坏而庶可与裁。”像“竹林七贤”、李白这样的，就是典型的狂士。

“那么请问先生，乡愿何以断言其媚世？”

“自其议狂狷而知之。狂狷不与俗谐，而谓生斯世也，为斯世也，善斯可矣，此乡愿志也。故其所为皆色取不疑，所以谓之‘似’。三代以下，士之取盛名于时者，不过得乡愿之似而已。然究其忠信廉洁，或未免致疑于妻子也。虽欲纯乎乡愿，亦未易得，而况圣人之道乎？”阳明说的这些都与《孟子》里的相关记载有关系（后文会提及）。

对于那些只愿在现世好好生活的人，他们是最有妥协性的，有“乡愿”的倾向、潜质，但要做个彻头彻尾的乡愿，也是不太可能的。不过历来的那些名士，其实大多都很类似于乡愿，由此可见，一个人要贯彻圣人之道是多么困难！这样一来，阳明其实也就放低了对弟子们的要求，与其做乡愿，倒不如做个狂者。

“狂狷为孔子所思，然至于传道，终不及琴张辈而传曾子，难道说曾子也是狷者之流吗？”曾子名曾参。

“不然，琴张辈狂者之禀也，虽有所得，终止于狂。曾子中行之禀也，故能悟入圣人之道。”可见狂要狂得有理，而不是盲目地狂妄，狂是有所坚持，而不是目空一切。

对于这个乡愿与狂狷的问题，阳明并未停止思考，他还想进一步地阐明它。

其实阳明思考这个问题，也是受到了孟子的启发——孟子的高足万章问道：“孔子在陈国时说：‘何不回去呢！我的那些学生一向狂简，进取而能不忘本。’孔子在陈，怎么会思念这些鲁国的狂士呢？”

孟子答说：“孔子说过，不能结交中道之士，那就只能结识狂狷之士了！

狂放之士进取心强，狷介之士有所不为。孔子难道不想多结交中道之士吗？不可必得，故只好退而求其次了。”

万章又问道：“那么先生，怎么才算是狂士呢？”

“像琴张、曾皙、牧皮这类人，就是孔子眼中的狂士。”

“那又为什么这样说呢？”

“他们志大而好夸夸其谈，总是说‘古人呀，古人呀’，可是一考察他们的行为，却和言语不吻合。这种狂放的人还得不到的话，便想和那些不屑于做不洁之事的人来交友，这又是狷介之士，这是又其次了。孔子说：‘过我门而不入我室，我也并不感到遗憾的，那就是好好先生了。这种好好先生就叫乡愿，德之贼也。’”

万章又问道：“那怎样才叫乡愿呢？”

“乡愿批评狂士说：‘为什么这样志气高扬、谈吐夸张呢？实在是言语不能和行为相照应，行为也不能和言语相照应，就只说什么古人长古人短的。’又批评狷介之士说：‘你为什么这样落落寡合呢？’还说：‘人生于世，为这个社会做事，只要说得过去就行了嘛。’八面玲珑、四面讨好的人就是好好先生的乡愿。”

万章又疑问道：“全乡的人都说他是老好人，他也到处表现出一个老好人，孔子竟把他视为戕害道德之人，这是为什么呢？”

“这种人，要非难他，又举不出他的大错误来；要讽刺他，可也没什么可讥讽的，他只是同流合污；为人好像忠诚老实，行为好像清正廉洁，大家也都喜欢他，他自己也以为正确，但是却与尧、舜之道完全违背，所以才说他是戕害道德的人……

“孔子说过，自己讨厌那种似是而非的东西：厌恶狗尾草，因为怕它把禾苗给搞乱了；厌恶不正当的才智，因为它把义给搞乱了；厌恶紫色，因为它把大红色搞乱了（恶紫夺朱）；厌恶好好先生，就是怕他把道德给搞乱了。君子使一切事物回到惯常的正道便行了，惯常的正道不被歪曲，百姓就会积极向上；百姓积极向上，就没有邪恶了……”

在此后与黄绾的书信中，阳明还专门提到了此事：“近与尚谦、子华、宗明讲《孟子》‘乡愿狂狷’一章，颇觉有所警发，相见时须更一论。”

此时黄绾大概鉴于阳明功业日隆，已难与其并驾齐驱，遂正式拜入王门，成了阳明的弟子。阳明于是又对黄绾建议道：“四方朋友来去无定，中间不无切磋砥砺之益，但真有力量能担荷得，亦自少见。大抵近世学者，只是无有必为圣人之志……闻接引同志孜孜不怠，甚善甚善！但论议之际，必须谦虚简明为佳。若自处过任，而词意重复，却恐无益有损。”

在此后的《寄薛尚谦》中，阳明也谈到了这个问题：“承喻：‘自咎罪疾，只缘“轻傲”二字累倒。’足知用力恳切。但知得轻傲处，便是良知；致此良知，除却轻傲，便是格物。‘致知’二字，是千古圣学之秘，向在虔时终日论此，同志中尚多有未彻。近于古本序中改数语，颇发此意，然见者往往亦不能察。今寄一纸，幸熟味。此是孔门正法眼藏，从前儒者多不曾悟到，故其说卒入于支离。”

可见阳明对于这一问题的重视，这是一个看待人的标准，也是阳明长期参悟圣人之道的一点心得。

政潮汹涌的大礼仪之争

在正德去世到嘉靖初政的这段日子里，身为首辅的杨廷和扮演了重要角色，也掌握了巨大的权力，他几乎成了代理皇帝。

杨大学士本来想着，新即位的嘉靖小小年纪，总应该对自己这位顾命老臣礼敬七分，甚至会感恩戴德。因为正是他杨廷和选中了这位朱厚熜来继承皇位，尽管他并非是出自对朱厚熜的偏爱，而是执行祖宗家法的必然结果——如此才可以服众！但如果杨廷和有野心，他凭借自己的政治影响力，也是可以左右时局的。

可是没想到，朱厚熜的个性是那样倔强，弄得最后竟与杨廷和、杨慎父子等议礼反对派水火不容……

话说在正德后期，多亏有杨廷和在朝廷的苦心撑持，国家才没有乱成一团糟。就此，他与慈寿皇太后张氏（非正德生母）建立起了一种相互信任的合作关系，这种关系为正德、嘉靖两朝政权的平稳交接提供了难得的条件。

由于正德去世时没有选中皇位继承人，皇太后也无明确的意见，乃至于“权奸各欲立非次，以贪功避罪，相求如贾市”。在此关键时刻，身为首辅的杨廷和于是当机立断，决定拥立朱厚熜为帝。

那一天，杨廷和召来了一向与自己关系不错的谷大用和张永，一面命人关闭了内阁大门，一面从袖子里拿出《皇明祖训》和草拟好的皇帝遗诏，遂对谷、张二人说道：“兄终弟及，谁能渎焉。兴献王长子，宪宗之孙，孝宗之从子，大行皇帝之从弟，序当立。”

其他阁臣自然都赞同杨首辅的主张，皇太后也没有意见，皇位继承人的大事就这样定了下来。后来，通过打击江彬等人，朱厚熜得以顺利即位。

杨廷和当时已经六十多岁，可谓成化、弘治、正德三朝老臣。他对于前朝的政治得失、军民利病，都非常了解。小皇帝新从藩王入继大统，朝中政务自然非常生疏，不能不事事倚赖这位老臣，这也是杨廷和施展才干的绝好机会。在皇帝与太后的支持下，杨廷和基本厘清了正德一朝的弊政，颇使新朝有了焕然一新的气象。当然，他也借机打压了王琼等政敌，也压制了像阳明这种潜在的政敌或假想敌。

只是令杨首辅及天下人都始料不及的是，后来形势的发展却是那样令人纠结！

朱厚熜本来是以亲王的身份到北京入承大统的，可是就在他即位不久，便为了给父亲兴献王上尊号的事，与大臣们发生了冲突。

此前，当他从安陆兴王府到达京师时，礼部尚书毛澄便敦请他以皇太子礼即位，结果遭到了朱厚熜的断然拒绝。可是，杨廷和等旧臣虽然依照兄终弟及的祖训拥立了他，却把朱厚熜看作是弘治皇帝的过继皇子，这样他的继位也就顺理成章了。因而杨廷和一班人才坚持要新皇帝尊弘治皇帝为父考，而以生父为叔父。

在杨廷和等人看来，作为中兴之君的孝宗弘治皇帝可是难得的明君，他在大明文官的心目中拥有崇高的地位。正德皇帝作为孝宗唯一的儿子现已撒手西去，而孝宗又没有其他的子嗣，这些旧臣怀着对孝宗的深厚感情，自然不愿看到孝宗绝后，于是才建议朱厚熜过继给孝宗做儿子。

堂堂一国之君居然被大臣们重新选定了父亲，这令嘉靖母子情何以堪？当时朱厚熜的父亲已死，他又一向有孝名，自然不愿意屈就大臣们的安排。于是杨廷和等阁臣联络朝官，一再抗疏，想迫使嘉靖屈从廷议。可是朱厚熜执意认为该称父亲为皇考，伯父孝宗皇帝为皇伯考，他甚至还想把父亲追封为皇帝并入祀太庙，把他的生母也尊为皇太后。

小皇帝的主张立即遭到了满朝大臣的强烈反对，君臣矛盾也日益尖锐，双方起初还处于冷战状态，可是随着大礼之议的逐步展开，新皇帝与旧大臣之间便展开了一场全面的较量。

杨廷和也不是没有私心，他及一干元老重臣参与定策立帝、协力清除弊政，博得朝野的一片赞誉，自然不免自恃功高，企图专断朝纲。

“大礼议之争”正是个好机会，他们可以借此压皇帝一头，从而在今后的政事中获得足够的发言权。当然，文官集团制衡皇权，也是为了保障国家权力的平稳运行，免得再出现正德那般肆无忌惮的皇帝。

出于对杨廷和等人的敬畏和伦理上的认同，绝大多数臣僚都站到了皇帝的对立面。只有少部分中下级官员对皇帝的支持最为有力，他们是：张璁、桂萼、席书、方献夫、霍韬、黄绾、熊浃、黄宗明八人。令人颇可玩味的是，这八人几乎人人都与阳明先生有些瓜葛。除了故交席书之外，方献夫、黄绾、黄宗明更是王门高足。不过，张璁、桂萼二人对于皇帝的支持，还是相对比较突出的。

张璁是浙江永嘉人，他半生坎坷，七次乡试不第，直到正德十六年（1521），已四十七岁的张璁才得登第，可谓大器晚成。进入仕途以后，张璁首在礼部观政，对于皇帝与廷臣们的议礼争执，这位小小的实习官员没有选择沉默，他看准了时机，于是在七月的上疏中道："孝子之至，莫大乎尊亲。尊亲之至，莫大乎以天下养。陛下嗣登大宝，即议追尊圣考以正其号，奉迎圣母以致其养，诚大孝也……"尽管言辞凿凿，落魄半生的张璁，在政治上投机的意图也是非常明显的。而且他一大把年纪了，也不会像年轻时那样谨小慎微、按部就班。

张璁的态度明显是支持皇帝的，这令孤立和苦恼中的年轻皇帝嘉靖一时大喜，竟不禁道："此论出，吾父子获全矣！"随后皇帝将此疏下廷臣议论，惊骇之余，大家对此群起而攻之。关键时刻，一向精通礼仪的张璁，又挖空心思著《大礼或问》上呈皇帝——此举无异于雪中送炭，年轻的皇帝凭借这部著作提供的理论依据连连驳斥众礼官的奏疏。

最后，廷臣不得已，合议尊孝宗为"皇考"，兴献王为"本生父兴献帝"。张璁则受廷臣排斥，被发落到南京任刑部主事去了，"追崇议"就这样暂时不了了之。张璁临行前，杨廷和还派人专门警告他说："你本不应当做南官，多亏我雍容大度，姑且安静等待，别再作大礼说和我为难！不然没你好果子吃！"

不过，张璁到了南京却没有就此沉寂下来，在这里他反而找到了一群同志：桂萼当时也是南京刑部主事，时为南京都察院经历的黄绾、南京兵部主事的黄宗明等，都站到了皇帝的一边，希望能全皇帝的父子之情。这样，南京也就成了议礼的中心。四人连名上疏，请皇帝尊孝宗为"皇伯考"，尊父亲为"皇考恭穆献皇帝"。

这时已经到了嘉靖三年（1524）正月，本来已经有些灰心的皇帝得此奏疏又不免心动，遂下廷议，于是大礼仪之争风波再起。

议礼双方经过几个回合的交战后，仍然各不相让，最后杨廷和以退休相威胁。不过此时的小皇帝羽翼已丰，他也已经相当厌恶杨首辅的跋扈专断，竟毫不挽留地批准了杨首辅的辞职报告。杨廷和退休事件成为大议礼的一个重要转折点，随后皇帝便把张璁、桂萼等人诏回京城。此举又引起旧臣的极大不满，他们阴谋处死张璁，但这一计划被皇帝察觉，他竭力保护张璁，并擢升其为翰林学士。

嘉靖四年（1525），皇帝在张璁等人的支持下，正式下诏恢复旧称，伯父仍称伯父，父亲仍称父亲。待朝会结束，一时舆论哗然！

吏部左侍郎何孟春愤慨道："宪宗朝，百官哭于文华门，争慈懿皇太后葬礼，宪宗从之，此国朝故事也。"这是煽动大家去请愿。

杨廷和之子、翰林修撰杨慎则振臂高呼："国家养士百五十年，仗节死义，正在今日。"于是，在杨慎等人的带领下，两百余名大小官员一齐跪伏于左顺门并放声大哭，希望皇帝能够回心转意。

小皇帝眼见形势不妙，先是命司礼监太监传旨劝令退去，但群臣仍跪伏喧呼，企图迫使皇帝屈服。然而没想到，皇帝的倔强个性顿时被激发起来（这与张璁此前的教唆也不无关系），他当即下令逮捕哭声最大的官员，投入锦衣卫诏狱，廷杖伺候，结果有十六人被活活打死。幸而不死者也都受到不同程度的惩罚，重则流放充军，轻则革职为民。其中杨慎被流放云南达三十余年，直到嘉靖去世。

就这样，嘉靖在张璁、桂萼、方献夫等人的协助下，并凭借手中至高无上的皇权，在与反对派的诸位大臣争论了若干年后，终于取得了决定性的胜利。不过，这场争论的余波仍然持续了十余年，此后皇帝迭兴狱案，对议礼反对派展开大清洗。

其实，议礼不仅仅是礼法意识形态的争论，更是权力的争夺和重新分配。以张璁、桂萼等为代表的一批议礼的下层官僚，很快便取代了前朝老臣，成为朝廷的核心人物。张璁由于这次赞助嘉靖皇帝议礼有功，在六年内就入阁为大学士。张璁入阁不久，桂萼也在嘉靖八年（1529）以吏部尚书兼武英殿大学士入阁参与机务。

杨廷和则被拟定了罪状："杨廷和为罪之魁，怀贪天之功，制胁君父，定策国老以自居，门生天子而视朕。"

尽管张璁在这场政治斗争中比较投机，扮演了不光彩的角色，但他作为新进的官员，尚未沾染官场陋习，政治表现还是不错的。而且他锐意任事，具有一定的革除弊政的勇气。可是，他和桂萼毕竟是以迎合皇帝为资本发的家，而且他们在科举考试中的名次也不佳。这样，他们遂成为当时士大夫眼中的佞臣，其人品受到举国上下的一致鄙视——由此恶性循环，这两个人更是拼命地巴结嘉靖。

就这样，以大议礼为界限，开启了今后阁臣争夺倾轧之风及党争之祸。尤其是在促成了嘉靖皇帝专断血腥的政治作风后，也开启了官僚队伍的谄媚之风。大明王朝衰亡的种子便由此悄悄种下了，尽管这种君主专制、中央集权的制度模式早就已经注定了其命数。

这些可能是阳明怎么也想不到的，自己呕心沥血、艰难备尝，却仍然不能阻止国家一步步陷入黑暗与腐败的深渊。

书信论学终不辍

对于朝廷中发生的这件议礼大事，阳明自然不可能漠然坐视，必要的关心总是应该的。

就在嘉靖二年（1523）十一月的时候，刑部尚书林俊致仕还乡，道经钱塘，阳明专门赴萧山相迎。林俊人称"素林公"，福建籍，他是成化十四年（1478）的进士，比王华还早一科。在成化、弘治、正德三朝及嘉靖初，他都以持正敢言、不避嫌疑著称。

阳明与素林公二人同宿于浮峰寺，相对感慨时事。当时从行诸友颇多，在告别时，林俊语重心长地对大伙说道："如今时世艰难，我辈读书之人更当奋起，望及时勉学，无负初志！"

在回去的船上，门人张元冲问阳明道："释、老二氏与圣人之学所差毫厘，谓其皆有得于性命也。但二氏于性命中著些私利，便谬千里矣。今观二氏作用，亦有功于吾身者，不知亦须兼取否？"

阳明对这个问题思考已久，早已不再迷惑，他首先指出了弟子在说法上的错误："说兼取，便不是。圣人尽性至命，何物不具，何待兼取？"

接着，阳明又指出了世人所犯的一桩重大错误："二氏之用，皆我之用：即吾尽性至命中完养此身谓之仙；即吾尽性至命中不染世累谓之佛。但后世儒者不见圣学之全，故与二氏成二见耳。譬之厅堂三间共为一厅，儒者不知皆吾所用，见佛氏，则割左边一间与之；见老氏，则割右边一间与之；而已则自处中间，皆举一而废百也。圣人与天地民物同体，儒、佛、老、庄皆吾之用，是之谓大道。二氏自私其身，是之谓小道。"

原来在阳明心目中，真正的圣人之学是无所不包的，根本不需要与佛、老划清界限，若儒者要强调这种"界限"，便是自我狭隘了。不过需要我们注意的是，此时的阳明对待佛老的态度已经有了一些微妙的变化，即不再像当年那样排斥了，而是重新认识到了其合理的一面。

对于朝廷的这场"大礼议之争"，阳明的立场是没有立场，他不想与那些正直之士站在对立的立场上，而是更加注重于传播圣人之道。

霍韬、席书、黄绾、黄宗明先后皆以大礼问，阳明为了避嫌，一律没有回复他们，但私下里阳明还是有所表态的。一次，阳明夜坐碧霞池，有诗曰："一雨秋凉入夜新，池边孤月倍精神。潜鱼水底传心诀，楼鸟枝头说道真。莫谓天机非嗜欲，须知万物是吾身。无端礼乐纷纷议，谁与青天扫旧尘？"

又曰："独坐秋庭月色新，乾坤何处更闲人？高歌度与清风去，幽意自随流水春。千圣本无心外诀，《六经》须拂镜中尘。却怜扰扰周公梦，未及惺惺陋巷贫。”

阳明的这两首诗皆是有感于时事，对于大礼之议，已示其微矣。及至后来，虽然听说皇帝赢了，但阳明却一点也高兴不起来，左顺门经历了如此血腥的一幕！而皇帝小小年纪就那么执拗和无所顾忌，这可不是什么好兆头。

这时，转眼就到了嘉靖三年（1524），由于阳明门人日进，绍兴又是个小地方，闲置的地方都住满了，所以当地都有些容纳不下这些学子了。胜友如云，也成了当地的一大景观。

绍兴知府南大吉本是一位吸纳弟子的座主，如今也拜入了阳明门下，只是他生性豪旷不拘小节。有一次他与阳明先生论学有所顿悟，乃对先生说道：“大吉临政多过，先生何无一言？”

阳明表示不解：“何过之有？”

大吉历数其事，阳明听后道：“其实这些我已经说过了。”

“什么？先生您已经说过了？”

“我要不是说过，你怎么能知道自己的过失呢？”

许久，大吉才转过弯儿来：“哦，学生明白了，先生说的是‘良知’。”

“对嘛！若不是我整天说着的‘良知’，那又是什么呢？”

南大吉不禁一笑，遂辞谢而去。几天以后，他又来见先生，指出了自己更多的过失，他且言道：“与其过后悔改，曷若预言不犯为佳也。”

阳明道：“人言不如自悔之真。”嘴上说得再好听，也不如内心那种愧悔的感觉来得真切。

大吉再次笑谢而去。又过了几天，他再次来见先生，指出的自己的过失更多了，且言道：“身过可勉，心过奈何？”

阳明于是勉励他道：“昔镜未开，可得藏垢；今镜明矣，一尘之落，自难住脚。此正入圣之机也，勉之！”你已经恢复了良知，也算已经迈入了圣人之门，没有什么可多忧虑的了。

这年十月，南大吉续刻《传习录》。《传习录》薛侃首刻于南赣，凡三卷。此时，大吉取先生论学书，复增五卷，续刻于越。

鉴于学生日益增多而无处安置，阳明于是辟稽山书院，聚八邑彦士，身率讲习以督之。

有明一代书院达一千余所，他们大多是在正德至万历年间兴起的。但是这其中最著名的，不过是包括稽山书院在内的四大书院（还有白鹿洞书院、岳麓书院、东林书院）。

在稽山书院的这些接引师中，有来自湖广的萧谬、杨汝荣、杨绍芳等，来自广东的杨仕鸣、薛宗铠、黄梦星等，来自南直隶的王艮、孟源、周冲等，来自南赣的何秦、黄弘纲等，来自安福的刘邦采、刘文敏等，来自新建的魏良政、魏良器等，还有来自泰和的曾忭。

尽管如此，由于宫刹卑隘，乃至不能容纳那么多学子，盖环坐而听者三百余人。阳明每次临讲，也不多说什么，只发《大学》万物同体之旨，使人各求本性，致极良知以至于至善，功夫有得，则因方设教。是故人人悦其易从。

浙江海宁人董沄号萝石，以能诗闻于江湖，年六十八，来游会稽，闻阳明先生讲学，便以杖肩其瓢笠诗卷来访。

董老先生入门以后，长揖上坐。阳明异其气貌，礼敬之，与之语连日夜。董老先生有悟，他怅恨自己闻道之晚，于是竟不惜自降身家，也心悦诚服地拜入阳明门下。

阳明与之徜徉山水间，董沄日有所闻，忻然乐而忘归也。他故乡的子弟社友都来招呼他回去，且道："翁老矣，何乃自苦若是？"

董沄却解释道："吾方幸逃于苦海，悯若之自苦也，顾以吾为苦耶！吾方扬鬐于渤澥，而振羽于云霄之上，安能复投网罟而入樊笼乎？去矣，吾将从吾之所好。"你们快走吧，这里才是我心向往之的地方。

遂自号曰“从吾道人”。阳明为了勉励后学，还特意把他的事迹记录了下来。

这年的八月，阳明宴门人于天泉桥。

那一晚是中秋之夜，月白如昼，阳明命侍者设席于碧霞池上，当时门人在侍者百余人。

时酒半酣，歌声渐动。久之，众人或投壶聚算，或击鼓，或泛舟。阳明先生见诸生都在兴头上，乃退而作诗，其中有“铿然舍瑟春风里，点也虽狂得我情”之句（“点”即曾皙）。

次日，诸生入谢。阳明语重心长地对他们说道：“昔者孔子在陈，思鲁之狂士。世之学者，没溺于富贵声利之场，如拘如囚，而莫之省脱。及闻孔子之教，始知一切俗缘，皆非性体，乃豁然脱落。但见得此意，不加实践以入于精微，则渐有轻灭世故，阔略伦物之病。虽比世之庸庸琐琐者不同，其为未得于道一也。故孔子在陈思归，以裁之使入于道耳。诸君讲学，但患未得此意。今幸见此，正好精诣力造，以求至于道。无以一见自足而终止于狂也。”

不过，阳明的劝诫并不是每个人都能听得进去，他的不少弟子及再传弟子中都不乏狂放之士，乃至于离经叛道。阳明对于狂者的赞赏态度，对大胆冲破传统樊篱、张扬自我的肯定，可能也在某些方面暗暗鼓励了这些狂悖的弟子。

就在这时，门人舒柏问阳明先生道：“人常怀敬畏之心，是否会妨碍做到胸中洒落呢？”

于是阳明指出：“君子之所谓敬畏者，非有所恐惧忧患之谓也，乃戒慎不睹，恐惧不闻之谓耳。君子之所谓洒落者，非旷荡放逸、纵情肆意之谓也，乃其心体不累于欲，无入而不自得之谓耳。夫心之本体，即天理也。天理之昭明灵觉，所谓良知也。……君子……戒慎恐惧之功无时或间，则天理常存，而其昭明灵觉之本体，无所亏蔽，无所牵扰……无所歉馁愧怍……动容周旋而中礼，从心所欲而不逾，斯乃所谓真洒落矣。是洒落生于天理之常存，天理常存生于戒慎恐惧之无间。孰谓‘敬畏之增，乃反为洒落之累’耶？”敬畏之心不会成为洒落之累。

门人刘侯又问阳明先生道：“入山是否更利于养静呢？”

于是阳明指出：君子养心之学如良医治病，随其虚实寒热而斟酌补泄之，是在去病而已，初无一定之方，必使人人服之也。若专欲入坐穷山，绝世故，屏思虑，则恐既已养成空寂之性，虽欲勿流于空寂，不可得矣。

入山虽然静了，但容易使人养成空寂的心性，对于人世渐渐疏离，那样就得不偿失了。

很多人都不免怀着这样的疑问，即钻研阳明先生所倡导的“心学”是否会妨碍举业呢？钱德洪的父亲就有这番疑问。

当时，德洪和二弟德周读书于城南，钱父前去探望二子。魏良政、魏良器等人陪着钱父遍游“禹穴”等诸名胜，乃至于钱父十日忘返。

陪着自己游玩固然让老钱开心，但是他还是不免疑问道：“二位小友，近日承诸君相偕，不过此举不妨碍你们的课业吗？”

“心渔翁多虑了，我等举子业无时不习。”二人回答道，“心渔翁”是钱父的号。

“老夫固知心学可以触类而通，不知朱学你们也曾理会过吗？”

二人自信地说道：“以吾良知求晦翁之说，譬之打蛇得七寸矣，又何忧不得耶？”

话说得这样满，钱父不免将信将疑，于是他又来请教阳明先生。

阳明道：“岂特无妨，乃大益耳！学圣贤者，譬之治家，其产业、第宅、服食、器物皆所自置，欲请客，出其所有以享之；客去，其物具在，还以自享，终身用之无穷也。今之为举业者，譬之治家不务居积，专以假贷为功，欲请客，自厅事以至供具，百物莫不遍借，客幸而来，则诸贷之物一时丰裕可观；客去，则尽以还人，一物非所有也；若请客不至，则时过气衰，借贷亦不备；终身奔劳，作一窭人而已。是求无益于得，求在外也。”

钻研作为圣人之道的心学，就等于探求大本大源，人既得此大本大源，就可以受用终生，举业自然不在话下。纯粹的“举业”不过是功名的敲门砖，待门敲开了，除了这功名，自己其实还是一无所有，何况敲不开还是经常的事。

嘉靖四年（1525）又是大比之年，由稽山书院出来的钱楩与魏良政二人，一取江苏的解元，一取浙江的解元。这一下钱父是彻底服气了，笑道：“打蛇得七寸矣。”

转眼又到了嘉靖四年的正月，阳明家里又遭遇了一桩不幸之事，这就是他的结发妻子诸氏的亡故。

三十多年的夫妻了，感情还是很深的，所以阳明又着实悲痛了一阵子。但生活还是要往前，看样子自己这身体也支撑不了多久了，大概很快就要追随夫人而去。

山阴知县吴瀛重修县学，提学佥事万潮与监察御史潘仿拓新万松书院于省城南，那些落第学子都被招收进来。不久，他们请阳明先生作一篇记，阳明便答应了他们。此后不久，阳明又作稽山书院《尊经阁记》，“尊经阁”是建在稽山书院的一座藏书阁。大略道：

> 圣人之扶人极忧后世而述《六经》也，犹之富家者之父祖，虑其产业库藏之积，其子孙者或至于遗忘失散，卒困穷而无以自全也，而记籍其家之所有以贻之，使之世守其产业库藏之积而享用焉，以免于困穷之患。故《六经》者，吾心之记籍也，而《六经》之实则具于吾心；犹之产业库藏之实积，种种色色，具存于其家，其记籍者，特名状数目而已。而世之学者不知求《六经》之实于吾心，而徒考索于影响之间，牵制于文义之末，硁硁然以为是《六经》矣。是犹富家之子孙，不务守视享用

其产业库藏之实积，日遗忘散失，至于窭人丐夫，而犹嚣嚣然指其记籍曰："斯吾产业库藏之积也。"何以异于是？

在这篇记中，阳明批评了世上的大多数学者不知道从自己的心中去探求《六经》的实质，只知道在一些传闻和注疏之间思考、求索，拘泥于字义的细节之中，并浅陋固执地以为这就是《六经》了。作为文章这也是一篇佳作，它连同《象祠记》《瘗旅文》都被后世选入《古文观止》。

还在嘉靖三年（1524）四月时，阳明服阕（守丧期满除服），照例应该起复，御史石金等上表进行评鉴和推荐，但是当道还是做了冷处理。

转眼又到了嘉靖四年的六月，已经升任礼部尚书的席书，又为疏特荐曰："生在臣前者见一人，曰杨一清；生在臣后者见一人，曰王阳明。且使亲领诰卷，趋阙谢恩。"

结果老当益壮的杨一清得以入阁办事，次年阳明也有领卷谢恩之召，但此事却不了了之。看来皇帝本人对起用阳明也不那么热情，纵有一干弟子、朝廷新贵如方献夫、黄绾等人积极奔走，也无济于事。

也许在皇帝看来，这个王阳明既功高盖世，又为人正直，皇帝的任性行事难免要受到阳明先生的掣肘。若到时二人闹得不愉快，不得已贬抑阳明，皇帝又怕背上恶名。最关键的是，在这场轰轰烈烈的"大议礼之争"中，阳明作为一位影响力巨大的人物却没有明确表态，年轻的皇帝自然要对他心生不满。

九月，阳明归余姚省墓。待他回来之后，鉴于有些弟子轻易见不到自己从而松弛下来，阳明便与广大弟子约定今后在龙泉寺之中天阁集会，日期是每个月的初一、初八和十五、二十三这四天。

而且阳明还希望"诸君勿以予之去留为聚散，或五六日，八九日，虽有俗事相妨，亦须破冗一会于此"，即便是自己不在，大家也可以通过经常性的聚会彼此切磋、砥砺。

十月，众弟子一为缓解稽山书院的紧张状况，二为感念师恩，遂集资立“阳明书院”于越城（绍兴的别称）。阳明书院在越城西郭门内光相桥之东，十二年之后，巡按御史门大周还曾建祠于楼前，匾曰：“阳明先生祠。”

由于不为政事所累，阳明在这一时期的闲暇颇多，他的生活也比较单纯。他的主要精力就放在光大心学上，除了常与门人相聚外，阳明还经常以书信与顾璘等众友人相往还，重点自然还在于学问上的辩难与切磋。学问也像刀子一样，不常磨它便要生锈或变钝，而他人的非难倒像是一块磨刀石那样。

转眼之间到了嘉靖五年（1526），邹守益因故被谪判广德州，他在当地修复古书院以集生徒，并刻《谕俗礼要》以风民俗。

守益来信将这些事情告知了阳明先生，阳明于三月间回信称赞了守益，其中道：“先王制礼，皆因人情而为之节文，是以行之万世而皆准。其或反之吾心而有所未安者，非其传记之讹阙，则必古今风气习俗之异宜者矣。此虽先王未之有，亦可以义起，三王之所以不相袭礼也。……后世心学不讲，人失其情，难乎与之言礼。然良知之在人心，则万古如一日。苟顺吾心之良知以致之，则所谓不知足而为屦，我知其不为蒉矣。”

在这里，阳明再次强调了礼乐的根本在于合乎人情，也因此摆明了他对于大议礼之争的态度。

四月，阳明又复信南大吉。此前，大吉入觐皇帝，眼见自己不能受用于当世，于是他便致书阳明先生，千数百言，勤勤恳恳，唯以得闻道为喜，急问学为事，以最终做不得圣人为忧虑，几乎没有一个字提及个人的荣辱得失。

阳明读过大吉的信后感叹道：“此非真有朝闻夕死之志者，未易以涉斯境也！”看来，大吉真的已经步入圣人之门。

欧阳德一向为阳明所器重，在中进士后他出守六安州。几个月后，他来信告诉先生说：“自己初政倥偬，后稍次第，始得于诸生讲学。”

阳明先生不禁对身边的门人说道：“我平生讲学，正在政务倥偬中，难道必先聚徒而后才讲论学问吗？”

此后，阳明又在致欧阳德的书信中说道：“良知不因见闻而有，而见闻莫非良知之用。故良知不滞于见闻，而亦不离于见闻。孔子云：‘吾有知乎哉？无知也。’良知之外，则无知矣。故致良知是圣门教人第一义。今云专求之见闻之末，则落在第二义矣。若曰致其良知而求之见闻，则语意之间未免为二。此与专求之见闻之末者，虽稍不同，其为未得精一之旨则一也。”

还是那个宗旨，吾性自足，良知当不假外求。

这一年，钱德洪与王畿并举南宫。但当时大议礼之争闹得正凶，朝廷没有举行殿试，于是钱、王二人偕黄弘纲、张元冲同舟归越。

钱德洪是阳明的余姚同乡，他名宽，字德洪，后以字行，改字洪甫。德洪仕途坎坷，嘉靖十一年（1532）才成为真正的进士，但此后在险恶的政治旋涡中被两度下狱，后被斥为民。德洪既废，遂周游四方，宣讲良知之学。直到明穆宗继位，德洪才得以复官，进阶朝列大夫，致仕。神宗嗣位，复进一阶。卒年七十九，学者称“绪山先生”。

王畿，字汝中，山阴人。弱冠之年就乡试高中，其人跌宕自喜，悟性非凡，但有点狂者性情。后受业于阳明，阳明先生闻其言，一点不显平庸，不禁大喜。后阳明征思、田，便留下他与钱德洪主持书院。王畿后来也在险恶的仕途中遭废黜，从此他益务讲学，足迹遍东南，吴、楚、闽、越皆有讲舍，年八十余不肯已。其人善谈说，能动人，所至听者云集。每讲，杂以禅机，亦不自讳也。

当时士大夫为博取虚名争相讲学，而钱德洪、王畿以阳明高第弟子，尤为人所宗。德洪的悟性不如王畿，但王畿在坚持师说方面不如德洪，后来王畿竟然入于禅学，而德洪却不失于儒者的本色。

王畿被学者称为“龙溪先生”。后来，士之浮诞不逞者，率自名龙溪弟子。王畿门徒之盛，与泰州王艮旗鼓相当。

看到几位弟子回来，阳明非常高兴，总比陷在是非之地无辜受牵累强。

也就是在这个时候，“接引”才成为一种正式的安排：凡初及门者，必令引导，俟志定有入，方请见阳明先生。而每当临坐，阳明先生却只是默对焚香，并无一语。

正像此前阳明对黄绾的忠告，总是重复自我的观念是没有益处的，而且心学归根结底是一门道德实践的学问，学生还当以悟为主，然后落实到行上，这才能成为“真知”。

尤其弟子们的禀赋、性情、志趣各有不同，正如俗语所谓“师父领进门，修行在个人”。

良知乃心之本体

在诸氏死后，为了照顾自己的起居，阳明不得已又续弦了年轻的张氏。

已过知天命之年的阳明，以久病之躯，对于生育自己的子女早已断了念想。可是，就在新婚不久，张氏却怀了孕，嘉靖五年（1526）的十一月，更顺利地产下了阳明的亲子。

看着这个白白胖胖的儿子，老来得子的阳明自是喜不自禁，看来上天还是待自己不薄的！同乡中有两位年逾九十的老者，还特意作诗向阳明表示祝贺。

当时，阳明给这个孩子取名为“正聪”。阳明死后，黄绾为了照顾这个孩子（悯其孤而抚之），于是认他做了自己的女婿。就在正聪七岁时，黄绾为了避皇帝（朱厚熜）的讳，便将正聪改名为正亿。

不过，此前阳明已经过继了正宪为子嗣，如今又添亲子，正宪将如何安排便成了摆在阳明面前的一个现实棘手问题。由于阳明有爵位在身，正宪的亲生父母自然不会眼睁睁地看着儿子被原封不动地退回，他们自然希望阳明能给他们一个不错的交代。可是，由于阳明死得太过匆促，一应后事都未得做妥善安排，正聪的出世反而成了王家不少人的一块心病。

十二月，阳明作《惜阴说》。

此前他的门人刘邦采在家乡吉安（安福县）聚合了一帮同志，取名为“惜阴”会，他们来请阳明先生书写会籍，阳明便作了这篇《惜阴说》。

其中道：“子在川上曰：‘逝者如斯夫！不舍昼夜。’此其所以学如不及，至于发愤忘食也。尧、舜兢兢业业，成汤日新又新，文王纯亦不已，周公坐以待旦。惜阴之功，宁独大禹为然？”可见圣人都是珍惜光阴的表率。

次年，阳明奔赴广西的时候路过吉安，他还记挂着“惜阴会”的事，于是又寄安福诸同志书道：“诸友始为惜阴之会，当时惟恐只成虚语，迩来乃闻远近豪杰闻风而至者以百数，此可以见良知之同然，而斯道大明之几，于此亦可以卜之矣。……（程）明道有云：‘宁学圣人而不至，不以一善而成名。’此为有志圣人而未能真得圣人之学者，则可如此说。若今日所讲良知之说，乃真是圣学之的传，但从此学圣人，却无有不至者。惟恐吾侪尚有一善成名之意，未肯专心致志于此耳。”

阳明在信中还是表达了自己的一番忧虑，那就是担心有些人急功近利、贪慕虚名，而不能真正下功夫去遵从良知、学至圣人。

在左顺门事件后，张璁、桂萼、席书、方献夫、霍韬等人由于在议礼中支持了皇帝，事后都得到了升迁。

其中方献夫从翰林学士进为少詹事，但他对朝臣们对自己与张、桂诸人的蔑视心理深感不安，没几年就告病还乡了。

嘉靖皇帝已经隐隐感觉到朝廷上下仍旧存在的反抗情绪，为此他一方面更加依靠支持议礼的诸臣，尤其是张、桂二人；另一方面也开始抓起皇权这把利器，通过狱案严厉打击反对派。

嘉靖五年（1526），延续了八年之久的“陈洸案”，凡攻击陈洸及负责审理此案的官员，几乎无不被牵连得罪，逮捕至百数十人。

陈洸本是个无赖之人，曾官居给事中，乡居时常横行不法，被人揭发。当时身为吏部尚书的乔宇在得知陈洸的秽行后，便将他出贬为湖广佥事。后来，陈洸见张、桂等人因支持皇帝而骤贵，于是也加入了支持皇帝的阵营，并得以官复原职。但他很快就遭到了言官们的弹劾，狱案由此而起。

由于诸多主审大臣不能完全迎合皇帝的意思，结果纷纷遭到贬黜，这其中也包括良知未泯的黄绾等人，他因参与审判此案受到了不小的牵连。

就在嘉靖六年（1527）的正月，阳明便致书黄绾道：“人在仕途，比之退处山林时，其工夫之难十倍；非得良友时时警发砥砺，则其平日之所志向，鲜有不潜移默夺，弛然日就于颓靡者……须是克去己私，真能以天地万物为一体，实康济得天下，挽回三代之治，方是不负如此圣明之君，方能报得如此知遇，不枉了因此一大事来出世一遭也。”只有致得自己良知，做事才有充分的自信，才能一往无前。这算是阳明的经验之谈。

不过他如此谆谆教导，显然是对于黄绾一些举动的担忧。虽然不是玩火，但二黄被卷入巨大的政治旋涡中，一来不容易全身而退，二来也容易迷失良知。尤其是黄绾与张璁走得太近，明显有朋党的嫌疑。

四月，邹守益刻阳明先生《文录》于广德。

此前，守益搜集、抄录先生的文字，请求刻板印刷。阳明于是自行标定了年月，又命钱德洪做好目录，还遗书指示他道：“所录以年月为次，不复分别体类，盖专以讲学明道为事，不在文辞体制间也。”

不久，钱德洪又搜集阳明先生平日里遗落的文字，并请求再次刻板印刷。阳明有些不悦道：“此举就不是孔子删述《六经》的手段了。三代之教不明，都是因为后世的学者注重虚文而忽略实意，所以他们的所学总会忘本。比如孔子删定《诗经》，若依照文辞出众的标准，何止收入三百篇。只因孔子一心以彰显圣道为职志，所以那样取舍。《六经》都是这样处理的，若以爱惜文辞为由，就不能体现孔子垂范后世的心意了。”

钱德洪解释说：“先生的文字，虽然都是不同时间的应酬，但无不是本于性情的。后世学习之人传诵先生的文字日久，就很难说没有好事之人再捡拾一些先生平日所丢弃的文章，如果搜集不当，反而有失于今日裁定的本意。”

于是阳明允许他再刻印附录一卷，并送给邹守益，这些文集凑在一起共有四册。

在阳明的晚年，据王艮说，阳明先生已经不再重申“致良知”之教，而是只讲“良知”。比如阳明先生曾说：“良知是造化的精灵。这些精灵，生天生地，成鬼成帝，皆从此出，真是与物无对。人若复得它完完全全，无少亏欠，自不觉手舞足蹈，不知天地间更有何乐可代。”

明末的大儒刘宗周指出：所谓“去人欲而存天理”“知行合一”“致良知”，其实都是阳明先生在不同阶段教导学生的用功方法，同时也表现了他对自己的学说不断进行总结的过程。“而先生之言良知也，近本之孔、孟之说，远溯之精一之传，盖自程、朱一线中绝，而后补偏救弊，契圣归宗，未有若先生深切著明者也。是谓宗旨。”

可见“致良知”只是功夫，良知才是心之“本体”，阳明自己也说：“天地间活泼泼地，无非此理，便是吾良知的流行不息。致良知便是必有事的功夫。此理非唯不可离，实亦不得而离也。”

回复到本体，大概也就表明了阳明心学体系的最终完成。

第九章 日暮途远，尽显一生光明

当阳明到达吉安时，诸生彭簪、王钊、刘阳、欧阳瑜等偕旧游三百余人，将阳明先生迎入螺川驿中。阳明立谈不倦，曰："尧、舜这些生而知之、从容处事的圣人，犹兢兢业业，用困勉的工夫。我辈以困勉的资质，而悠悠荡荡，坐享生知安行的成功，岂不误己误人？"又曰："良知之妙，真是周流六虚，变通不居。若假以文过饰非，为害大矣。"

天泉桥上再论“四句教”

嘉靖六年（1527）五月，朝廷一道圣旨下到，命阳明以南京兵部尚书兼都察院左都御史总制军务，征广西思恩、田州。

这个公文来得十分突然，阳明此前已经被闲置了六年多，除服后受人举荐也已经有三年多了，可朝廷一直没有任何表示。杨一清后来成为内阁首辅，当时黄绾为了推荐老师，竟不小心在奏疏中得罪了一清，结果一清便把气撒到了阳明头上，也反对起用他（包括入阁、总督三边、来京做兵部尚书等）。

其实，不管谁当权，都会存着那么点私心：把一个那样举足轻重、不轻易苟且的人物弄到自己身边来，那不是给自己找麻烦吗？权力是有排他性的，当道由于惧怕阳明才那样排挤他。但是现在广西出了事，需要有人去摆平，朝廷才想到了阳明。黄绾与张璁的关系非常密切，他便致书张璁说：“广西的事情，如果不由阳明先生出面，那么谁也办不了。”

这本来是出力的事情，结果张璁拉上杨一清就向皇帝保荐了阳明。其实不只阳明是这样，王琼也是屡受张璁、桂萼、霍韬等举荐，直到嘉靖七年才被起用总督三边军务，而且也是宝刀不老，人以比杨一清。

思、田地处广西，两地属于羁縻州，由土司管理。先是广西田州岑猛为乱，提督都御史姚镆征之。岑氏据说是东汉开国名将、“云台二十八将”之一的岑彭的后裔，岑彭曾是独当一面的大将，但是却在征讨四川的公孙述时被后者派人刺杀。

姚镆不久便奏称已将岑猛父子擒获，而且朝廷也已经降敕论功行赏完毕。可是平叛未尽，岑猛方面的两位头目卢苏、王受尚未被剿灭，他们构众煽乱，还攻陷了思恩。姚镆于是又汇集四省将兵往征，但这次却没那么顺利了，久而不克。

巡按御史石金向朝廷弹劾姚镆的无能，再加朝议用侍郎张璁、桂萼之荐，如此才有了特起阳明的决议：令其总督两广及江西、湖广军务，度量事势，随宜抚剿，设土官流官孰便，并核当事诸臣功过以闻。且责以体国为心，毋或循例辞避。

可是阳明仍然上疏请辞，其中道："伏自思惟，臣于君命之召，当不俟驾而行，矧兹军旅，何敢言辞？顾臣病患之积，潮热痰嗽，日甚月深，每一发咳，必至顿绝，久始渐苏……若冒病轻出，至于偾事，死无及矣。臣又伏思两广之役，起于土官仇杀，比之寇贼之攻劫郡县，荼毒生灵者，势尚差缓。若处置得宜，事亦可集。姚镆平日素称老成慎重，一时利钝前却，斯亦兵家之常……御史石金据事论奏……所以激励镆等，使之集谋决策，收之桑榆也……臣以为两广今日之事，宜专责镆等，隆其委任，重其威权，略其小过，假以岁月，而要其成功。至于终无底绩，然后别选才能，兼于民情土俗素相谙恶，如南京工部尚书胡世宁、邢部尚书李承勋者，往代其任。"胡世宁曾任四川巡抚。

在看过了阳明的上书后，年轻的嘉靖不禁对杨一清说道："看来如果姚镆仍在广西，王阳明是不会赴任的。"显然，皇帝还算聪明，他明白阳明的主要意图还是不希望有人掣肘。于是下诏令姚镆致仕，又遣使敦促阳明上道。

这一次阳明不好再说什么了，圣命难违，只好从容就道。

就在八月间阳明将起程时，他还不忘叮嘱大家一番，也希望有更多的良士来绍兴讲学论道，但不欢迎那些行止恶劣的凶人。

为此，不放心身后的阳明专门作了一篇《客坐私祝》："但愿温恭直谅之友，来此讲学论道，示以孝友谦和之行，德业相劝，过失相规，以教训我子弟，使毋陷于非僻；不愿狂懆惰慢之徒，来此博弈饮酒，长傲饰非，导以骄奢淫荡之事，诱以贪财黩货之谋，冥顽无耻，扇惑鼓动，以益我子弟之不肖。呜呼！由前之说，是谓良士；由后之说，是谓凶人。我子弟苟远良士而近凶人，是谓逆子。戒之戒之！嘉靖丁亥八月，将有两广之行，书此以戒我子弟，并以告夫士友之辱临于斯者，请一览教之。”

九月初八这天，钱德洪与王畿访张元冲于舟中，因论为学宗旨。此前不久，学益彻而立教益简易的阳明先生发明了一首“四句教”，他将自己一生的为学宗旨囊括于其中：

无善无恶心之体，有善有恶意之动；
知善知恶是良知，为善去恶是格物。

这可谓是阳明之学最后的表达式，王畿为此说道：“先生说‘知善知恶是良知，为善去恶是格物’，此恐未是究竟话头。”

德洪曰：“何如？”

王畿曰：“心体既是无善无恶，意亦是无善无恶，知亦是无善无恶，物亦是无善无恶。若说意有善有恶，毕竟心亦未是无善无恶。”

德洪曰：“心体原来无善无恶，今习染既久，觉心体上见有善恶在，为善去恶，正是复那本体功夫。若见得本体如此，只说无功夫可用，恐只是见耳。”

二人争执不下，王畿于是提议：“待明日先生启行时，咱们再伺机向他请教吧。”

次日夜分，送行的宾客已经散去，阳明将入内，听闻德洪与王畿候立庭下，阳明于是走了出来，并移席附近的天泉桥上。

当得知二人昨天的辩论后，有感于他们的执着态度，阳明先生喜曰：“正要二君有此一问！我今将行，朋友中更无有论证及此者，二君之见正好相取，不可相病。汝中须用德洪功夫，德洪须透汝中本体。二君相取为益，吾学更无遗念矣。”

阳明一向如此，不愿伤了弟子的自尊，所以他总是能够持平，总是鼓励大家。

德洪有点不明白先生的意思，阳明于是跟他解释道：“有只是你自有，良知本体原来无有，本体只是太虚。太虚之中，日月星辰，风雨露雷，阴霾饐气，何物不有？而又何一物得为太虚之障？人心本体亦复如是。太虚无形，一过而化，亦何费纤毫气力？德洪功夫须要如此，便是合得本体功夫。”

这番话说得王畿又有些不解，阳明于是继续解释道：“汝中见得此意，只好默默自修，不可执以接人。上根之人，世亦难遇。一悟本体，即见功夫，物我内外，一齐尽透，此颜子、明道不敢承当，岂可轻易望人？二君已后与学者言，务要依我四句宗旨：无善无恶是心之体，有善有恶是意之动，知善知恶是良知，为善去恶是格物。以此自修，直跻圣位。以此接人，更无差失。”

王畿更进一步请教：“本体透后，于此四句宗旨何如？”

阳明先生回答说：“此是彻上彻下语，自初学以至圣人，只此功夫。初学用此，循循有入，虽至圣人，穷究无尽。尧、舜精一功夫，亦只如此。”

接着，阳明先生又格外嘱咐道：“二君以后再不可更此四句宗旨。此四句中人上下无不接着。我年来立教，亦更几番，今始立此四句。人心自有知识以来，已为习俗所染，今不教他在良知上实用为善去恶功夫，只去悬空想个本体，一切事为，俱不著实。此病痛不是小小，不可不早说破。”

经过阳明先生的一番点拨，德洪、王畿都表示自己已经有所省悟。

不过，尽管阳明在言语上回护了王畿，但这并不说明他没有自己的倾向，他肯定德洪显然才是真心的，尽管德洪有些拘泥于师说。对此，王畿也是有所察觉的，但他始终不改初衷。

此时，对王畿之见的消极作用，阳明似早有预感。后来，王畿主张良知现成，不假修为，良知愚夫愚妇与圣人同；圣人只是没有私欲障碍，因此得致其良知。如此，王畿显然背离了阳明先生的宗旨：阳明一向认为良知虽是本体，但为外欲所遮蔽，须下苦功澄明心体。

王畿重视本体而忽视功夫，从而流于放纵自我，导致其对纲常伦理道德的忽略和漠视，由此心学便走上了歧途。在阳明身后，人们对于王学的误解和排斥，其实多半是弟子严重背离师说的结果——从鼓励独立思考、鼓励自成一家的角度而言，想不背离也很难。

以文教改造穷乡僻壤

当行经钱塘江时，阳明以难得的好兴致先后游览了吴山、月岩、严滩等处名胜，而且在每一处都留下了自己的诗作。

在过钓台时，阳明想到当年献俘时曾经过这里，可是没来得及登临一番。如今故地重游，又以兵革之役，兼肺病足疮，徒顾瞻怅望而已。

于是阳明作诗道：

忆昔过钓台，驱驰正军旅。十年今始来，复以兵戈起。空山烟雾深，往迹如梦里。

微雨林径滑，肺病双足胝。仰瞻台上云，俯濯台下水。人生何碌碌？高尚乃如此。

疮痍念同胞，至人匪为己。过门不遑入，忧劳岂得已。滔滔良自伤，果哉末难矣。

阳明将此诗交给桐庐尹沈元材刻置亭壁，聊以纪经行岁月云耳。当时在场的人包括钱德洪、王畿、建德尹杨思臣及沈元材四人，德洪、王畿是一路送行先生到了这里。

在阳明看来，辞章不过是小道：“使学如韩、柳，不过为文人；辞如李、杜，不过为诗人；果有志于心性之学，以颜（回）、闵（子骞）为期，非第一等德业乎！”可是有时候想要表达自我，仍然离不开舞文弄墨。孔子说得好，君子“志于道，据于德，依于仁，游于艺”。

阳明大抵都是有感而发，在经过衢州、常山时，他也都留下了诗作，其中有几句道：“长生徒有慕，苦乏大药资。名山遍探历，悠悠鬓生丝。微躯一系念，去道日远而。中岁忽有觉，九还乃在兹。非炉亦非鼎，何坎复何离？本无终始究，宁有死生期？彼哉游方士，诡辞反增疑。纷然诸老翁，自传困多岐。乾坤由我在，安用他求为？千圣皆过影，良知乃吾师。”

王世贞与钱谦益是阳明身后的两位文坛大家，王世贞比较欣赏阳明前期的诗作，而钱谦益则比较欣赏阳明后期的诗作，这大致也是二人生平志趣的不同反映。

阳明发舟广信，沿途诸生徐樾、张士贤、桂锐等请见，阳明俱谢以兵事未暇，应许回途之日再相见。但是这个徐樾有个问题急切地想向阳明先生请教，于是他自贵溪追至余干，终于赶上了阳明先生。阳明令其登舟，二人在舟中谈论了一番，徐樾疑难得解，这才满意而去。

十月，阳明到达南昌。此前老中丞要来南昌的消息已经传开了，南昌百姓早已经做好了迎接的准备。当日，但见父老军民俱顶香林立，填途塞巷，以致不能行走，父老们便顶着阳明的轿子依次传递进入都司。阳明命父老军民来见，由东门入西门出，有一些人依依不舍，竟至于反复出入，从早晨到下午都没有散去。

第二天，阳明拜谒文庙，讲《大学》于明伦堂，诸生围拢而拥挤着，外面的人多不得闻。有一位名叫唐尧臣的人出来献茶，得以上堂旁听，此人起初不信学，闻阳明先生至，自乡出迎，心已内动。等他见到众人对阳明的那番拥戴之情时，不禁惊叹道：“三代后安得有此气象耶！”等到听闻了阳明的讲授，才扫尽了心中的一切疑惑。

黄文明、魏良器等人笑说：“你一个在逃之人，今天算是投降了吧！”

唐尧臣答道："须得如此大捕人，方能降我，尔辈安能？"

当阳明到达吉安时，诸生彭簪、王钊、刘阳、欧阳瑜等偕旧游三百余人，将阳明先生迎入螺川驿中。阳明立谈不倦，曰："尧、舜这些生而知之、从容处事的圣人，犹兢兢业业，用困勉的工夫。我辈以困勉的资质，而悠悠荡荡，坐享生知安行的成功，岂不误己误人？"又曰："良知之妙，真是周流六虚，变通不居。若假以文过饰非，为害大矣。"

临别时阳明特意叮嘱道："工夫只是要简易真切。愈真切，愈简易；愈简易，愈真切。"这句话也充分道出了阳明先生为学的宗旨。

十一月十八日，阳明到达广东肇庆。在这里他还不忘留守的德洪、王畿，叮嘱他们一些需要注意的地方。

二十日，阳明终于到达了此行的目的地广西梧州，随即开府办公。经过一番沿途咨访，阳明已经基本弄清楚了这里发生的事情的来龙去脉。

根据阳明的经验，其实这类事情的缘起，不用想就能明白，不过都是官府欺压或管理不善的结果。如姚镆等派来平乱的主事之臣，他们不能体恤百姓，不能坦诚相待，因此往往把水越搅越浑。他们行事简单粗暴，经常大开杀戒，当双方力量均衡时，事情也就僵持在那里了。

十二月，阳明在上疏中指出：两广提督专为诸瑶、僮及诸流贼而设，事权实专且重，如果振其兵威，自足以制伏诸蛮，可是无奈军政日坏，上无可任之将，下无可用之兵，有警必须倚调土官狼兵。这样一来，岑猛等人得以凭恃兵力，日增桀骜；他们在建立功勋后，功劳不得不归之于在上者，自己的所得寥寥无几，长此以往，他们才心生怨愤。以后待朝廷再征发他们时，他们起初是怠慢，以后干脆就不听招呼了；如此上嫉下愤，日深月积，"劫之以势而威益亵，笼之以诈而术愈穷。由是谕之而益梗，抚之而益疑，遂至于有今日"。

此外，阳明还指出，当时山瑶海贼都是些穷追必死之寇，他们乘乱挑衅、动摇地方，还煽诱贫苦流亡之民以壮大自己。这些人的威胁实际上要比卢苏、王受等人大上十倍、百倍。

阳明还指出了设置流官的弊端，非常不利于地方的安定。比如思恩地区，自从设置流官以来，十八九年之间，反者数起，征剿日无休息，这给社会民生带来的创伤是不难想象的。

为此，阳明建议还是以安抚为上策："必须存土官，藉其兵力，以为中土屏蔽。若尽杀其人，改土为流，则边鄙之患，我自当之，自撤藩篱，非久安之计，后必有悔。"解决边境（民族）问题的主要对策，还是应采取"以夷治夷"的方略，这也是自古以来的宝贵经验。

为了能让朝廷采纳自己的方案，阳明还分别致信少师杨一清及在京的弟子黄绾、方献夫等人，希望他们能支持自己。对于阳明的上疏，朝廷还是重视的，最后也基本持赞同态度。十二月，朝廷又命阳明暂兼理巡抚两广。

结果，仅仅两个月后的嘉靖七年（1528）二月，阳明便圆满地解决了思、田的问题。

在阳明主抚的策略下，卢苏、王受等人很快就向朝廷投了诚。不过因为阳明多以诈用兵，屡使自己的对手上当，尤其是祥符宫的那一幕，更让人对他的诈术有所警觉。

在成功招抚了卢苏、王受之后，阳明悉数遣散诸军，只有湖广兵数千，因为路远还暂时被分留在宾宁等地解甲休养。至此，卢苏、王受大喜，二人便正式遣使乞降，阳明令诣军门。可是二人又怕上当，不免窃窃私语道："王公素来多诈，恐怕会欺骗我等。"

祥符宫之举当初实出不得已，池仲容等人不仅罪大恶极，且贼性难改，阳明只得对其痛下杀手。如今卢苏、王受来降，正需要推诚相待，这样才可缓解他们多年的积怨，重新恢复这一地区的稳定局面。因此阳明只是将卢苏、王受二人杖责了一顿，二人方才解除疑虑。此时，他们不仅对阳明大起好感，也急欲思报。

朝廷得到阳明平定思、田的上疏后，即敕遣使者前往奖励，赏银五十两、纻丝四袭，所司备办羊酒，其余各给赏有差。阳明为志其事，为文并勒石记之。

四月，阳明议迁都台于田州，但没有结果。

先是朝廷有命，王阳明暂令兼理巡抚两广。受命之后，阳明以迂疏、多病上疏推辞，并推荐“致仕副都御史伍文定”等人来接替自己。

这时候，侍郎方献夫向朝廷建议，宜于田州特设都御史一人，抚绥诸夷，阳明于是上疏推荐广西布政使林富。对于其他一些重要的人事安排，阳明也都向朝廷做了推荐，可是这些建议朝廷都没有采纳。

朝廷对阳明这位封疆大吏的猜忌太明显了，阳明无奈之余，只得尽力做些力所能及的事情。除了涵养民生、抚新民外，便是大兴学校。

阳明以田州新服，用夏变夷，宜有学校。但此地疮痍、民多逃亡，治下连起码的百姓都没有，即便兴建了学校，没人来就学，也是徒劳的。然而风化之原，又不可缓也。于是阳明巡视提学[1]衙门时指出：“著落当该官吏备行所属儒学遵照，但有生员，无拘廪增，愿改田州府学，及各处儒生愿附籍入学者，各赴告本道，径自查发，选委教官一员，暂领学事，相与讲肄游息，或兴起孝弟，或倡行乡约，随事开引，渐为之兆。俟休养生息一二年后，该府建有学校，然后将各生徒通发该学肄业，照例充补增廪，以次起贡。”

阳明一面在思、田大兴学校，一面又在南宁兴学校。

阳明向来看重教化，他常说：“理学不明，人心陷溺，是以士习日偷，风教不振。”于是身在广西的他也不闲着，整天与各学校的在校生们朝夕开讲，已觉其渐有奋发之志。

阳明又恐穷乡僻邑，不能身至其地，便委原任监察御史、后被降为合浦县丞的陈逅主持教授灵山诸县的学校，原任监察御史、后被降为揭阳县主簿的季本主持教授敷文书院。

---

[1] 专门负责文化教育的高级地方行政官。

上疏为功臣鸣不平

广西这个地方，民族众多，且地近交趾（越南），形势错综复杂，其中在八寨、断藤峡地区，还存在一帮对抗朝廷的势力。这些所谓的“蛮贼”有众数万，他们负固稔恶，南通交趾诸夷，西接云、贵诸蛮，东北与牛场、仙台、花相、风门、佛子及柳庆、府江、古田诸瑶回旋联络，延袤两千余里，游荡出没，为害多年。

阳明初到广西，思、田问题是当务之急，所以无暇顾及八寨、断藤峡的问题。如今，思、田既平，卢苏、王受新附，急于立功表现。还有湖广的官军没有遣回，这样阳明便应当地父老的要求，令布政使林富、副总兵张佑等，出其不意，分道征讨八寨、断藤峡。

当时，林富、张佑等率右江及思、田兵进剿八寨诸贼，而参议汪必东、副使翁素、佥事汪溱等，则率左江及永、保土兵进剿断藤峡诸贼。

在官军的强大攻势下，本为乌合之众的两处土寇顷刻瓦解，一月之内，被斩杀三千余人。阳明见诸贼巢穴既已扫荡，而官军好多感染了流行病，遂班师奏捷。

后来阳明在上疏中道：“断藤峡诸贼，犄角屯聚，自明初以来，屡征不服。至天顺间，都御史韩雍统兵二十万，然后破其巢穴。兵退未久，各贼复攻陷浔州，据城大乱。后复合兵，量从剿抚。自后窃发无时，凶恶成性，不可改化。

“至于八寨诸贼，尤为凶猛，利镖毒弩，莫当其锋；且其寨壁天险，进兵无路。自国初都督韩观，尝以数万之众围困其地，亦不能破，竟从招抚而罢。报后兴师合剿，一无所获，反多挠丧。唯成化间，土官岑瑛尝合狼兵深入，斩获二百。已而贼势大涌，力不能支，亦从抚罢。

“今因湖广之回兵，而利导其顺便之势，作思、田之新附，而善用其报效之机。两地进兵，各不满八千之众，而三月报捷，共已逾三千之功。两广父老皆以为数十年来未有此举也。”

八寨、断藤峡这两仗，官军都是以最小的代价取得了最大的成功，对此阳明不免有些自得。

他在《平八寨》中云：

见说韩公破此蛮，貔貅十万骑连山；而今止用三千卒，遂尔收功一月间。

岂是人谋能妙算？偶逢天助及师还。穷搜极讨非长计，须有恩威化梗顽。

又《破断藤峡》中云：

才看干羽格苗夷，忽见风雷起战旗。六月徂征非得已，一方流毒已多时。

迁宾玉石分须早，聊庆云霓怨莫迟。嗟尔有司惩既往，好将恩信抚遗黎。

此后，阳明又上疏请经略思、田及八寨、断藤峡，这些地区都是问题多发的敏感地区，也在战略上有重要地位，朝廷必须花点心思经营这里。

起初，阳明既已平定思、田，乃上疏曰：“臣以迂庸，缪膺立命，勘处兵事于兹土，节该钦奉敕谕，谓‘可抚则抚，当剿即剿’。是陛下之心，惟在于除患安民，未尝有所意必也。又节该钦奉敕谕，谓‘贼平之后，公同议赴，应设土官流官，何者经久便利’。是陛下之心，惟在于安民息乱，未尝有所意必也。始者思、田梗化，既举兵而加诛矣，因其悔罪来投，遂复宥而释之。固亦莫非仰体陛下不嗜杀人之心，惓惓忧悯赤子之无辜也。”

为此，阳明便提出了三项建议：

第一，特设流官知府以制土官之势，仍立土官知府以顺土夷之情，分设土官巡检以散各夷之党。

第二，拟府名为“田宁”，以应谶谣，而定人心，设州治于府之西北，立岑猛第三子岑邦相为吏目，待其有功，渐升为知州。

第三，分设思恩土巡检司九，田州土巡检司十有八，以卢苏、王受并土目之为众所服者世守之。

待到又破了八寨、断藤峡之后，阳明又上疏曰：“臣因督兵，亲历诸巢，见其形势要害，各有宜改立卫所，开设县治，以断其脉络，而扼其咽喉者。若失今不为，则数年之间，贼以渐复，归聚生息，不过十年，又有地方之患矣。”

这一回，阳明以自己手中遵制便宜的权力，相机忖度着办了大致六桩有关经略思、田的事宜：移南丹卫城于八寨；改筑思恩府治于荒田；改凤化县治于三里；增设隆安县治；置流官于思龙，以属田宁；增筑守镇城堡于五屯。

阳明在广西这样大的成功和动作，使得远在北京的朝廷不免质疑阳明的事功和安排。

兵部首先持怀疑态度，户部也是如此，几位当权人物也态度暧昧。杨一清身为首辅，虽然心明如镜，可是他余怒未消，没有站出来为阳明说话。桂萼此时已经升为吏部尚书，他曾传话让阳明借着胜利的余威出兵交趾（此前安南莫登庸有意向北扩张，阳明的布置阻止了他），可是一向反对穷兵黩武的阳明对此置之不理，桂萼恼羞成怒，便攻击阳明剿抚两失。

其实功高遭忌，历来如此，皇帝本人也不那么待见功高震主之臣。只有张璁对阳明的作为表现了高度的推崇：“我现在才知道，王公确实是无人可及！”

有鉴于功臣遭遇的不公，于是身为翰林院掌院学士的霍韬等两广人士便上疏为阳明大鸣不平，他们道：

臣等广人也，是役也，臣等尝为守仁计曰：“前当事者，凡若三省兵若干万，梧州军门费用军储若干万，复从广东布政司支用银米若干万，杀死、疫死官兵、土兵若干万，仅得田州小宁五十日，而思恩叛矣。”今守仁不杀一卒，不费斗米，直宣扬威德，遂使思、田顽叛，稽首来服。虽舜格有苗，何以过此？

乃若八寨贼、断藤峡贼，又非思、田之比。八寨为诸贼渊薮，而断藤峡为八寨羽翼也。广西有八寨诸贼，犹人有心腹病也。八寨不平，则两广无安枕期也。今守仁沉机不露，一举平之。百数十年豺虎窟穴，扫而清之，如拂尘然。臣等是以叹服守仁能体陛下之仁，以怀绥思、田向化之民；又能体陛下之义，以讨服八寨、断藤梗化之贼：仁义两得之也。

夫守仁之成功，有八善焉：乘湖兵归路之便，兵不调而自集，一也。因思、田效命之助，劳而不怨，二也。机出意外，贼不能遁，所诛者渠恶，非滥杀报功者比，三也。因归师无粮运费，四也。一举成功，民不知扰，五也。平八寨、平断藤峡，则极恶者先诛，其细小巢穴，可渐德化，得抚剿之宜，六也。八寨不平，则西而柳、庆，东而罗旁、禄水、新宁、思平之贼，合数千里，共为窟穴，虽调兵数十万，未易平伏，今八寨平定，则诸贼可以渐次抚剿，两广良民可以渐次安业，纾圣明南顾之忧，七也。韩雍虽平断藤峡贼矣，旋复有倡乱者，八寨乃百六十年所不能诛之剧贼。今守仁既平其巢窟，即徙建城邑以镇定之，则恶贼失险，后日不能为变，逋贼来归，且化为良民矣。诛恶绥良，得民父母之体，八也。

或议：“守仁奉命有事思、田，遂剿八寨，可乎？”臣则曰：“昔吴、楚反攻梁，景帝诏周亚夫救梁。亚夫不奉诏，而绝吴、楚粮道，遂破吴、楚而平七国，安汉社稷。传曰：‘阃以外，将军制之’。”又曰：“大夫出疆，有可以安国家、利社稷，专之可也，古之道也。”是故亚夫知制吴、楚，在绝其食道，而不在于救梁；是故虽有诏命，有所不受。

今守仁知思、田可以德怀也，遂约其降而安定之；知八寨诸贼百六十年未易服也，遂因时仗义而讨平之。仁义之用，达天德者也；虽无诏命，先发后闻可也，况有便宜从事之旨乎？或曰：“建置城邑，大事也；区处钱粮，户部职也；不先奉命而辄兴工，可乎？”臣则曰：“昔者范仲淹之守西边也，欲筑大顺城，虑敌人争之，乃先具版筑，然后巡边，急速兴工，一月成城。西夏觉而争之，已不及矣。”

守仁于建置城邑之役，不仰足户部而后有处，其以一肩而分圣明南顾之忧，不以为功，反以为过，可乎？臣等目击八寨之贼，为地方大患百数十年，一旦仰赖圣明，任用守仁，以底平定，不胜庆忭，今兵部功赏未行，户部覆题再勘，臣恐机会一失，大功遂阻，城堡不筑，逋贼复聚，地方可虑。是故冒昧建言，唯圣明察焉。

对于霍韬等人的上疏，年轻的嘉靖以三个字做了回复：“知道了。”于是在这年九月，朝廷有了表示，予以阳明一些奖赏。

朝廷派去广西的使者，只是一个微不足道的人。此人名叫冯恩，是松江府华亭县人，嘉靖五年（1526）的新进士。派使者冯恩到广西，可见朝廷对阳明的轻视，不过对冯恩自己而言，却是一个难得的机遇。

冯恩本是王学信徒，这回去见阳明先生，算是见到真佛了。因此他到广西后，一俟宣布完朝廷的旨意，他便要求拜入阳明门下，这样也就成了阳明的关门弟子。

冯恩是个极有血性的人，有一股舍身赴义的气概，最后得了个“四铁御史”的雅号，即口如铁、膝如铁、胆如铁、骨如铁。有一次，他因力斥当权者误国，被押出长安门。当时市民观者如堵，来一睹这位“四铁御史”的铮铮风采。

此心光明无多言

由于多日的操劳，阳明的病情加重了，加上两广是日南之地，气候异常炎热。到了这年十月间，他不能不上疏请求告归，况且广西的局势也已经基本稳定了。

阳明在上疏中称：

> 臣自往年承乏南、赣，为炎毒所中，遂患咳痢之疾，岁益滋甚。其后退伏林野，虽得稍就清凉，亲近医药，而病亦终不能止……去岁奉命入广……炎毒益甚……力疾从事……竣事而出，遂尔不复能兴。今已舆至南宁，移卧舟次，将遂自梧道广，待命于韶、雄之间……夫竭忠以报国，臣之素志也。受陛下之深恩，思得粉身齑骨以自效，又臣近岁之所日夜切心者也。病日就危，尚求苟全以图后报，而为养病之举，此臣之所以大不得已也。

东汉名将、伏波将军马援以老迈之躯南征交趾，在建立功业的同时，也实现了自己年轻时的壮语：“男儿当死于边野，以马革裹尸还葬耳。”就在马援死后，由于朝廷上下对他的一致猜忌，尤其是一向被视为英明之主的光武皇帝（刘秀）也始终为他悬着一颗猜忌心，致使马援的哀荣被大打折扣了。

今日的阳明与马援的遭遇何其相似，而且就是在自己十五岁时，阳明尝梦谒伏波庙，这一切难道不是天意吗？如今当自己亲身来到马援客死的地方，亲眼见到了伏波庙时，竟宛然如梦中！

在拜谒过伏波庙后，阳明不禁对从行人员感叹道：“想想我年轻时做的那个梦，才知道我今日此行不是偶然啊！”

四十年前梦里诗，此行天定岂人为？
徂征敢倚风云阵，所过须同时雨师。
尚喜远人知向望，却惭无术救疮痍。
从来胜算归廊庙，耻说兵戈定四夷。

对于自己的身后，阳明并不怀疑。马援不仅被迅速平反，他的女儿还成了汉明帝的皇后，马氏一门更成为东汉一朝举足轻重的大族，还出了像马融这样的大儒。可见公道自在人心，没什么可担忧的。

因为学术问题，阳明与湛若水已经闹得很不愉快。这时候，他在致邹守益的书信中道："'随处体认天理'之说，大约未尝不是。只要根究下落，即未免捕风捉影。纵令鞭辟向里，亦与圣门致良知之功尚隔一尘。若复失之毫厘，便有千里之谬矣。……世间无志之人，既已见驱于声利词章之习，间有知得自己性分当求者，又被一种似是而非之学兜绊羁縻，终身不得出头。缘人未有真为圣人之志，未免挟有见小欲速之私，则此种学问极足支吾眼前得过。是以虽在豪杰之士，而任重道远，志稍不力，即且安顿其中者多矣。"

在这里，阳明对若水的学术还是表达了婉转的批评，友情固然可贵，但是真理却不容妥协。宁愿被人视为狂者，也不能做那老好人。

阳明的六世祖王纲死于苗难，后来被庙祀增城。

有司为了表彰阳明的功劳，也复新了王纲的祠宇，阳明为此前往广东谒祠奉祀。增城也是湛若水的故乡，阳明在经过若水的庐舍时，便题诗于壁道：

我祖死国事，肇禋在增城。荒祠幸新复，适来奉初蒸。
亦有兄弟好，念言思一寻。苍苍蒹葭色，宛隔环瀛深。
入门散图史，想见抱膝吟。贤郎敬父执，童仆意相亲。
病躯不遑宿，留诗慰殷勤。落落千百载，人生几知音？

道通著形迹，期无负初心。

他又在若水的故居题诗道：

我闻甘泉居，近连菊坡麓。十年劳梦思，今来快心目。
徘徊欲移家，山南尚堪屋。渴饮甘泉泉，饥食菊坡菊。
行看罗浮云，此心聊复足。

当年的知己之情，自是历历在目，人生能收获那样一段难得的情谊，似乎也足矣，哪怕它最终不能长久。

阳明虽身在两广，可是他始终牵挂着浙江的事，他反复致书德洪与王畿，对他们再三叮嘱，尤其关切他们的学业。

当时阳明已是病入膏肓，自知不起，却仍然不断致书德洪、王畿：“书来见近日工夫之有进，足为喜慰！而余姚、绍兴诸同志又能相聚会讲切，奋发兴起，日勤不懈。吾道之昌，真有火然泉达之机矣。喜幸当何如哉！……此间地方悉已平靖，只因二三大贼巢，为两省盗贼之根株渊薮，积为民患者，心亦不忍不为一除剪，又复迟留二三月。今亦了事矣，旬月间便当就归途也。守俭、守文二弟，近承夹持启迪，想亦渐有所进。正宪尤极懒惰，若不痛加针砭，其病未易能去。父子兄弟之间，情既迫切，责善反难，其任乃在师友之间。想平日骨肉道义之爱，当不俟于多嘱也。”

孟子倡导“易子而教”，阳明有鉴于正宪极为懒惰，自己倒不容易教导他，若过于严厉易伤父子感情，如此他才更希望众师友能够多上些心。

到广州后，阳明又致书何廷仁：“区区病势日狼狈，自至广城，又增水泻，日夜数行不得止。今遂两足不能坐立，须稍定，即逾岭而东矣。诸友皆不必相候。果有山阴之兴，即须早鼓钱塘之舵，得与德洪、汝中辈一会聚，彼此当必有益。区区养病本去已三月，旬日后必得旨，亦遂发舟而东。纵未能遂归田之愿，亦必得一还阳明，与诸友一面而别，且后会又有可期也。千万勿复迟疑，徒耽误日月。总及随舟而行，沿途官吏送迎请谒，断亦不能有须臾之暇。宜悉此意，书至即拨冗。德洪、汝中辈，亦可促之早为北上之图。伏枕潦草。”

阳明从八月二十七日离开南宁，于九月初七到达广州，便一直在广州等待朝廷的旨意。但是，十月初十的奏疏送出去后又过了一个多月，仍然未见朝廷的消息，阳明不免有些着急起来。

他明白，朝廷即使答复，也许不会那么快，但自己的身体已经不容再迟疑了。叶落归根，就是死也应该死在自己家乡的土地上。此时的阳明，是多么渴望能活着再见一眼故乡的亲友和土地。

于是这年十一月二十五日，不待朝廷回复，阳明便私自逾梅岭至南安，踏上了回乡的归途。

在登舟时，南安推官、门人周积来见。奄奄一息的阳明先生起坐，咳喘不已，许久才慢慢关切地说道：“近来进学如何？”

阳明先生一贯倡导学问与事功无二，于是周积便以自己的政事回答先生。言罢，周积也很是关切先生的健康：“看样子先生病得不轻，不知是否有大碍？”

“病势危亟，所未死者，元气耳。”阳明直言道。

周积不免动容，退下来以后，他赶紧为先生迎医诊药。

二十八日晚，船停靠在一处码头。阳明问是何地，侍者曰：“青龙铺。”

此日，阳明突然召周积来见，久之，竟默无一言，于是开目视曰：“吾去矣！”看来，我马上就要去了！

周积泣下，询问先生还有何遗言，阳明微微一笑道：“此心光明，亦复何言？”一个心中呈现的皆是良知的人，难道还用再啰唆吗？若果遗愿，必然都是良知的流露，而我辈的良知是无二的。

顷之，阳明瞑目而逝，二十九日辰时[1]也。一代心学大师、真三不朽的阳明先生，带着一点望乡的遗憾，就这样告别了人世！

赣州兵备、门人张思聪追随阳明先生至南安，他将先生的遗体迎入南野驿，就在中堂之上按照礼仪进行沐浴、衾敛。

先前，阳明走出两广地界的时候，布政使、门人王大用为防不测，便备了上好的棺木随舟。现在，张思聪亲自来督导着众人处理一应丧事，铺捆设褥，表里裼袭。门人刘邦采亦闻讯前来奔丧。

十二月初三，张思聪与官属师生设祭入棺，次日阳明的棺木被抬上了舟船，准备启程北归。士民远近遮道，哭声振地，如丧考妣。

当阳明的灵柩到达赣州后，提督都御史汪鋐迎祭于道，士民沿途拥哭如南安。至南昌，巡按御史储良材、提学副使门人赵渊等请改岁行，士民昕夕哭奠。

嘉靖八年（1529）正月，丧发南昌。当月连日逆风，舟不能行。赵渊于是向上天祷告说："公岂为南昌士民留耶？越中子弟门人来候久矣。"先生啊，你还是不要惦记江西百姓了！越中子弟门人已经等候您多时了。

果然，忽变西风，六日后灵柩便直至弋阳。

先是，钱德洪与王畿西渡钱塘江，将入京殿试，闻先生归，遂迎至严滩。此时又忽闻先生的讣告，便于正月三日成丧于广信，并讣告同门。

这一天，正宪也赶来了。初六，大家会于弋阳。初十，过玉山，弟守俭、守文，门人栾惠、黄洪、李珙、范引年、柴凤等纷纷赶来。

直到二月间，阳明的灵柩才被送回了他日思夜想的家乡。

---

[1] 指上午七点到九点。

迟来的身后哀荣

二月初四，子弟门人奠柩中堂，遂饰丧纪，妇人哭门内，孝子正宪携弟正聪与亲族子弟哭门外，门人哭幕外，朝夕设奠如仪。

每日门人来吊者百余人，有自初丧至卒葬不归者。书院及诸寺院照常聚会，一如阳明先生活着时一般。

这年的十一月，阳明先生被葬于洪溪。

十一日发引，门人会葬者千余人，麻衣衰屦，扶柩而哭。四方来观者莫不交涕。洪溪距离绍兴城有三十里，再走五里就到了著名的兰亭，此地为阳明先生生前亲自选择的地方。

可是与亲友门人对阳明的深切怀念相反的是，当道者由于嫉恨，遂在阳明身后对其大肆诽谤。桂萼本来就嫉恨阳明，此次阳明死信传到京师，即奏其擅离职守。

桂萼还在上奏中诋毁了阳明的学术："阳明事不师古，言不称师。欲立异以为高，则非朱熹格物致知之论；知众论之不予，则为《朱子晚年定论》之书。号召门徒，互相唱和。才美者乐其任意，庸鄙者借其虚声。传习转讹，背谬弥甚。但讨捕奸贼，擒获叛藩，功有足录……"所以，他建议朝廷应该"追夺伯爵以彰大信，禁邪说以正人心"。

嘉靖本就是个多疑善妒、鼠肚鸡肠之徒，他正愁没借口整一整阳明，于是下诏停王家世袭，一应恤典俱不行，且禁"伪学"。

由于朝廷的蛮横无理，连阳明的家也受到了一定程度的骚扰。

还在庆元元年（1195）时候，朱熹在朝廷的支持者赵汝愚受权臣韩侂胄的排挤，被罢去相位，韩侂胄（韩琦之后）一时势焰熏天、炙手可热。

因为朱熹曾参与过赵汝愚一派攻击韩侂胄的活动，为了打击朱熹，韩侂胄便发动了一场抨击“理学”的运动。庆元二年，有人上书要求把道学家的书“除毁”，科举凡涉程朱义理者一律不取。又有人乘机指控朱熹十罪，请求予以处斩。

不久，在这股邪风的肆虐中，朱熹的得意门生蔡元定被逮捕，一时理学受到了严重的打压：理学被斥为“伪学”，朱熹被斥为“伪师”，学生被斥为“伪徒”。随后，宋宁宗下诏命凡荐举为官，一律不取“伪学”之士。庆元六年三月初九，早已是风烛残年的朱熹，在建阳家里忧愤而死。

如今，阳明及其学术也遭遇了朱熹一般的待遇。不过，与朱熹及其学术的平反一样，阳明的平反也在本朝得以实现。

当时，先是身为詹事的黄绾等人上疏为先生辩解，可是嘉靖皇帝根本不予理睬，他念在黄绾曾支持过自己的分上，才没有开罪于他，可是给事中周延则受到了谪判官的处罚。

在黄绾之后，方献夫、霍韬又各上疏替阳明先生辩解，杨一清、陆粲等则乘机攻击桂萼，这样连带着张璁，桂、张二人一度于这年八月被解职。

不过由于嘉靖的顾念旧情，张璁才走到天津即被召还。重新回朝后，张璁反而迅速地将杨一清排挤出了内阁，自己成为首辅。桂萼则于次年四月被召回入阁，翌年正月引疾乞归，八月卒于家。

嘉靖是一个从不承认自己错误的人，直到他死后的次年，朝廷才正式为阳明平反，诏赠新建侯（除了开国元勋，这是明朝文官中唯一的殊荣），谥文成。隆庆二年（1568），予世袭伯爵。

到了万历年间，阳明还得以从祀孔庙，被尊称为“先儒王子”[1]，终明之世，获此殊荣者不过（薛瑄、陈献章、胡居仁）四人——至此，阳明的声誉已近顶峰！

---

[1] 参见《明儒学案·文成王阳明先生守仁》，“王子”即跟朱熹“朱子”一样的尊称。

附录：王阳明年表

明宪宗成化八年（1472）1岁

九月三十日亥时，出生于浙江省绍兴府余姚县，父王华，母郑氏。初名“王云”，五岁时改为“王守仁”。

成化十八年（1482）11岁

随祖父前往北京投奔父亲，途经镇江金山寺时初露诗才。王华系新科状元，两年后母郑氏逝世。

成化二十二年（1486）15岁

喜游侠，学习骑射，与一家仆出游居庸等三关，探访当地的有识之士。归来后欲上书请缨，被父亲阻止。

明孝宗弘治元年（1488）17岁

与同乡、时任江西布政司参议的诸养和之女完婚于江西南昌，新婚之日因与铁柱宫中的游方道士畅谈养生之道，以致经夜不归。

弘治二年（1489）18岁

偕新夫人回余姚，中途于江西上饶拜会大儒娄谅，始信“圣人必可学而至”，回家后尝试格竹求理失败。一生爱竹的祖父去世。

弘治五年（1492）21岁

随在家丁忧的父亲读书苦学，举浙江乡试，次年会试下第。独自回到余姚后结龙泉诗社，表现非常活跃。三年后，会试再下第。

弘治十年（1497）26岁

来京师备考，鉴于边事紧急而用心学习诸家兵法。

弘治十二年（1499）28岁

会试名列第二，殿试列二甲第七，赐进士出身，观政工部，负责修建威宁伯墓。与李梦阳等诗词唱和，文名大噪。

弘治十三年（1500）29岁

授刑部云南清吏司主事，次年到江北录囚，赢得一片赞扬之声。顺道游九华山，向高人请教。

弘治十五年（1502）31岁

告病归浙江，在越城东南二十里山中筑室“阳明洞天”，自号“阳明子”。静坐行导引术，身体及入世精神渐渐恢复。出游杭州西湖。

弘治十七年（1504）33岁

回京后受聘主考山东乡试，录取大批人才。九月，改兵部武选清吏司主事，为以后统军作战提供了难得的学习契机。

弘治十八年（1505）34岁

开始讲学活动，与具有心学倾向的广东籍学者湛若水定交。

明武宗正德元年（1506）35岁

新帝登基，朝局大变，因上书得罪宦官刘瑾，下诏狱，谪贵州龙场驿驿丞。

正德二年（1507）36岁

赴谪至钱塘，因怀疑刘瑾加害入海，遇风至福建。后经江西回乡，收徐爱等三人为开门弟子。

正德三年（1508）37岁

到达龙场，身历百死，数月后大悟格物致知之旨，“阳明心学”发端。

正德四年（1509）38岁

受贵州提学副使席书邀请，主讲贵阳书院。始揭“知行合一”之旨。

正德五年（1510）39岁

三月出任庐陵知县，政绩卓著。路过辰州、常德等地时教人静坐，补小学功夫。十二月，升南京刑部四川清吏司主事。是年刘瑾倒台。

正德六年（1511）40岁

正月调任吏部验封司主事，二月为会试同考官。十月，升吏部文选清吏司员外郎。与湛若水、黄绾于大兴隆寺组织“三人之会”，相盟共倡圣学。

正德七年（1512）41 岁

三月升考功清吏司郎中，徐爱等几十人同受业。湛若水出使安南，黄绾因病还乡。十二月，升南京太仆寺少卿。据《大学》立诚意格物之教，清算朱学。

正德八年（1513）42 岁

赴任便道归省，与徐爱舟中论学。游南越，归途逢日本僧人了庵。十月至滁州，督理马政，地僻官闲，新旧学生大集，滁州被称为“讲学首地”。

正德九年（1514）43 岁

四月，调任南京鸿胪寺卿。在南京，倡“存天理去人欲”之旨，编定《朱子晚年定论》。

正德十年（1515）44 岁

正月赴京师自陈，上疏请归，不允。八月拟《谏迎佛疏》，未上。收时年八岁的侄子正宪为养子。

正德十一年（1516）45 岁

八月再次上书请归，不允。九月，经兵部尚书王琼特荐升都察院左佥都御史，巡抚南、赣、汀、漳等处。十月，归省至越。

正德十二年（1517）46 岁

正月至赣州，选练民兵，推行“十家牌法”。二月平漳，十月平横水、桶冈等地。在赣州兴立社学。

正德十三年（1518）47 岁

正月征三浰，三月疏乞致仕，不允。南赣地区民乱基本平定，六月升都察院右副都御使。七月刻古本《大学》及《朱子晚年定论》。八月门人薛侃刻《传习录》。九月修濂溪书院，四方学者云集。徐爱病逝。

正德十四年（1519）48 岁

六月，奉命勘处福建驻军哗变；至丰城，闻宁王反，遂返吉安，大起义兵。七月，双方大战鄱阳湖，宁王失败被擒。皇帝御驾南来，献俘杭州，与宦官周旋。

正德十五年（1520）49 岁

艰难应对，为祖母死数次上疏省葬，朝廷不允。八月，皇帝等一行人起驾南京北归。王艮投门下。

正德十六年（1521）50 岁

三月，正德逝世。始揭致良知之教。五月，集门人于九江白鹿洞。六月圣旨要求驰驿到京，上《乞便道归省疏》。九月，进封新建伯。

明世宗嘉靖元年（1522）51 岁

正月上疏辞爵，二月父王华死，丁忧绍兴，从游者日众。御史程启充、给事毛玉等承宰辅之意倡议禁遏王学。

嘉靖二年 (1523 年)52 岁

“大议礼之争”起，张璁、桂萼等得宠。

嘉靖三年（1524）53岁

四月，服阕，朝中屡有荐者，不见用。霍韬、席书等以大礼见问，不答。十月，门人南大吉续刻《传习录》。辟稽山书院。

嘉靖四年（1525）54岁

夫人诸氏卒，后续弦张氏。十月，门人立阳明书院。

嘉靖五年（1526）55岁

十一月，子正聪生，后改名正亿。晚年专讲良知。

嘉靖六年（1527）56岁

五月，以南京兵部尚书兼都察院左都御史总制军务，征广西思恩、田州。九月，至思、田。与弟子钱德洪、王畿于天泉桥论“四句教”。

嘉靖七年（1528）57岁

二月，平思、田之乱。七月，平八寨、断藤峡。十月，乞骸骨。十一月，私自上路，二十九日辰时（公元1529年1月9日8时左右），病逝于江西南安府大庾县青龙铺码头。

主要参考书目

吴光、钱明、董平、姚延福编校《王阳明全集》（上中下），上海古籍出版社，2011 年版

张祥浩著《王守仁评传》，南京大学出版社，1997 年版

周月亮著《大儒王阳明》，海南出版社，2010 年版

方志远著《王阳明评传》，中国社会出版社，2010 年版

张廷玉主编《明史》，中华书局，2000 年版

陈寿撰裴松之注《三国志》，中华书局，2005 年版

束景南著《朱子大传》，商务印书馆，2003 年版

祁润兴著《陆九渊评传》，南京大学出版社，1998 年版

杨伯峻注释《孟子译注》，中华书局，2008 年版

黄宗羲著《明儒学案》，中华书局，2008 年版

卜键著《明世宗传》，人民出版社，2013 年版

李洵著《大明帝国的梦魇：正德皇帝九讲》，中央广播电视大学出版社，2010 年版

韦庆远著《正德风云》，广东人民出版社，2008 年版

周龙著《朱元璋大传》，现代出版社，2016 年版

劳思光著《新编中国哲学史》，生活·读书·新知三联书店，2015 年版

陈宝良著《明代社会生活史》，中国社会科学出版社，2004 年版

后　　记

有关于王阳明身后的问题，这里再补充交代一下吧，因为这些问题也比较重要。

一、王学的盛衰与原因

正如朱熹在世时他的理学受到打压一样，由于阳明之学对正宗理学、官方教条的背离，它在初创立时也受到朝野不小的怀疑和压制。

然而就在阳明身后百年，他的心学以其新鲜的活力，已经取得了与理学分庭抗礼甚至取而代之的势头。《明史·儒林传》中即道：“学术之分，则自陈献章、王守仁始。宗献章者曰江门之学，孤行独诣，其传不远。宗守仁者曰姚江之学，别立宗旨，显与朱子背驰，门徒遍天下，流传逾百年，其教大行，其弊滋甚。嘉（靖）、隆（庆）而后，笃信程、朱，不迁异说者，无复几人矣。”

可是令人怎么也想不到的是，物极必反，盛极必衰，由于阳明之学所固有的看重本心、简易直截等特性，比如他晚年只以“无善无恶心之体，有善有恶意之动；知善知恶是良知，为善去恶是格物”四句教人，且本质上他是没有著述的（述而不作），因此，就如一把“双刃剑”，阳明之学在其传播和发展的过程中，也走上了歧途……

阳明生前是最反对知识化、烦琐化和虚伪化的（目前心学研究者也有这种倾向），甚至公然地离经叛道，结果心学发展到明末时，已经与阳明的初衷大相背离。及至明亡，很多人竟干脆将明亡的责任归咎于阳明之学，对它大力批判，其中就包括王夫之等人。

时至今日，我们已经知道，不是什么心学造成了明朝的衰败和灭亡，而是君主专制、中央集权的这套制度。为此，著名哲学史家劳思光先生为阳明辩解道："明代开国以来，本无真正的'盛世'，而英宗之后，更是步步进入'衰世'。阳明一生历宪、孝、武、世四代，正属日渐衰落之阶段，至后学则不数传已至明末之大衰乱矣。故就哲学思想以外之历史环境讲，则晚期宋明儒学（以'心性论'为主之宋明儒学）在完成其理论时，已处于社会政治之衰乱时期。及其说大行之际，则更值大乱之来临。由此，阳明之学遂陷于一极不利又极易受责难之历史环境中。……晚期宋明儒学归于心性论，就历史标准看，此学说原接近孔孟本旨。就理论标准看，此学说亦是一最成熟之成德理论，然由于内在与外缘两面之问题，此一最成熟之理论，反而最受人误解。当其为派内学者误解时，便有所谓'王学之流弊'出现；当其为派外一般人所误解时，即被指为应对当时之衰乱负责者，因而益受抨击。"（《新编中国哲学史》三上。）

及至入清以后，由于阳明之学提倡良知等，清廷感到理学强调外在于心的天理对他们的统治更为有利，而心学利于培养读书人的独立意识，所以开始表彰理学、压制心学。清代编修的《明史·王阳明传》中，就借胡世宁之口表示了对阳明的微词。而且心学淡化权威意识，理学则偏于机械和教条，压制人的主观能动性！

在这里，学术的传播、发展与政治环境往往是息息相关的，可见并非是阳明之学的魅力不够。这正像诸子百家里面很多学说在秦汉以后走向衰微一样，本质上还是这套实行思想专制的制度所决定的。

二、王学对后世的影响

然而，衰落并不意味着完全消失，它可能会获得某种再生。

当代学者张祥浩论道：“大凡历史上一种蔚为大观的学术流派，在它衰落之后，作为思想资料，常常要被后人摄取和吸收，它的个别命题，在后世也会时常被复活。王学在近代以来的情形，就是如此。”（《王守仁评传》）

魏源是清代睁眼看世界的第一人，他从小就究心于阳明之学，所以对于王学的好感比程、朱大。到了清末，政治与社会危机严重，康有为、谭嗣同、梁启超等维新人士，也表现出了对阳明之学的巨大好感。

梁启超在《康南海传》中就曾指出：“先生独好陆王，以为直捷明诚，活泼有用。”谭嗣同的思想较为复杂、多元，但他认为“人力或做不到，心当无有做不到者”，故而张扬心力。

梁启超更直接称颂阳明是“千古大师”“百世之师”，认为“晚明士气，冠绝前古者，王学之功不在禹之下也”。后来，章太炎也说：“余观（阳明）其学，欲人勇改过而促为善，犹自孔门大儒出也。”像著名学者梁漱溟、熊十力等人，也都对阳明之学情有独钟。

可惜的是，由于诸多历史原因，我们主动或被迫抛弃了太多有价值的传统的东西，以阳明之学为代表的心学也在其中。这是需要弥补的。

三、王学对世界的影响

墙内开花墙外香，就在17与18世纪王学在国内受到空前冷落和批判时，与之形成鲜明对照的是，在我们东邻的日本，阳明心学却受到了空前的重视。

日本王学的发展有三个时期，第一时期的代表人物是中江藤树（1608—1648）。中江37岁时购得阳明全书，读之深相契合，由是舍朱子而归阳明。虽然他在几年后就去世了，但有开风气之功。

第二时期的代表人物是三轮执斋（1669—1744），第三时期是王学发展的极盛时期，代表人物是佐藤一斋（1772—1859）。

一斋的门人众多，其中不乏佼佼者。他的再传弟子中，大多成了明治维新的中心人物。“中日不少学者都认为王学是推动日本明治维新的原动力，并非虚语。”

其实，日本人推崇阳明之学，并非是单纯的功利心使然，因为王学本身就是积极用世的，它活跃了知识阶层：“由于王学主张万物一体，知行合一，心理合一，修身行己，事上磨砺，简易直截，适应了日本德川时代志士仁人[1]要求变革社会的需要，使王学于17、18世纪在中国被摒弃之时，却在海东日本国盛行起来。”

这些并非单纯对阳明完美人格的崇拜，也不是对心学的盲目崇拜，而是对“阳明精神”的一种高度推崇！究竟什么才是真正的“阳明精神”，答案自然需要在阳明的生平之中寻找。

阳明之学在欧美华人圈也有些影响，但不及日本大。

四、最后的赘语

阳明的生平到这里虽已说尽，可是我还总觉得意犹未尽，仿佛有很多话还没有说透。

这应该是正常的，一千个人眼中就有一千个阳明先生。虽然本书是以介绍阳明的生平为主，但是毕竟也掺杂了不少我自己对于心学的理解和领悟。因此，出于为大家负责计，建议大家还是去读一下《传习录》，最好是读一下《王阳明全集》。而且我也相信，经典的东西是经得起反复琢磨和推敲的，也是需要反复阅读的。

就我自己的体会，于我们今人而言，也许阳明宗旨中有两样东西最具有

---

[1] 周月亮《大儒王阳明》。

现实意义，那就是“在事上磨砺”与“良知”精神。

阳明号召在事上磨砺，因为人都有惰性，有眼高手低之病，有畏难情绪，往往不敢直面挫折与磨难。可是人欲要有所成就，就必须学会自我磨砺：在艰难困苦中磨炼自己的身心，只有具有了坚强的身心，人才能更有自信和能力！

我们也要相信自己的潜力，坚信越是在艰难困苦之中，人越可能创造奇迹！

除了从制度层面引导人们去固守良知、重塑良知，其实最重要的就是光大我们的国学，尤其是专讲良知的心学，从而让世人受到阳明精神的深深感召，将这份民族的精神瑰宝永远传扬下去！

世道浇漓的明朝其实也是一个反证，司马光说三代之下风俗之美无过于东汉。可是明朝的士气，尤其是心学光大以后的士气，也是足以同东汉相颉颃的。且看在明末清初，忠义死节之士何如过江之鲫！

然而明人的良知终是不足，这个教训是沉痛的。而一个社会的进步没有终极，对良知的呼唤也没有止息。制度的刚性约束诚然是根本，但道德的软性约束也是必不可少的。

另外，还有几个问题需要特别交代：

第一，朱熹从二十岁中进士到七十岁去世，五十年中做官的时间不到十年，他的大部分时间都花在了读书和著述上，讲学活动也主要是在晚年开始的。

与朱熹相比，阳明读书确实相对有限，他更注重宣传理念，先立宗旨！更看重事功，也更看重落实到行上。朱熹诚然是中国历史上一位知识渊博、学究天人的大家，因此他与强调知行合一的阳明在学术上的分歧也就不可避免了。但是若论纯学术，显然还是应该宗朱熹。

而我们再从言论自由、百家争鸣的角度看，只要不被政治化，朱、王之间确实没有本质的差异。可是阳明能够在朱学一统天下的局面下，硬生生地打开了一条求新、求变之路，这本身也是以实际行动为沉闷、压抑的社会开启了言论自由的一扇小窗口，给当时僵死的思想界、文化界注入了一股活水。

第二，《明史》上说“终明之世，文臣用兵制胜，未有如守仁者也。当危疑之际，神明愈定，智虑无遗，虽由天资高，其亦有得于中者欤”。这种评价个人感觉有过誉之嫌，阳明诚然用兵如神，可是他所面对的敌人实际上都不是很强大。假如都像后来的清军那种劲敌，以阳明的经验和身体状况，尤其是还要受到各方的掣肘，应该是很难成就大功的。

不过，阳明用兵的最大特点就是灵活机变，尤其善于打政治牌，这可能是有明一代诸多用兵者所不及的。

第三，初稿中带有一些小说的味道，这次修订已经大事删削了一番，但为了迁就一下行文的生动性和可读性，还是保留了很小一部分由我自己杜撰的对话（一般是有根有据的）。相信读者诸君的眼睛都是雪亮的，必能辨别其真伪。

第四，为了保留一些阳明心学的原汁原味，行文中对于很多文言的东西都只是稍作处理，虽然阅读起来有一定的困难，但是希望大家在略显艰难的阅读过程中，不但能够很好地感悟心学，也可以提高一下自己的文言文水平。

唯愿阳明心学成为我们自省和发奋的一大助力！

——2012年4月初稿

——2016年6月二稿

——2017年7月三稿